JN296206

アクセス
地域研究 II

先進デモクラシーの再構築

小川 有美
岩崎 正洋 編

日本経済評論社

◆アクセス 地域研究II／目次

序　章	先進デモクラシーの再構築 ………………	小 川 有 美	1
第1章	アメリカ合衆国 …………………………	岡 山 　 裕	21
	政治的代表構造の変容？		
第2章	Ｅ　　Ｕ …………………………………	臼井陽一郎	43
	欧州統合の意味変容		
第3章	ド イ ツ …………………………………	網 谷 龍 介	65
	「宰相デモクラシー」と「交渉デモクラシー」の間で		
第4章	イギリス …………………………………	若 松 邦 弘	87
	制度の改革と政策過程の開放		
第5章	フランス …………………………………	吉 田 　 徹	107
	避けがたい国家？		

第6章 オランダ ……………………………… 水島治郎　127
　　　　コンセンサスデモクラシーからの離陸？

第7章 スウェーデン ……………………………… 渡辺博明　147
　　　　福祉制度改革における「合意」と「対立」

第8章 イタリア ……………………………… 八十田博人　167
　　　　欧州化のもとでの「第二共和制」の実像

第9章 スペイン・ポルトガル ……………………… 横田正顕　187
　　　　国家コーポラティズムから社会的協調へ

第10章 ポーランド ……………………………… 仙石　学　213
　　　　「ポスト社会主義国」から「欧州の一員」へ？

終　章 政治学の一分野としての地域研究 ………… 岩崎正洋　237

あとがき　247

索　引　249

序　章

先進デモクラシーの再構築

小　川　有　美

1　本書の性格

　『アクセス地域研究II：先進デモクラシーの再構築』は，ヨーロッパ，アメリカを中心とした現代先進社会を観察し，特にその政治あるいはガバナンス（governance：政府governmentだけではない統治，共治）を分析するための多様な方法を学ぼうとする人に向けて書かれている．

　本書で取り上げる国・地域は，アメリカ合衆国，EU（欧州連合），ドイツ，イギリス，フランス，オランダ，スウェーデン，イタリア，スペイン・ポルトガル，ポーランドである．本書は，岸川毅・岩崎正洋編『アクセス地域研究I：民主化の多様な姿』の姉妹編であるとともに，河野勝・岩崎正洋編『アクセス比較政治学』の応用編としても位置づけられている．したがって，非欧米地域を中心とする「地域研究」が表してきた学問的総合性よりは，比較政治学の応用・実践版という性格が強いことをことわっておかなければならない．

　もっとも現在，先進国政治についての優れた紹介・分析，あるいは政治学の方法論についての最新の解説を邦語でも数多く手に入れることができる．本書の特徴は，いわば料理法（理論・分析方法）を紹介し吟味しながら，実際に料理（特定の国・地域に関する具体的分析）を味わってもらうスタイルにあろう．各章は基本的に次のように構成されている．

①先行研究の紹介：対象国の政治がこれまでどのように分析されてきたのか，先行研究・アプローチを簡潔に紹介する．
②現代政治の展開と重要なテーマ：1980～90年代以降の各国現代政治の重要な構造，アクター（主体），イシュー（争点），政策，その変化などを概説する．
③事例分析：以上を踏まえて，各国の現代政治の重要な側面を分析・説明する．その際，一般的理論枠組みを用いる場合もあれば，その国・地域固有の文脈を強調する場合もある．

政治学と地域研究は密接な関係をもっているが，パイ（Lucian W. Pye）が編集した『政治学と地域研究』の副題にあるように，意外にも両者は「ライバルかパートナーか？」と問われたこともある（Pye 1975）．社会学者パーソンズ（Talcott Parsons）は，地域研究者が学問的方法体系(ディシプリン)や他地域の研究とのコミュニケーションを欠く「密教的専門家」になりがちだと述べたことがあるが，そのように「不毛な経験主義や，さらに悪いことには特殊な弁解やプロパガンダに堕落する」おそれのある地域研究と，「ただ単にその心理的もしくは数学的正確さのゆえに選ばれた方法」を優先する行動科学的研究の不幸な対立が感じられていた（矢野 1987；ジョンソン 1989）．

それにもかかわらず，1960年代に発展した政治発展（political development）研究を通じて，「理論と文化とが知的に出会い，互いに影響し合う場」が生まれていった（野田 1999；ジョンソン 1989）．政治発展論は，民主主義へ到達する「国民国家建設」を主題として，途上国研究と欧米研究とを結び付け，また理論と地域に関する具体的知識の両面の深化をうながした．オランダの政治学者レイプハルト（Arend Lijphart）は，比較事例研究に，個々のケースを理解しようとする「解釈型」，新たな理論を構築する「仮説生成」型，理論が妥当かどうか事例に当てはめる「理論確認型」，例外の理由を明らかにする「逸脱分析型」など，さまざまな役割があることを確認した（Lijphart 1971）．そして自らオランダの観察にもとづいて，「多極共存型デモクラシー」という（それまでの英米型民主主義モデルと異なる）民主主

義の類型モデルを導き出したのであった．

　しかしその後，「途上国」（developing countries）・「先進国」（developed countries）という発展序列を前提とした「国民国家建設」モデルは，限界を迎えることになる．1970年代以後，日本やアジア，ラテンアメリカなどの研究の中から，西欧とは異なる文化相対的な国家・社会観が「発見」され，「オリエンタリズム」批判につながる主張がなされてきた（矢野 1987）．またグローバル化，地域統合あるいは分権化のように，「先進国」においても「ポスト国民国家」の枠組みの比重が急速に高まっている（グローバル化や世界システムについては，河野勝・竹中治堅編『アクセス国際政治経済論』において詳しく扱われている）．

　現在，経済学にならって論理的一般化，「多数事例」による統計的検証可能性が追求される中で，学問的方法体系の模索は続いている．そこでは歴史事例研究の科学性を論じて，「1つあるいは少数の事例研究は，はたして理論的に意味をもつか」という問いが改めて提起されている（Rueschemeyer 2003）．その一方で，「人間社会がその運命をコントロールする力を与えるための活動」としての政治は今日どこへ向かっているか（Gamble 2000），という根本的な内省をともなう新しい知の作業もなされていくであろう[1]．

　先進地域はどのようにポスト国民国家建設の課題に向き合っているのか．この序章では各章の分析に先立って，現代の民主的ガバナンスを研究することが，どのような幅広い視点を可能また必要としているのかを論じておこう．

2　デモクラシーの「勝利」と「危機」

　冷戦終焉後の1994年にスウェーデンのウプサラで行われたノーベル・シンポジウムは，『デモクラシーの勝利と危機』という，楽観的にも悲観的にも聞こえる両義的なテーマを論じた（Hadenius 1997）．どうしてだろうか．成長率や1人当たりの国民所得などにより測られる経済発展と比べて，政治発展は決まった尺度で評価しにくい面をもっている．法的権利・制度による

政治の民主化はそれ自体重要な次元であるが，その半面で民主主義の実質，「民主主義の（さらなる）民主化」といった，一義的にとらえにくい次元もまた繰り返し議論されてきたのである．

1980～90年代に比較政治学が第1に注目してきたのは，世界的な政治制度の「民主化」であった．ポルトガルの「カーネーション革命」に始まり，南欧，ラテンアメリカ，東・東南アジア，そして中東欧・旧ソ連の共産主義諸国へと連続した体制転換は「第三の波」といわれる．つまり，20世紀初めまでの「第一の波」，第2次大戦後の「第二の波」で民主化を遂げた諸国と共通の体制に，「移行」・「定着」することが民主化だとされた（Huntington 1991）．そこでは，ダール（Robert A. Dahl）の『ポリアーキー』（Dahl 1971）が示した自由化と包摂（公的異議申し立てと参加の権利）が重要な客観的基準と考えられている．

しかし第2に，「先進国」を中心とする「民主主義への不信」の現象も，現代政治学において検討され続けてきたもう1つのテーマであった．一方で民主主義が勝利の鐘を鳴らし，他方でその信頼低下あるいは制度疲労の不安が聞かれるというわけである．

1970年代半ばに日米欧三極委員会（Trilateral Commission）が先進諸国の民主政治について調査した診断は，悲観的あるいは警戒的なものだった．そこでは平等と個人の尊重が権威やリーダーシップへの信頼を失わせ，政治参加の拡大が政府の「荷重超過」をもたらして，経済状況を悪化させると予想された（Crozier, Huntington and Watanuki 1975）．しかし同じ頃イングルハート（Ronald Inglehart）の『静かなる革命』は，学生反乱のような権威に挑戦する政治観は，戦後の世代の登場による後戻りできない社会変容であると論じた（Inglehart 1977）．

それ以来，代表制民主主義あるいは政党への信頼の危機というテーマは，先進国比較政治の中心的なテーマのひとつとなった．そこで取り上げられたのは，「転換期」のさまざまな要因である——大衆社会（mass society），イデオロギーの終焉（end of ideology），資本主義の正統性危機（legitimacy crisis），統治能力喪失（ungovernability），脱物質主義（postmaterialism），非従来型の政治（unconventional politics），新しい社会運動（new social movements）と新しい政治（new politics），そして歴史の終わり（end of history）――（Kaase and Newton 1995：17-39）．

　むろん，体制の「民主化」と民主主義への「不信」の研究は，互いに無関係であったわけではない．民主化諸国で新しい体制が国民の支持を受けているか，改革の痛みが旧体制へのノスタルジーとなって反民主的な揺り戻しを起こしていないか，といった点については，世論の「バロメーター」調査が繰り返し行われてきた（Rose and Haepfer 1991-98）．またアメリカの政治学者パットナム（Robert D. Putnam）は，形式的に制度が導入されたとしても，市民間の信頼，規範，協力関係が備わっていない社会では，実効的な民主主義・市場経済が実現しにくいという「社会関係資本（social capital）」の観点を打ち出した．社会関係資本とは，自発的組織活動によって育てられるものであり，アメリカでは4半世紀にわたって市民の組織活動の衰退が見られるため，民主社会が危機傾向にあるとされた（Putnam 1993, 1995）．

　しかし「強い社会」が「強い国家・強い経済」を生むとするパットナムの図式に対して，「制度」が確立しているかどうかがより重要であるとする反論もある．たとえば戦間期のドイツでは多数の活発な市民社会組織があったが，それらは相争う分派あるいはレントシーキング（制度を利用した私的利益の追求）する集団と化し，新しい民主体制を強化するどころかその崩壊に道を開いたとされる（Berman 2001）．

　こうして信頼・価値意識研究は，制度・権威に対する日米欧の全般的な信頼低下を確認しながら，それがどういう意味で問題なのか，という点については，未だに共通理解はない．政治不信を「批判的市民」（critical citizens）の成長として取り上げたノリス（Pippa Norris）らの共同研究では，次のように述べられている．(A)「もし人々が議会，公職者，政党や警察を信頼できず，体制の実績がかんばしくなければ，やがて人々は理想としての民主主義に幻滅するだろう」，(B)「だが別の見方をすれば，こうした趨勢は積極

的な発展だということがわかるかもしれない．それが既存の権威と伝統的ヒエラルヒー制度に不満をもち，既存の参加チャンネルが民主的理想を満たさないと感じ，代表制民主主義の制度メカニズムの改善と改革を求める批判的市民の成長を意味するなら，民主的政府は究極的には強められるであろう」(Norris 1999：27)．

　これだけではいかにも消極的可能性と積極的可能性の「両論併記」のようであるが，さまざまな可能性が考えられるこの問題について，以下では異なった視角から分析していけるということを示そう．

3　政党と政治エリート

　取り上げる第1の視角は，現に市民を代表し，権力を行使していると考えられている政治エリート，とりわけ政党のあり方を問うものである．
　20世紀の民主体制の崩壊と民主化について多くの論考を著している政治学者リンス（Juan J. Linz）は，現代においても政治エリートあるいは「政治階級」の具体的なあり方に注目すべきであるという．
　リンスによれば，現在は古い民主主義と新しい民主主義の並存している時代である．古い民主主義の政党は，社会主義政党・キリスト教民主党のような「大衆組織政党」であり，社会のサブカルチャーに安定した基盤をもつものであった．政治エリートの地位は，確立した組織と経験によって担保されていた．しかし新しい民主主義の下では有権者にテレビが浸透し，かつての産業労働者のような階級的一体性はなく，多くの人が「浮動投票者」である．
　政党は「キャッチ・オール政党」となり，リーダーは政治経験がなくとも（あるいはビジネスマンや文化人のように政治経験がないからこそ）支持を得るため，ポーランドのティミンスキ（Stanislaw Timinski），ペルーのフジモリ（Alberto Fujimori），アメリカのロス・ペロー（Ross Perot）のようなポピュリズム的政治家が登場することもある．古い組織された民主主義にノスタルジーを抱き，新しい民主主義の行方を憂慮する学者も少なくないが，リンス

は新しい民主主義の方が変化に対応できる側面も否定できないとして，政治の組織化の衰退と「民主主義の質」の低下を性急に混同して論じるべきではないとする[2]．

現代の政治学者は市民と政治の組織的結びつき，市民の参加の形態に多くの関心を注いできたが，リンスは20世紀初頭のイタリアの社会学者モスカ (Gaetano Mosca) やパレート (Vilfredo Pareto)，あるいはオーストリアの経済学者シュンペーター (Joseph A. Shumpeter) のようなエリート主義的な政治観に立ち返ろうとしているかのようである．その上でリンスは，「政治階級の質」を問うべきであるとする．

リンスによれば，「政治階級の質」の指標となるのは，①政治を収入源でなく「召命」として考える政治家の割合，②ある価値へのコミットメントと結果的損失への考慮（いわゆる「心情倫理」と「責任倫理」の両方），③政治腐敗の程度，④反民主的・非合法暴力に対し寛容か，⑤反体制的勢力と交流し，政治的に利用するか，といった点である．ただしリンスは，「政治階級の質」をもっぱら「政治階級」自身に由来するものとは考えていない．「政治階級の質」は「選挙民の質」にも依存する．選挙民が悪しきリーダーを進んで選ぼうとする，あるいはリーダーの質に全く無関心である場合には，政治家が政治を腐敗させたのか，あるいは選挙民そのものが民主主義の腐敗を許してしまったのか，区別はつきがたい (Linz 1997: 416-422)．しかしいずれにしても，リンスは「転換期」を不可抗力ととらえる説明に全面的にはくみせず，各時代・各社会におけるエリートのあり方を具体的に批判検討せよといっているように思われる．

4 対抗する民主主義観

しかし20世紀の終わりを迎え，公式の制度，選挙，利害の総計という枠組みからなる近代民主主義観に転換が迫られているとする見方が現れている．ギデンズ (Anthony Giddens) やベック (Ulrich Bech) が「再帰的近代化」

や「リスク社会」と呼ぶ現代社会認識は，近代産業社会の発展や「成功」自体が，経済や環境，生活の制御しきれない不確実性と，意味や制度の枠組みの流動化をもたらしていることを示す（Beck 1999；篠原 2004；Beck, Giddens and Lash 1994）．

今日公共の事柄は，公式の代表制民主主義や官僚機構よりも，非政治的・技術的次元（軍事技術・遺伝子工学を考えてみよ）でますます決定されるようになっている．だがそれと同時に，専門家が別分野の専門家によって批判され（専門家の多元化），企業に対して消費者や NGO が，行政に対して自助グループが対峙するようになっている．ベックはこれを「サブ政治」と呼んでいる．ドライゼック（John S. Dryzek）によれば，今日民主主義に関する多くの対抗的観点がせめぎあっているのであり，そこには次の①から⑥が含まれる（Dryzek 2001）．

①自由主義デモクラシー　近代の古典的なデモクラシー観であり，各人は自己利益を追求する権利を有し，相互の利益の調整は市場経済によって，それを超える場合は立憲政治によって解決されるものとされる．自由主義は寡頭的なものから，やがて大衆の参加する民主的なもの（自由民主主義）へと拡張されていくが，代表制度・法制度という「枠組み」を守ることが重視されてきた．19世紀イギリスで最も民主的な自由主義者であったミル（John Stuart Mill）でさえも「多数者の専制」に警戒的であったのである．

②最小限デモクラシー　合理的選択論（rational choice theory）の立場から，主体（アクター）は決まった「効用」関数にしたがって利己的に行動するという政治観である．たとえば行政官は予算最大化，政治家は選挙区の利益のために行動し，選挙は活動家やロビイストの戦略的行動に左右される，とみなされる．このように人間の動機・行動を狭い前提でとらえる見方は，ドライゼックからは批判されるが，理念に反した人間行動や制度の失敗（レントシーキングなど）がなぜ起きるかを分析する論理を与えた．

③差異のデモクラシー　個人や集団が他者との差異を明確にし，アイデンティティを確立することを中心にすえる政治観である．したがって（公／私

を区別する自由主義のような）いかなる「普遍的」，「合理的」，「中立的」な制度・枠組みも，画一性を強いるものとして懐疑的にとらえられる．

　④反抗のデモクラシー　市民社会（civil society）中心のデモクラシー観である．ただし市民社会の組織は異質・多様であり，環境団体グリーンピースのように目的は急進的ながら組織はヒエラルヒー的なものもあれば，米国の人工妊娠中絶反対運動のように主張が保守的なのに組織は民主的なものもある．歴史的にみれば国家と市民社会の関係が重要であり，すべてを包摂する国家（メキシコの例）よりは，排他的な国家を市民社会が開放的に変えていく方が民主主義の健全な発達をもたらした．

　⑤トランスナショナル・デモクラシー　国境を越える民主主義の可能性を論ずる．ヘルド（David Held）は，グローバル・レベルの民主的法，社会的基準を保障する経済管理，トランスナショナルな市民社会グループからなる「コスモポリタン・デモクラシー」を期待する．逆に悲観的な見方は，国連・WTO・EUのような国際的統治は全く民主的とはいえず，国際主義の下に大国による正統性の疑わしい軍事的介入を招いているとする．これまでのところ，海洋法など個別領域の「政府なきガバナンス」の中で，市民社会のネットワークとコミュニケーション能力が発揮されつつある．

　⑥グリーン・デモクラシー　従来の民主主義論が手続き（代表制度，地方分権等）を論じてきたのに対して，実質・価値の実現を重視する．しかしもっぱら「環境」という価値を他より優先させることは，市場経済の立場から反対や退出を招くおそれがある．そのため，より現実的な改革理念としてドイツやオランダを中心に「エコロジカル近代化」という政策も生まれた．だがより根本的には，自然界を含めた「非人間中心的」デモクラシーがありうるか，を問う政治観である．

　⑦熟議・討議デモクラシー　政治における「熟議的転換（deliberative turn）」が起こっているという観点である．これまでの主流の社会科学では主体の選好や利害は「所与」のものとされてきたが，「熟議」あるいは「討議」の政治理論においては，判断の変化をもたらす主体間の社会プロセスこ

そが重要であるとされる．ただしそこでは「熟議デモクラシー」という言い方と，より幅広い「討議デモクラシー」という主張がある．「熟議」が理性的な合意を志向する（ハーバーマス [Jürgen Habermas]）のに対して，「討議デモクラシー」はより制約から解き放たれた，時には紛争をいとわぬコミュニケーションを含むものとされる（ドライゼック）[3]．

5　ガバナンスと機会構造

　最後に，ガバナンスの変容という視点からとらえると，別の構造的な分析が与えられる．ピータース（B. Guy Peters）の整理によれば，古いガバナンスの考え方は，中央政府がいかに経済・社会を操縦し「公益」を実現するか，という前提から出発していたが，新しいガバナンスの考え方では，政府と市場，社会，地方・地域，トランスナショナルな結びつきの相互作用によって，いかに決定が行われ，受容され，執行されるか，という開かれた連関をとらえるのである（Peters 2000）．

　古いガバナンス観においては，増大する社会の要求に政府の統治能力が応えられるかが，焦眉の課題であった．しかし新しいガバナンス観に立てば，次のように言われる．「しかし市民の信頼の低下は心配には値しないかもしれない．われわれは政府への信頼を失っているが，それはある面でまさしくわれわれが経済の重要領域においてもはや政府が必要でないと思っているからにほかならない」（Hardin 2000 : 42）．

　新しいガバナンス観のうち，消極的な観点からは，市民や企業は官僚的な政府より賢く有能であるゆえに，公的な規制や税制を脱して行動すると見られる．一方積極的な観点から見るならば，利益集団を中心にネットワークやコミュニティが形成され，政府と協働して政策形成や実施の役割を果たす．

　ただし，民主主義との関係については，積極的なガバナンス観においても語りつくされているとはいえない．新しいガバナンス論の具体的手法の一つであるNPM（新公共管理）では，成果志向，顧客志向，市場の活用，分権

化が重視される．それは住民の直接満足に応えようとするが，それを越える政治の共同体に関する関心は失われる（だからこそ新しい議論なのだが）（宮川・山本 2002）．そこでガバナンス論の主唱者の1人コーイマン（Jan Kooiman）は，メタ・ガバナンスともいうべき次元，すなわち，だれがだれを通じてどう統治することが正統（legitimate）なのか（あるいは受け入れがたいのか），というメタ（上位）レベルの基準も重要であると考える（Kooiman 2000：154-161）．

　もっともこれだけでは抽象的であろう．そこでガバナンスの1つの側面を表すものとして，機会構造（opportunity structure）にふれておこう．機会構造とは，政治システムにおいて個人，運動，組織が影響力を獲得する上で制約や可能性を与える条件のことである．そのような見方によって，新しい政党や，環境運動のような社会運動，あるいは新右翼・ポピュリズム勢力のような要素が政治に影響力をもつかどうかについて考えることができる．機会構造として従来考慮されてきたのは，主として選挙制度（小選挙区制か比例代表制か，小党の議席を阻むバリアはあるか）や中央地方制度（連邦制か集権国家か）のような「制度の機会構造」であった．しかしより次元を広げて見るならば，「言論の機会構造」も重要である（図序-1）．

　これによってドイツとイタリアの右翼政党を比べてみよう．歴史的にファシストの流れに発するイタリアの国民同盟は1990年代に政権に参入したが，実質的に政治・政策を大きく左右することはなかった（「取り込み」）．当時イタリアは政党システムの転換期にあり，「制度の機会構造」が開かれたが，「言論の機会構造」が彼らに開かれたわけではなかったからである（むしろ排他的な地域主義を訴えた北部同盟がこの点で成功した）．一方，移民排斥的なドイツの極右勢力は政党・選挙に関する制限すなわち「制度の機会構造」によって議会政治から排除されてきたが，シンボリックな空間で影響力をもち，公式の政党・政策を間接的に動かす結果となった（「予防対応」）．それは「言論の機会構造」が彼らの主張に一定程度開かれていたからだといえる（Koopmans and Statham 1999）．そのように考えると，「制度の機会構造」と

図序-1 「制度の機会構造」・「言論の機会構造」
と新しい運動の結果

		言論の機会構造	
		開いた	閉じた
制度の機会構造	開いた	完全な応答	取り込み
	閉じた	予防対応	崩壊／周縁化

出典：Koopmans and Statham (1999 : 248, Figure 1).

「言論の機会構造」の両方が開かれているとき，政治は大きく変化する可能性／危険がある．これらの「機会構造」を決めるのは，国家なのかグローバル化なのか，市民社会なのか．民主主義の「制度」と「質」の両面にかかわる問題であろう．

6　各章の内容

　グローバル化の進展は国民国家の自律性を弱め，「大国」の「小国」化といえる現象をもたらしている．そのことは，戦後先進国の政治を安定させてきたコンセンサスや政策ネットワークに再構築を迫っている．本書の各章は，「民主主義の個性」について重要な意味をもつ機会構造の変化に目を配りつつ，各国・地域の現代ガバナンスの変容を解明している．

　【第1章「アメリカ」（岡山裕）】「小国」化の影響を受けていない「大国」のように見えるアメリカ合衆国であるが，その政治は変化しているのだろうか．アメリカでは有権者の政党帰属感が薄れ，無党派化・政党脱編成が進んでいるといわれる．ところが実際には，二大政党それぞれのイデオロギー的一体性，対決色が高まっている．そこで影響力を強めているのは，一般有権者よりもむしろ，特定のイデオロギーをもつ利益団体なのである．

　【第2章「EU（欧州連合）」（臼井陽一郎）】EUは前代未聞の「ポスト国民国家」のガバナンスといわれる．EU統合の歴史は，「連邦化」と「国民国家原理」の対立の中にあった．そこでは超国家と国民国家，地域や市民社会

の権限分担をめぐって,「補完性」や「柔軟性」のような枠組みが考案されてきた．今日では「やわらかい法(ソフト・ロー)」という新しい規範の発展のうちに,「国民を単位とした同意という構図に依存しない形の民主主義」が生まれつつある．

【第3章「ドイツ」(網谷龍介)】ドイツのデモクラシーには「強い政治家」と「交渉デモクラシー」の2つの伝統がある．グローバルな経済競争の中で,「拒否権プレイヤー」の多く存在する「交渉デモクラシー」のしくみが,改革の停滞の元凶と見なされるようになった．しかし,実際の政策運営を見るならば,「交渉」の試行錯誤,与野党伯仲の場面でこそ政治のリーダーシップが発揮される綱渡りのような力学が生まれている．

【第4章「イギリス」(若松邦弘)】イギリスは議会・内閣に権力が集中し,国家官僚が政治・経済的に中立を保つ「ウェストミンスター・モデル」の国とされてきた．実際には戦後の政府と業界団体の間で「政策ネットワーク」が形成されて,強力な労働組合はインサイダーにもアウトサイダーにもなった．だがサッチャー (Margaret Thatcher),メージャー (John Major),ブレア (Tony Blair) 政権の改革で政策過程は開放され,消費者団体のような多彩な集団,ローカルな関係団体と行政との協議が増えている．

【第5章「フランス」(吉田徹)】フランスの政治は,偉大なリーダーや「強い国家」による近代化の時代から,安定した制度としての「大統領制化」とEU統合による「ヨーロッパ化」の時代へと移り変わってきた．しかしフランスでは「国家の退場」はありえなかった．そのとき公共部門は「公共善」を提供するものか,もはや単に「資源」として用いるべきなのか,ジレンマが生じている．

【第6章「オランダ」(水島治郎)】オランダは,90年代の改革の代表的成功例(「オランダ・モデル」)とみなされる．それは政府・労働・経済界の合意の再生によるものである．しかしそれは一方で依然としてエリートの「密室取引」と見える側面もあり,"歯に衣着せぬ"新右翼の台頭や,諸団体の特権的地位の見直しなど,「コンセンサスをめぐるコンセンサス」が論争さ

れている.

【第7章「スウェーデン」(渡辺博明)】スウェーデンでは「合意の政治」が日常的に営まれてきたが，時代の節目には政治理念の対立と権力動員の政治が噴出する．今日，福祉国家改革が広く合意された政策課題となっているが，就学前保育・教育制度のように政策が「時代の節目」となる争点となったときには，理念を前面に出した党派的攻勢がみられるのである．

【第8章「イタリア」(八十田博人)】イタリアは，大規模な汚職事件の摘発，主要政党すべての解体・再編という政治の激震を経て，「第二共和制」へ移行したといわれる．しかし二大政党化への歩みは，政権交代なき切り崩し（トラスフォルミズモ）により歪んでいる．その空白を埋めようとしているのが，EU共通の社会経済政策を推進する「非議員実務家」，あるいは議会外の抗議行動であるが，両者はベルルスコーニ(Silvio Berlusconi)という特異なポピュリスト的リーダーを前に十分な力を発揮できない状況にある．

【第9章「スペイン・ポルトガル」(横田正顕)】南欧・中東欧は，民主主義への移行という最もマグニチュードの大きい政治変動を経験した．それらの社会はどのような民主的ガバナンスの安定に向かっているのだろうか．スペイン・ポルトガルでは，高度成長期の北中欧で黄金期を迎えた「コーポラティズム」が，現在構築されつつある．しかしそれは政府主導で通貨の安定，社会保障改革，国際競争力の強化を図るより今日的な「競争的コーポラティズム」なのである．

【第10章「ポーランド」(仙石学)】ポスト共産主義の国ポーランドでは，大統領制－議院内閣制の選択から，中央地方制度，社会保障まで，公的制度の全面的再構築が行われなければならなかった．それらの具体的評価をするためには，民主主義への「移行」という短いモデルだけではとらえきれず，共産主義時代からの歴史的経路を含めた長期的な「転換」や，EUの影響という観点を必要とする．

◆註

1) たとえば経済学者であり，政治学にも大きな貢献を与えたハーシュマン（Albert O. Hirschman）は，かつて「退出」「抗議」「忠誠」という洗練された理論をつくったが（Hirschman 1970），彼はそれを「自ら破壊」して再構築した．最初の理論では，人は組織への不満に対して基本的に「退出」するか「抗議」するかどちらかであるとされていた．しかし1989年11月9日のベルリンの壁の崩壊に先んずる旧東ドイツ（ドイツ民主共和国）市民の動きは予想外であった．ライプツィヒ市の教会に集まった東ドイツの人々は「われわれは出ていきたい」との願いを口にしたが，まもなく「われわれはここにとどまる」という叫びが高まり，「退出」と「告発」の同時発生がみられた．ハーシュマンが再発見したのは，「かつてない退出の機会がおし開かれるとき，人々は力を得たという新しい感情を経験しうる」ということであった（Hirschman 1995）．

2) 民主主義の歴史の中で，政党が政治にとって健全な存在として見られることは，実はむしろ例外的であったといってもよい．19世紀の古典的政党論を見渡すと，権威主義的な文化の強かったドイツのみならず，民主主義の先進国といわれるアメリカやフランス，イギリスにおいてさえ，根深い政党懐疑論を見出すことができる．しかし政党が「実践」として発展したケースと，そうでなかったケースでは，その後の政党の確立のしかたは異なっている．「大革命」以来組織の活動が認められなかったフランスや，民主化が遅れていたドイツでは，政治理論は組織政党の現実的経験を認めることは少なく，もっぱら憲法・体制原理が議論された．一方アメリカでは，ジャクソン・デモクラシーの時期からパトロネージすなわち州・都市レベルで公共の職や資産を政党組織が配分することが公然と行われるようになった．このことは当然腐敗，「政党悪」と批判されたが，それにもかかわらず，地理的，制度的に分散したアメリカで，政党は政治システムの現実に不可欠な要素であるとして次第に認められるようになった（Scarrow 2002）．

3) ①から⑦は規範的な政治理論から見た多様な民主主義観であるが，政体としての最終形（Finalität）について論争の続いているEUを見れば，このようなせめぎあいが実際に意味をもっていることが示されよう．EUの政治は国民国家のような単一の民主的主権原理では成り立っていない（各国の政府を代表する理事会，欧州委員会，欧州司法裁判所，欧州議会などからなる）．欧州委員会および加盟国政府の官僚・専門家の協議による「コミトロジー」は新しい「熟議」の場であるという積極的解釈がなされている一方（Joerges and Neyer 1997），「コミトロジー」はテクノクラティックな密室決定の場であるという批判も欧州議会などによってなされてきた．また，欧州規模の環境・社会運動は注目されながら，政治的決定への制度的「参加」は発展途上の段階にある．すなわち，現段階のEUには①，④，⑤，⑦などのさまざまな民主主義のヴァー

ジョンが和音と不協和音を奏でているのである。2000年以降ドイツの外相フィッシャー（Joschka Fischer）をはじめとして，EUに公式の憲法体制を与えようという提案がなされ，ジスカール゠デスタン（Valléry Giscard d'Estaing）元フランス大統領を議長とする「諮問会議」という「熟議」の場を設けて「憲法条約草案」が策定されたが，国民国家同士の交渉に入ると「大国」「中国」「小国」の対立からただちにはこれに合意できなかった（Ogawa 2004）。

◆参考文献
理論（地域研究・政治学方法論・思想）に関するもの
小野耕二．2001．『比較政治』東京大学出版会．
篠原一．2004．『市民の政治学：討議デモクラシーとは何か』岩波新書．
ジョンソン，チャルマーズ．1989．「編著者序」中嶋嶺雄・チャルマーズ・ジョンソン編『地域研究の現在』大修館書店．
田村正勝・臼井陽一郎．1998．『世界システムの「ゆらぎ」の構造：EU・東アジア・世界経済』早稲田大学出版部．
野田昌吾．1999．「歴史と政治学」日本政治学会編『年報政治学1999：20世紀の政治学』岩波書店．
矢野暢．1987．「序章：地域研究と政治学」，矢野暢編『講座政治学Ⅳ　地域研究』三嶺書房．
Beck, Ulrich. 1999. *World risk society*. Cambridge : Polity Press.
Beck, Ulrich, Anthony Giddens, and Scott Lash. 1994. *Reflexive Modernization : Politics, Tradition and Aesthetics in the Modern Social Order*. Cambridge : Polity Press（松尾精文・小幡正敏・叶堂隆三訳．1997．『再帰的近代化：近現代の社会秩序における政治，伝統，美的原理』而立書房）．
Dahl, Robert A. 1971. *Polyarchy : Participation and Opposition*. New Haven : Yale University Press（高畠通敏・前田脩訳．1981．『ポリアーキー』三一書房）．
Dryzek, John S. 2001. *Deliberative Democracy and Beyond : Liberals, Critics, Contestations*. Oxford : Oxford University Press.
Gamble, Andrew. 2000. *Politics and Fate*. Oxford : Polity Press（内山秀夫訳．2002．『政治が終わるとき？：グローバル化と国民国家の運命』新曜社）．
Hadenius, Axel (ed.). 1997. *Democracy's Victory and Crisis : Nobel Symposium no. 93*. Cambridge : Cambrige University Press.
Hirschman, Albert O. 1970. *Exit, Voice, and Loyalty : Responses to Decline in Firms, Organizations, and States*. Cambridge : Harvard University Press（三浦隆之訳．1980．『組織社会の論理構造：退出・告発・ロイヤルティ』ミネルヴァ書房）．

Hirschman, Albert O. 1995. *A Propensity to Self-subversion*. Cambridge : Harvard University Press (田中秀夫訳. 2004. 『方法としての自己破壊 :「現実的可能性」を求めて』法政大学出版局).

Lijphart, Arend. 1971. Comparative Politics and the Comparative Method. *American Political Science Review* 65 : 682-693.

Pye, Lucian W. (ed.). 1975. *Political Science and Area Studies : Rivals or Partners?* Bloomington : Indiana University Press.

Rueschemeyer, Dietrich. 2003. Can One or Few Cases Yield Theoretical Gains? In James Mahoney and Dietrich Rueschemeyer (eds.). *Comparative Historical Analysis in the Social Sciences*. Cambridge : Cambridge University Press.

ガバナンスに関するもの

岩崎正洋・佐川泰弘・田中信弘編. 2003. 『政策とガバナンス』東海大学出版会.

宮川公男・山本清編. 2002. 『パブリック・ガバナンス : 改革と戦略』日本経済評論社.

山口二郎・山崎幹根・遠藤乾編. 2003. 『グローバル化時代の地方ガバナンス』岩波書店.

渡辺昭夫・土山實男編. 2001. 『グローバル・ガヴァナンス : 政府なき秩序の模索』東京大学出版会.

Hardin, Russell. 2000. The Public Trust. In Susan J. Pharr and Robert D. Putnam (eds.). *Disaffected Democracies : What's Troubling the Trilateral Countries?* Princeton : Princeton University Press.

Joerges, Christian, and Jürgen Neyer. 1997. From Intergovernmental Bargaining to Deliberative Political Processes : The Constitutionalisation of Comitology. *European Law Journal* 3 : 274-300.

Kooiman, Jan. 2000. Societal Governance : Levels, Modes, and Orders of Social-Political Interaction. In Jon Pierre (ed.). *Debating Governance : Authority, Steering, and Democracy*. Oxford : Oxford University Press.

Ogawa, Ariyoshi. 2004. Making Regionalism Legitimate? : European Integration and beyond. In Hoon Jaung and Yuichi Morii (eds.). *Cooperation Experiences in Europe and Asia*. Tokyo : Shinzansha.

Peters, B. Guy. 2000. Governance and Comparative Politics. In Jon Pierre (ed.). *Debating Governance : Authority, Steering, and Democracy*. Oxford : Oxford University Press.

政治体制・政党・政治文化に関するもの

馬場康雄・平島健司編. 2000. 『ヨーロッパ政治ハンドブック』東京大学出版会.

レームブルッフ, ゲルハルト. 2004. 平島健司編訳『ヨーロッパ比較政治発展論』東京大学出版会.

Berman, Sheri. 2001. Civil Society and Political Institutionalization. In Bob Edwards, Michael W. Foley and Mario Diani (eds.). *Beyond Tocqueville : Civil Society and the Social Capital Debate in Comparative Politics*. Hanover : University of New England Press.

Crozier, Michel, Samuel P. Huntington, and Joji Watanuki. 1975. *The Crisis of Democracy : Report on the Governability of Democracies to the Trilateral Commission*. New York : New York University Press (綿貫譲治監訳．1976．『民主主義の統治能力：その危機の検討』サイマル出版会).

Huntington, Samuel P. 1991. *The Third Wave : Democratization in the Late Twentieth Century*. Norman : University of Oclahoma Press (坪郷實・中道寿一・藪野祐三訳．2000．『第三の波：20世紀後半の民主化』三嶺書房).

Inglehart, Ronald. 1977. *The Silent Revolution : Changing Values and Political Styles among Western Publics*. Princeton : Princeton University Press (三宅一郎・金丸輝男・富沢克訳．1978．『静かなる革命：政治意識と行動様式の変化』東洋経済新報社).

Kaase, Max, and Kenneth Newton. 1995. *Beliefs in Government*. Oxford : Oxford University Press.

Koopmans, Ruud, and Paul Statham. 1999. Ethnic and Civil Conceptions of Nationhood and the Differential Success of the Extreme Right in Germany and Italy. In Marco Giuni and Doug McAdam and Charles Tilly (eds.). *How Social Movements Matter*. Minneapolis : University of Minnesota Press.

Linz, Juan. 1997. Some Thoughts on the Victory and Future of Democracy. In Axel Hadenius (ed.). *Democracy's Victory and Success*. Cambridge : Cambridge University Press.

Norris, Pippa. 1999. Introduction : The Growth of Critical Citizens? In Pippa Norris (ed.). *Critical Citizens : Global Support for Democratic Government*. Oxford : Oxford University Press.

Putnam, Robert D. (with Robert Leonardi and Raffaella Y. Nanetti). 1993. *Making Democracy Work : Civic Traditions in Modern Italy*. Princeton : Princeton University Press (河田潤一訳．2001．『哲学する民主主義：伝統と改革の市民的構造』NTT 出版).

Putnam, Robert D. 1995. Bowling Alone : America's Declining Social Capital. *Journal of Democracy* 6 : 65-78.

Rose, Richard, and Christian Haerpfer. 1991-1998. *New Democracies Barometer* I-V. Glasgow : University of Strathclyde Studies in Public Policy.

Scarrow, Susan. 2002. Introduction : Coming to Terms with Parties in the Nineteenth Century. In Susan Scarrow (ed.). *Perspectives on Political Parties*.

New York : Macmillan.

政治経済・福祉国家に関するもの

エスピン-アンデルセン, G. 2001. 渡辺雅男・渡辺景子訳『福祉国家の可能性：改革の戦略と理論的基礎』桜井書店.

宮本太郎・埋橋孝文・武智秀之ほか編. 2002-. 『講座・福祉国家のゆくえ』ミネルヴァ書房.

Boix, Charles. 2003. *Democracy and Redistribution*. Cambrige : Cambridge University Press.

Callinicos, Alex. 2001. *Against the Third Way : An Anti-Capitalist Critique*. Cambridge : Polity Press（中谷義和監訳, 吉野浩司・柚木寛幸訳. 2003. 『第三の道を越えて』日本経済評論社）.

Fitzpatrick, Tony. 2003. *After the New Social Democracy : Social Welfare for the Twenty-first Century*. Manchester : Manchester University Press.

Giddens, Anthony. 2000. *The Third Way and Its Critics*. Cambridge : Polity Press（今枝法之・干川剛史訳. 2003. 『第三の道とその批判』晃洋書房）.

Hall, Peter A., and David Soskice (eds.). 2001. *Varieties of Capitalism : The Institutional Foundations of Comparative Advantage*. Oxford : Oxford University Press.

Kato, Junko. 2003. *Regressive Taxation and Welfare State : Path Dependence and Policy Diffusion*. Cambridge : Cambridge University Press.

Scruggs, Lyle. 2003. *Sustaining Abundance : Environmental Performance in Industrial Democracies*. Cambridge : Cambridge University Press.

第 1 章

アメリカ合衆国

政治的代表構造の変容？

岡 山　裕

1　政党政治の変容と政治像の流動化

　アメリカ合衆国（以下アメリカと表記）の政治について，多くの人の中では 2 つの相対立する像が同居しているのではないだろうか．すなわち，元首と行政府の長を兼ねる強力な大統領の存在や，連邦と州の別を問わず全国規模で二大政党間の競争が展開されることからは，集権性と画一性のイメージが喚起される一方，厳格な三権分立や連邦制といった制度は，権力の分散と多様性をイメージさせよう．これらの像がいずれも一面的なのは明白だろうが，それを越えて実態がどうなっているかというと，どこから手をつければ理解できるのかは必ずしも明らかでないし，その実態そのものも変化しているはずであろう．

　本章をこのような，当たり前ともいえる事柄から説き起こすのには理由がある．ここ数十年の間，アメリカの統治構造には大規模な変容が生じてきたと考えられているものの，それをどう評価すべきかをめぐって合意が得られていないのである．そこでは，アメリカ政治の展開を主導してきた二大政党が，どれだけ凝集性を持ち，有権者を掌握しているのかという，政治全体のイメージを左右しうる問題が主要な論点になっている．そのため，今日のアメリカ政治の見取り図を得るには，単にその部分同士をつなげ合わせてよしとするわけにはいかない．個々の要素がいかなる変化を経験しており，それ

を各論者がどう認識しているのかまで考慮する必要があろう．

　具体的には，1970年代以降，それまで150年近く持続してきた政党制の構造と展開のメカニズムに大規模な変化が生じたとみられており，その帰結をめぐって見解が分かれている．ただし，この議論を把握するには，アメリカの政党制のあり方がどう説明されてきたのかを知らなくてはならない．そこで次節では，その中核をなす政党再編成論と呼ばれる理論を中心に，1960年代までの政党制の展開を概観することから始める．そのうえで第3節では，それ以後の政党制に関する議論を整理し，政策形成と選挙にまたがって，現代の政党政治についてできる限りまとまりある像を提示したい．

　もちろん，二大政党がアメリカ政治のすべてではない．それは，現代にとりわけよく当てはまる．何しろ，政党制の変容とそれをめぐる論争は，そもそも無党派層の増大という，有権者の（二大）政党離れを重要な転機に持っているのである．そこで最終節では，この現象が多くの先進国に現在共通にみられる（Dalton and Wattenberg 2000）点を踏まえて，アメリカで今日政治的代表がどう機能し，機能していないのかを，二大政党以外の主体まで含めて考察する．本章はアメリカの政党政治を主たる検討の対象とするものの，有権者の政党離れがどう生じ，それが政治的代表にいかなる帰結をもたらしているのかに関するケース・スタディとしても読めるだろう．

2　政党制のとらえ方——政党再編成論をめぐって

　日本の政治に最もなじんでいるであろう読者を想定してアメリカ政治について論じるのは，他の「外国」についてもそうであるように，容易でない．その要因の筆頭に挙げられるのが，最重要の政治主体の1つである政党の特徴である．アメリカの二大政党は，日本を含む先進国の多くの政党と異なり，党費を納めて資格を得るといった党員制度を持たない．眼を党エリートに転じても，特定のイデオロギーに基づいて党が組織されてきたわけではなく，議会でも党指導部の拘束が効きにくい等，組織面の規律が弱い．他面で20

世紀以降は，本選挙に先立って党の公認候補を決める予備選挙に代表される，党運営に関わる事項が州法で規定されている．大統領選挙に際しても，連邦政府からその候補者に資金助成がなされる等，元々は自発的結社，つまり非公式の政治制度である二大政党が，公式の政治制度の一部にもなっているのである．

要するにアメリカの二大政党は，「独自候補者を擁立して選挙を戦い，政権掌握を目指す政治エリートの集団」という，政党について最も緩いであろう定義（の1つ）こそ満たすものの，それ以外の要素については，他の先進国の政党とかなり異なる性格を持っている．それゆえ，アメリカの政党政治について考える際は，そこでの「政党」の持つ性格に常に注意を払う必要がある．また二大政党を中核とする政党制には，すでに約200年という実績があるため，分析にあたっても他国との比較以前に，豊富に存在する国内の，とくに時系列的なデータに眼が向けられてきた．そこでまず，政党制の展開がどう研究されてきたのかを振りかえってみよう．

政党制の分析は，伝統的に現代志向の強いアメリカ政治研究にあって例外的に，歴史研究者と協力して進められてきた．その最大の成果が，政党再編成（partisan realignment）論と呼ばれる理論枠組みである．そこではアメリカの政党制が，5年から10年の間に政党再編成と呼ばれる大規模な変化の生じる再編成期と，約30年にわたる安定期のくり返しとしてとらえられる．政党再編成は特定の重大事件を機に，あるいは社会，経済の趨勢的な変化が頂点を迎えることによって生じるとされる．

歴史的には，建国直後に登場したフェデラリスツ対リパブリカンズの原初的な政党制が，19世紀初頭に前者の消滅によって崩壊した後，1830年代に民主党とホイッグ党からなる第2次政党制が，初の全国規模で大衆的な基盤を持つ二大政党制として成立した．1860年代にかけて，奴隷制の西部への拡大をめぐって民主党対共和党の第3次政党制が生み出され，1890年代半ばには工業資本主義への対応に関して共和党優位の第4次政党制が，そして1930年代には，大恐慌を契機に民主党優位の第5次政党制が登場し，概ね

1960年代まで存続したとみられている．

　では，政党再編成は具体的にどのようなプロセスを辿るのだろうか．論者によってニュアンスの違いはあるものの，最も体系性の高いサンドクィスト（James L. Sundquist）の説明は，次のようなものである．そこでは，二大政党間の対立が特定の重要な政治争点を軸に構成されるとされる．そして政党再編成は，既存の政党間対立軸を横切るような対立軸を持つ，新しい争点が重要化することで開始される．それを機に党エリートや有権者が，政党への所属や支持を修正していく結果，多数党が入れ代わったり，場合によっては主要政党の消滅や新たな主要政党の誕生までが生じたりした後，新しい勢力配置が確定して決着する．その後，勢力分布が維持されるのが政党制の安定期であり，この対立軸が次第に妥当性を失っていく一方，さらに新たな争点が重要性を増していくなかで，次の再編成が準備されるのである（Sundquist 1983）．

　政党政治の構図全体を変化させる再編成については，政党制の帰趨を決する意味を持つ決定的選挙（critical election）があるとされてきた（Burnham 1970）．リンカン（Abraham Lincoln）が初の共和党選出の大統領となった1860年の選挙は，その典型例である．ここからもわかるように，多くの研究者は，有権者の投票行動の変化こそが再編成の最大の要素だと考えてきた．この見方を支えているのが，投票行動論における政党帰属意識（party identification）という概念である．アメリカの有権者は，その大半が特定の政党に対して単なる支持を超えた，政党との一体感を伴う強固な帰属意識を持っているとされてきた．政党への帰属意識は，再編成時の経験や，成長に伴う（通常は保護者を通じた）社会化によって獲得され，一旦定着すると，少なくとも次の再編成までは変化しないと考えられている．政党制の安定期は，有権者が再編成期に獲得した帰属意識に基づいて，継続的に支持政党の候補に票を投ずるために生じることになる（Green et al. 2002）．

　このように，アメリカの政党制については，特定のパタンを持つ変化が約30年という一定の周期で生じてきたとされてきた．しかし近年になって，

この極めて「わかりやすい」理論への批判も登場している．そこでの焦点の1つは，政党制の再編成期と安定期という区分の妥当性である．政党制の安定期とされてきた時期に全く変化がなかったわけではなく，有権者の投票行動だけをとれば，再編成期に匹敵するような変化が生じている時期もあるからである．メイヒュー（David R. Mayhew）はこうした点を重く見，政党再編成論の主張を15項目に整理して検証を加えたうえで，実証性のテストに耐えられない以上，政党再編成論を放棄するしかないとまで主張している（Mayhew 2002）．

実は，政党再編成論のこうした限界は，歴史研究者との協力という，それ自体は非常に生産的な営為の副産物ともいえる．政党再編成論は，政治史の分野で重要と考えられてきたいくつかの政治的変化――つまり後の再編成――の共通性を，政治学者がモデル化し，それを元に歴史研究者がそれぞれの再編成を分析するという過程で発展してきた．裏を返せば，再編成期と安定期の比較や再編成同士の比較を通じて，再編成がいかなる現象なのかを確定する努力が疎かにされてきた感は否めない．また政党再編成は元々，選挙だけでなくそれを経て実現した政策革新までを含む，包括的な政治変動ととらえられてきた．そのため要素毎に検討したならば，ばらつきが出てきても不思議はないのである（Brady 1988；Club et al. 1990；岡山 2001）．

もっともメイヒューにしても，政党制の変化について政党再編成に代わる理論を提示しているわけではない．また，すべての再編成が安定期にいわば埋没してしまうと考えられているのでもない（再編成論批判の多くは，1890年代の再編成に向けられている）．そのため政党制の歴史的展開に関する限り，当面は政党再編成論が最も頼りがいのある案内役であり続けるであろう．

とはいえ，それはあくまで過去に関する限りである．20世紀後半以降は政党再編成が生じておらず，しかも1960年代を境に，政党制のありようが第5次政党制のそれから変化しているためである．それゆえ現在のアメリカ政党政治を，従来の分析枠組みだけで理解するのは困難である．ただし今日の現状分析も，多くは政党再編成論を意識しつつ，実際に生じている「逸

脱」を説明するという形をとっている．そこで次節では，政党再編成論の提示する政党政治の「型」を踏まえて，そこからどのような変化が生じているのかを検討することにしよう．

3　現代政党政治の諸相

1960年代を境とするアメリカ政党政治の変化のうち，最も注目を集めてきたのは，有権者と政党の関係の変化であろう．半世紀にわたり有権者の政治的態度を調査してきたNES（National Election Studies）のデータからは，二大政党のいずれにも帰属意識を持たない層が1980年代にかけて増加した

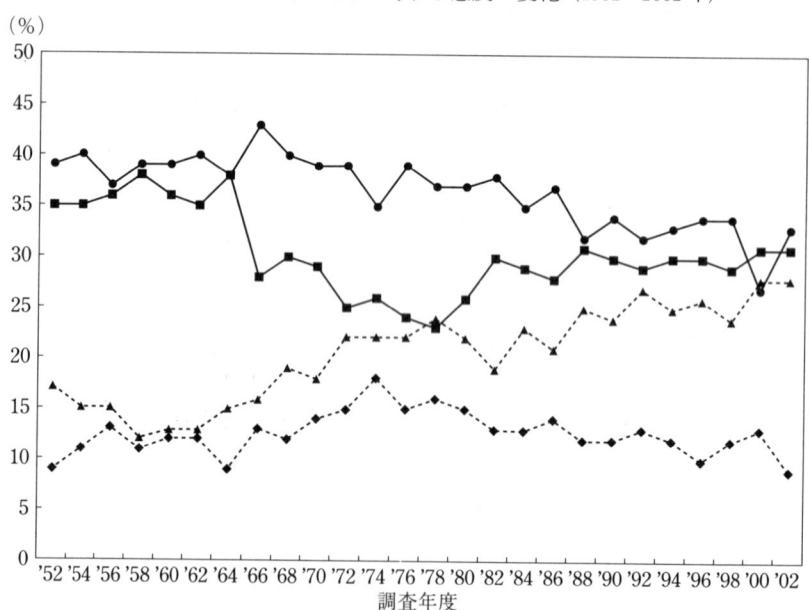

図1-1　有権者の二大政党に対する態度の変化（1952～2002年）

-◆- 無党派または政治的無関心層　　-▲- 二大政党の一方に親近感を持つ無党派層
-●- 弱い帰属意識を持つ層　　　　　-■- 強い帰属意識を持つ層

出典：NESのデータを元に筆者作成．

結果，いずれの党からも距離をおく狭義の無党派（independents）と一方の党に親近感は感じる人々（leaning independents）を合わせると，現在有権者の約3分の1を占めているのがわかる（図1-1）．また，19世紀後半に大統領選挙で80％を超えることも珍しくなかった投票率は，20世紀に入って緩慢に減少し，今日では大統領選挙でも5割を切るのではないかと危惧されている（Kornbluh 2000）．投票行動においても，選挙の対象となる公職によって異なる党の候補者に票を投ずる分割投票（split-ticket voting）が目立っている．1980年代に，民主党支持者でありながら共和党の大統領候補であるレーガン（Ronald Reagan）に投票した，いわゆるレーガン・デモクラットはその典型例である．

　以上からは，「ほとんどの有権者が特定政党に対する帰属意識に基づいて継続的に投票する」という，政党再編成論の想定から現状が乖離しているのは明らかであろう．そのため，有権者の政党離れに着目する研究者のなかには，最早政党再編成の生じる余地がなく，いまや政党制の構造そのものが失われつつあるとして，「脱編成（dealignment）」が進行していると主張する者もある（Shafer 1991; Wattenberg 1998）．

　政党エリートの側でも，それに呼応するような変化が生じている．今日の選挙は，候補者が選挙戦にあたってあまり所属政党に依存せず，また政党のラベルもそれほど強調しないことから，「候補者中心」のものになっているとされる．その主因の1つとして，20世紀初頭にかけて導入された予備選挙の存在を挙げられる．党の公認候補となるには予備選挙を勝ち抜く必要があるが，当然この段階では党組織の支援を得られない．そのため，晴れて公認候補となった後も党に頼らず，予備選挙時に作り上げた自前の組織で本選挙を戦う傾向にあるのである．その後無党派層が増大するにつれ，候補者が党のラベルに頼る意味はさらに弱まった．世紀半ばからは，大統領選挙についても予備選挙制度を採用する州が徐々に増えており，同様の傾向が生じている（Wattenberg 1991; Milkis 1993）．

　このような説明からは，二大政党が衰退しつつあるという印象を受けるか

もしれない。実際，脱編成の立場をとる論者には，アメリカ政治が「原子化」しつつあると主張する者もある．ところが，実情はもう少し複雑である．というのも，政党エリートや有権者が政党組織から自律的に行動する度合いを強めている領域がある一方，むしろ強い凝集性の生まれている面もあるからである．現在二大政党，とりわけ共和党の内部ではイデオロギー的な一体化が進んでおり，その結果共和党側が保守，民主党側がリベラルというかなり明確な立場上の違いが生じているのである（佐々木 1993）．では，それは具体的にいかなる形をとっているのだろうか．

　1930 年代のニュー・ディール以降，多数派を占めてきた民主党では，南部を除いてリベラリズムが優勢でありつづけてきた．政府による社会改善に積極的なこの考え方の下，経済の領域ではケインズ経済学に支えられた連邦政府による市場への介入と所得の再配分が実現し，社会保障や福祉も拡充された．それ以外の領域でも，個人を平等に扱い，また特定の価値観を押しつけないという立場から，人種や性による差別の撤廃に代表される諸政策が実行された．60 年代に高揚した市民的権利に関する運動（Civil Rights Movement）や女性解放運動にも後押しされて，1964 年には政府だけでなく民間での人種に基づく差別的取扱いを禁じる，市民的権利に関する法律（Civil Rights Act）が成立し，教育や就業の機会について積極的差別是正措置（affirmative action）も採用されてきた．

　とはいえ，70 年代にかけて戦後の高度成長が終焉し，財政収支と経常収支の「双子の赤字」の出現に象徴される，リベラルな経済政策の限界が明らかになった．また社会秩序をめぐっても，女性やマイノリティを優遇する積極的差別是正措置が逆差別にあたるのではないかという指摘がなされ，リベラルを自認する人々の間でもかつてのような路線の維持が困難だと自覚されるようになっている．その結果，経済と広義の文化の両面について，リベラルがまとまりにくい状況が生まれているのである．

　それに対して，とくに 70 年代以降，保守派が巻き返しを見せており，共和党全体を支配するようになっている．その結果，かつて一定の存在感を持

っていたリベラルな共和党指導者は，今日ほぼ完全に姿を消したのである．では，その主張はどういったものだろうか．

　今日のアメリカにおける保守（派）について注意を要するのは，それが異なるイデオロギーを奉ずる2つの勢力の連合だということである．第1は，ニュー・ディール以前に支配的だった古典的自由主義の信奉者であり，国家や大企業といった権力からの自由を重視する．そのため国家による必要以上の介入に反対し，とくに経済の領域では市場の調整機能を信頼して自由競争を重視し，所得の再配分にも消極的な立場をとる．文化的な争点についても，国家が手出しすべきでないという見方に立つ．そして，もう1つの勢力は，伝統的な保守主義を掲げるものである．彼らは規範や伝統の尊重が共同体の秩序を保つのに不可欠だと考え，長くアメリカの主流をなしてきたキリスト教的な価値，なかでも聖書を字義通り解釈するファンダメンタリズムに則って社会秩序を「回復」しようとする．とりわけ公立学校における祈禱や人工妊娠中絶に代表される諸問題について，連邦政府が個人の自由な選択を認める立場から行ってきた介入に対して強い拒否反応を示している（Lowi 1995）．

　このように，対照的ともいえる世界観をもつ2つの勢力が今日協力関係にあるのは，リベラリズムに基づく民主党主導の「大きな政府」政策に対する反発を共有しているからである．その結果，共和党に経済，文化両面の保守派が結集し団結している一方，民主党内では穏健からラディカルまで，様々な立場のリベラルが共存するという状況が生まれている．後者では，今日旗色の悪い「リベラル」に替わる「プログレッシヴ」という呼称で共和党に対抗できるような団結を党内にもたらそうとしているが，党の方向性が定まったとはいえない状態である（Greenberg and Skocpol 1997）．

　こうした現状が画期的なのは，明らかであろう．従来アメリカの政党間対立はイデオロギー対立でなく，あくまで特定の争点をめぐるものだったからである．例えば第3次政党制を生みだしたのは，奴隷制の拡大という具体的な争点に関する対立であり，それ以外の争点については，二大政党のいずれにも多様な見解が存在した．たしかに，エスニシティや宗教（宗派）によっ

て支持政党に偏りのあることにも示されるように，政党間の対立軸を構成する争点以外についても，各党とその支持者の考え方にはある程度まとまりがあり，それを抽出しようとする研究も存在する (Gerring 1998)．しかしそこでの「イデオロギー」は，体系性を持った世界観だとも，党とその支持者の大部分に共有されているともいいにくかったのである．

　イデオロギー状況の変化は，第5次政党制で民主党の優位を支えたニュー・ディール連合の解体という形をとって表れた．この連合は，ニュー・ディール政策の恩恵を受けた黒人等のマイノリティや労働者，そして都市住民と，南北戦争以来共和党への反感をもとに民主党の一党支配が続いていた，南部の保守層の組み合わせからなっていた．しかし共和党指導部は，1960年代後半から南部を取りこむべく進出を開始し，この間北部から人口移動が生じたのも手伝って，90年代には南部でむしろ優位に立つようになったのである．それに伴って，民主党のリベラル化が一定程度進んだのは言うまでもない．また投票率の低下は，社会的，経済的地位の低い，つまり相対的に民主党の支持者が多い層から進み，しかも今日では，そこからキリスト教右派の主張に傾倒する者も出てきている．その結果，共和党は全国的に民主党と勢力面で拮抗するようになっている．

　今日の状況がさらに興味深いのは，対外政策の領域でも政党間対立の生じる傾向が強まりつつあることである．アメリカの二大政党は，対外的には超党派で団結する伝統があり，19世紀にはモンロー主義が，また冷戦期には反共主義がそれを支えていた．とくに，非常時には国を挙げて大統領を支持するべきだという考えが根強く，近年でも1991年の湾岸戦争時のH. W. ブッシュ (George H. W. Bush) 政権や，2001年9月の同時多発テロ事件以後のW. ブッシュ (George W. Bush) 政権に対する圧倒的な支持にそれを見てとれる．とはいえ，冷戦後の世界秩序形成との関わりについては，多国間協調主義か単独行動主義かをめぐり政党間に温度差が生じている．なかでも1970年代に登場し，自国の安全保障を理由に他国の民主化や先制攻撃までを主張するようになった，新保守主義論者が共和党内で影響力を増している

のが注目される（藤原 2002；古矢 2002）．

　ここまで述べた変化は，連邦政府の構成にも色濃く反映している．1970年代以降の連邦政府では，二大政党の拮抗や有権者による分割投票といった要因から，連邦議会の多数派と大統領で政党が異なる分割政府（divided government）の時期が大半を占めている（Fiorina 1996）．この間の大統領の多くが共和党選出なのに対し，連邦議会は，レーガン政権の一時期共和党が上院の多数派となったのを除いて，90年代初頭まで民主党が両院で多数を確保してきた．しかし，カーター（Jimmy Carter），クリントン（Bill Clinton）の両民主党大統領は，それぞれ70年代と90年代に民主党による統一政府（unified government）が回復しても，かつてのようなリベラルな政策を推進しようとはしなかった．保守的な南部の州の出身である彼らは，より小さく効率的な政府を目指して，財政赤字の解消を政権の重要課題に掲げたのである（待鳥 2003）．さらに94年の中間選挙の結果，共和党は1949年以来45年ぶりに連邦議会の両院の多数派を回復した．

　二大政党のイデオロギー的な一体化の帰結は，連邦議会における立法過程にも明瞭に見てとれる．アメリカの議会は，議員が党指導部の指示に拘束されずに自律的に行動するという特徴を持っている．そのため70年代までは，共和党と南部の民主党議員が保守的な立場でまとまって行動する「保守連合」と呼ばれる現象がしばしば生じた．ところが，20世紀に入り下がりつづけていた政党の一体性は，その後上昇に転じている．アメリカにおける議会内政党の凝集性の指標として代表的なものに，政党投票（party vote）があり，ある期間に，民主党議員の過半数と共和党議員の過半数が対立した採決の全体に占める割合が注目を集めてきた．そして，70年代に一時会期あたり3割程度にまで減った政党投票は，現在ほぼ倍の6割前後に達しているのである（Stewart 2001）．

　厳格な党議拘束の存在する場合に比べれば，今日の水準ですら立法活動における政党の一体性は決して大きくない．しかしその拘束がないにもかかわらず，これだけのまとまりが生じているのには，議員の考え方が党毎に似通

ってきているという背景がある．

　もっとも，党指導部が何ら存在意義を持たないのではない．94年の選挙にあたっては，共和党の連邦下院議員候補の大半が「アメリカとの契約（Contract with America）」という公約集に署名して臨み，当選後はギングリッチ（Newt Gingrich）議長の下でその実現に向けて団結して行動した．この例に示されるように，連邦議会では，イデオロギー的な一体性をもとに個々の議員が進んで党指導部の指示に従う傾向が強まっている．党指導部は，最終票決における自党の議員の投票行動まで左右できるわけではない．しかし，とくに多数党の場合は議長や委員長等，議院の運営を統制できる職を確保できるため，いかなる内容の法案を本会議に提出し，あるいは提出しないのか，といったアジェンダ・コントロールを通じて影響力を発揮できることが明らかにされている（Cox and McCubbins 2002）．

　このように，イデオロギー的な一体性は，従来政府に人材を送りこみはしても統治をしてこなかったとされるアメリカの二大政党が，政策面でまとまり「政党政府（party government）」を実現するための基本的な条件になっている．とはいえ，近年支配的になっている分割政府の下で，各党がその主張を貫いたならば，政府が立ち行かなくなってしまわないだろうか．例えば95年から翌年にかけて，クリントン政権と共和党多数派の議会が予算案をめぐって対立した結果，連邦政府全体が通算約2カ月にわたる機能停止を余儀なくされたのである．もっとも，政党の規律の弱いアメリカの場合は，分割政府でなくともこうした膠着状態（gridlock）は生じうることがわかっている．むしろ，二大政党がどの程度異なるイデオロギー的立場で団結しているかの方が，政府の「生産性」に大きな影響を与えているとみられるのである（Mayhew 1991；Krehbiel 1998；Binder 2003）．

　以上見てきたように，有権者や候補者の選挙における政党離れの一方で，二大政党はかつてないほどイデオロギー的な一体性を強めており，政策形成過程でも大きな存在感を持つようになりつつある．そればかりでなく，政党帰属意識を持つ有権者の間では近年，図1-1に表れているように強い帰属意

識を持つ者の割合が増してきている (Weisberg 2002). また二大政党の党組織は，たしかに選挙戦の表舞台には以前ほど登場しなくなったものの，自党候補者の資金調達を助けたり，選挙区の世論調査のノウハウなど選挙の戦い方を指南したりと，候補者の後方支援という新たな役割を担うようになりつつあるのである (Kolodny 1998; Herrnson 1999).

これらの点に着目したならば，政党は衰退しているどころか復権しているとすら考えられよう．また政党間のイデオロギー対立が明確になり，強い帰属意識を持つ層が拡大していることからは，従来と異なる，緩やかなペースで新たな政党制が生まれつつあるともみられよう．実際，脱編成論に対抗して，政党がこれまでにないほど強くなっており，新たな政党制の構造が生まれつつあると主張する論者も多い (Aldrich 1995). しかしそうだとすると，政党が衰退しつつあり，脱編成が生じているとみる上述の考え方との関係はどうなるだろうか．次節では，両者の議論の連関を探りつつ，二大政党を今日のアメリカ政治に位置づけなおすことで，今後の展望を考えてみたい．

4 利益団体の進出と代表構造の変容

前節で検討した，政党の衰退と政党制の脱編成を組み合わせる議論と，政党の復活と政党制の趨勢的再編を主張する議論は，真っ向から対立するようにもみえる．もっとも，前者が有権者と候補者の政党離れという，二大政党が失ったものに着目しているのに対して，後者はイデオロギー的な一体性という，両党がこの間獲得したものに重点を置くというように，着眼点が異なっている．それゆえ2つの考え方は，必ずしも矛盾しているわけではない．

それどころか，両者を組み合わせれば現状をより良く説明できる可能性もある．例えば，衰退・脱編成論が重視する有権者の政党離れは，復活・趨勢的再編論の注目する二大政党のイデオロギー的一体化と連動して生じていると考えられる．そのシナリオとしては，次の2つがありえよう．第1は，二大政党がそれぞれ左傾化，右傾化していくにつれ，それについて行けないと

感じた，中道志向を持つ有権者が政党から離れていったというものである．もう1つは，そのような二大政党の側が，党に確実に投票してくれるような層の支持だけを確保しようとするようになったというものである．イデオロギーを離れても，例えば動員にあたって投票率の高い高齢者を相対的に重視し，そうでない若年層や低所得層を軽視するという傾向は，今日両党に共通に指摘されている (Piven and Cloward 2000 ; Schier 2000)．

　だとすれば，今日のアメリカで政党が強化され，政党制の趨勢的な再編も進んでいると考えるとしても，二大政党の掌握している有権者が減少しているという事実は看過できない．政党のイデオロギー的一体化がもたらした影響は前節である程度検討したので，以下では両党のこうした「守備範囲」の変化の意味を，政治的代表という視点から考察してみたい．そこで直ちに問題になるのが，二大政党に動員されないか，その動員を拒否した人々がどうなったのかであろう．彼ら，とくにその後者が，直ちに政治的無関心に陥るとは考えにくいからである．そして実際，二大政党以外の主体がその受け皿としての重要性を増しつつあると考えられる．それが，利益団体として政治的な活動を行う会員組織である．

　今日，多くの先進国と同様に，アメリカでも利益団体の政治的役割が増大している．特定の政策領域について，政府の政策形成に影響を及ぼそうとするのが利益団体の典型的な行動様式だとすれば，アメリカの利益団体はその数と活動を拡大するのみならず，2つの点で新しい行動様式を獲得しつつある．まず政策形成過程に関していえば，各組織が個別に政策当事者に接近するだけでなく，異なる政策領域に関心を持つ利益団体同士が協力し，互いの立場を支持してロビイングを行うようにもなっている．とくに，イデオロギーを共有する利益団体の連合が，特定の党の政治家に集中的に働きかけていることは，政党のイデオロギー的な一体化を後押ししている．例えば，94年の「アメリカとの契約」の策定にあたっては，保守系の利益団体が大きな役割を果たしたのである (Salisbury et al. 1992 ; 久保 2003)．

　今日の利益団体が持つもう一つの重要な特徴は，その活動範囲が狭義の政

策形成過程から，選挙等を含む幅広いものになっている点にある．それも，候補者や党組織に資金を提供するだけでなく，選挙戦に積極的に関与するようになりつつある．とくに目立つのが，選挙に際して関連する政治争点についてテレビ広告等で主張を行う，争点広告と呼ばれる活動である．このような活動には，連邦の選挙法（FECA）に抵触しないよう，候補者から資金や組織の面で独立して行動し，特定候補への投票を直接的に促さないという制約がある．とはいえ，有権者の関心が特定の争点に集まれば，選挙がより争点やイデオロギー重視のものになる可能性がある．また候補者に対する選好も通常，主張の内容から明らかなため，選挙の帰趨にも影響を及ぼしえよう．利益団体のなかには，さらに進んで自己の主張に賛同する在野の有力者を発掘し，政党の予備選挙に立候補させ支援するものまで登場している（Berry and Schildkraut 1998；Herrnson 1998）．

ここまでくると利益団体は，独自のラベルを貼った候補者を公式に選挙に送りこむのを除けば，政党の果たす機能をかなりの程度カヴァーするようになりつつあるといえよう．こうした変化を，「利益団体の政党化」と呼ぶ論者もある（五十嵐 2001：202）．

このように，多様な手段を用いるようになった利益団体のなかでも，今日その存在感を増しつつあるのが会員組織の形態をとるものである．よく知られる例として，高齢者の利害を代表するAARP，キリスト教右派の最も大きな団体の1つであるクリスチャン・コアリション，シエラ・クラブ等の環境保護団体を挙げられる．これらの組織の中核をなすのは，政治過程や関連する政策領域について専門知識を持ち，目的の達成に向けて活動する指導部である．他方で一般の参加者は，会費を払って会員となり，関連する情報やサーヴィスの提供を受ける．AARPは3,500万人，クリスチャン・コアリションは200万人以上の会員を持つとされるが，こうした大規模な団体は，潤沢な会費収入を元手に活動できる．また会員を動員して政府に大量の請願を行う，グラスルーツ（草の根）・ロビイング等の手法もとられており，その主張は政治的な重みを持ちうるのである．

イデオロギー的な一体化が一定程度進んだとはいえ，今日の政策形成は政党組織に牛耳られているわけではないし，利益団体の影響力も増している．そのため，特定の争点に強い関心を持つ有権者は，政党を離れても，関連する有力な会員組織に参加することで政治に影響を与えているという感覚を持ちえよう．このように現在のアメリカでは，機能を拡充した利益団体が政党に代わる役割を一定程度果たすようになりつつあると考えられる（Berry 1999）．

　ではこうした状況は，政治的代表の観点からはどう評価できるだろうか．注意すべきなのは，いくら「政党化」したといっても，利益団体が二大政党の果たしてきた役割をすべて代替しうるのではないことである．例えば，失政を行った政権党が次の選挙で票を失うというように，政党に対してはまがりなりにも有権者が責任を問うためのメカニズムが存在する．それはもちろん，選挙で選ばれる公職者の大半が政党というラベルを持っているからだが，利益団体の場合はそうでないし，そもそもどのように，どの程度政策形成に影響を及ぼしているかが必ずしも明らかでないのである．つまり利益団体については，政党についてすらしばしば曖昧だとされる政治責任の所在が，より深刻な問題になりえよう．

　上記が利益団体による代表の「質」の限界だとすれば，その「量」をめぐる限界も無視できない．上述の会員組織はたしかに，無党派層のうち二大政党による動員を自分から拒否した人々を，ある程度拾い上げられるかもしれない．しかし，二大政党が動員しようとしない層については，それは期待しにくい．無料でできる投票すらあまりしようとしない，多くは相対的に所得の少ない人々が，動員もされずにしかも費用を払ってまで会員組織の一員になるとは考えにくいからである．それに，今日の会員組織は多くがミドルクラスから上の階層の関心に対応して形成されているとみられている．つまり，彼らが参加する気になったとしても，そのための組織が少ないという問題もありうるのである（Crenson and Ginsberg 2002；Skocpol 2003）．こう考えると利益団体の台頭は，二大政党の生みだした政治的代表の階層による偏りを，

むしろ再生産している可能性さえあるといえよう．

　実は，90年代から一定の存在感を示している第三党は，このような政治的代表の偏りの是正を目標の1つに掲げている．例えば緑の党（Green Party）や，92年の大統領選挙に出馬し，19％の得票率を上げたペロー（Ross Perot）の結成した改革党（Reform Party）は，二大政党が見放した人々の支持の獲得をとりわけ重視している．彼らを政治に取りこめば，党勢力の拡大だけでなく民主主義の「再生」にもつながるとみているのである．実際ペローや，1998年に改革党からミネソタ知事選挙に出馬して勝利したヴェンチュラ（Jesse Ventura）の支持者には，無党派やそれまで投票をしたことのない人々が多く含まれていた．世論調査を見ても，有力な第三党の登場を期待する声は少なくない．とはいえ，現行の選挙制度は小選挙区制である以外に，立候補や選挙資金の公的助成について第三党のみに制限を課す，第三党に極めて不利なものである．他方で二大政党の勢力が伯仲しているため，第三党は選挙で支持を集めたとしても，2000年大統領選挙でもみられたように，「勝つ見込みもないのに選挙を引っかきまわす厄介者」（spoiler）扱いされるという皮肉が生じている（Rosenstone et al. 1996 ; Sifry 2002）．

　このように今日のアメリカでは，勢力面で拮抗するようになった二大政党を，「政党化」した利益団体が政策形成と選挙のいずれでも補強し，政党政治のイデオロギー性を強めるという構造が生まれている．そのため，二大政党間のイデオロギー的な差異が短期間に埋まるとは考えにくいが，だからといってかつての政党制のように，いずれかの党が数十年にわたり多数党として支配する状況がすぐに生まれるとも言いがたい．大規模な無党派層が存在する以上，候補者を中心に展開する選挙において，候補者は無党派層までを考慮して勝利連合を組む必要に迫られるからである．

　それは，大統領選挙についても同様である．例えば2000年の選挙で，当時共和党の候補者だったW. ブッシュは「思いやりのある保守主義」を掲げて，穏健な保守派を中核とする広範な支持層の形成を目指した．連合の構成の仕方は候補者によって異なるため，中長期的には新たな政党制が生みださ

れうるにしても，安定した体制の存在を前提にアメリカ政治を語るのは，当面の間困難であり続けると考えられる（Skowronek 1997）．

◆参考文献
日本語文献
五十嵐武士．1992．『政策革新の政治学：レーガン政権下のアメリカ政治』東京大学出版会．
五十嵐武士編．2000．『アメリカの多民族体制：「民族」の創出』東京大学出版会．
五十嵐武士．2001．『覇権国アメリカの再編：冷戦後の変革と政治的伝統』東京大学出版会．
五十嵐武士・油井大三郎編．2003．『アメリカ研究入門（第3版）』東京大学出版会．
岡山裕．2001．「アメリカ二大政党制の確立（一）：再建期における戦後体制の形成と共和党」『国家学会雑誌』114(5/6): 239-298．
荻野美穂．2001．『中絶論争とアメリカ社会：身体をめぐる戦争』岩波書店．
久保文明．1997．『現代アメリカ政治と公共利益：環境保護をめぐる政治過程』東京大学出版会．
久保文明編．2003．『G. W. ブッシュ政権とアメリカの保守勢力：共和党の分析』日本国際問題研究所．
久保文明ほか編．1999．『現代アメリカ政治の変容』勁草書房．
佐々木毅．1993．『アメリカの保守とリベラル』講談社学術文庫．
砂田一郎．1999．『現代アメリカ政治：20世紀後半の政治社会変動（新版）』芦書房．
ダール，ロバート・A．2003．杉田敦訳『アメリカ憲法は民主的か』岩波書店．
ハーツ，ルイス．1994．有賀貞訳『アメリカ自由主義の伝統：独立革命以来のアメリカ政治思想の一解釈』講談社学術文庫．
藤本一美．1999．『アメリカの政治資金：規制と実態』勁草書房．
藤原帰一．2002．『デモクラシーの帝国：アメリカ・戦争・現代世界』岩波新書．
古矢旬．2002．『アメリカニズム：「普遍国家」のナショナリズム』東京大学出版会．
ベネディクト，M. L. 1994．常本照樹訳『アメリカ憲法史』北海道大学図書刊行会．
待鳥聡史．2003．『財政再建と民主主義：アメリカ連邦議会の予算編成改革分析』有斐閣．
吉原欽一編．2000．『現代アメリカの政治権力構造：岐路に立つ共和党とアメリカ政治のダイナミズム』日本評論社．
ロウィ，セオドア．1981．村松岐夫監訳『自由主義の終焉：現代政府の問題性』木鐸社．

英語文献

Aldrich, John H. 1995. *Why Parties? The Origin and Transformation of Party Politics in America*. Chicago : The University of Chicago Press.

Berry, Jeffrey M., and Deborah Schildkraut. 1998. Citizen Groups, Political Parties, and Electoral Coalitions. In Anne N. Costain and Andrew S. McFarland (eds.). *Social Movements and American Political Insitutions*. Lanham : Rowman and Littlefield : 136-156.

Berry, Jeffrey M. 1999. The Rise of Citizen Groups. In Theda Skocpol and Morris P. Fiorina (eds.). *Civic Engagement in American Democracy*. Washington, D.C.: Brookings Institution : 367-393.

Binder, Sarah A. 2003. *Stalemate : Causes and Consequences of Legislative Gridlock*. Washington, D.C.: Brookings Institution.

Brady, David W. 1988. *Critical Elections and Congressional Policy Making*. Stanford : Stanford University Press.

Burnham, Walter Dean. 1970. *Critical Elections and the Mainsprings of American Politics*. New York : W. W. Norton.

Clubb, Jerome M., et al. 1990. *Partisan Realignment: Voters, Parties, and Government in American History*. Boulder : Westview Press.

Cox, Gary W., and Mathew D. McCubbins. 2002. Agenda Power in the U.S. House of Representatives, 1877-1986. In David W. Brady and Mathew D. McCubbins (eds.). *Party, Process, and Political Change in Congress : New Perspectives on the History of Congress*. Stanford : Stanford University Press : 107-146.

Crenson, Matthew A., and Benjamin Ginsberg. 2002. *Downsizing Democracy : How America Sidlined Its Citizens and Privatized Its Public*. Baltimore : Johns Hopkins University Press.

Dalton, Russell J., and Martin P. Wattenberg (eds.). 2000. *Parties without Partisans : Political Change in Advanced Industrial Democracies*. Oxford : Oxford University Press.

Fiorina, Morris 1996 *Divided Government*. Second ed. Boston : Allyn and Bacon.

Gerring, John. 1998. *Party Ideologies in America, 1828-1996*. Cambridge: Cambridge University Press.

Green, Donald, et al. 2002. *Partisan Hearts and Minds : Political Parties and the Social Identities of Voters*. New Haven : Yale University Press.

Greenberg, Stanley B., and Theda Skocpol (eds.). 1997. *The New Majority : Toward a Popular Progressive Politics*. New Haven : Yale University Press.

Herrnson, Paul S. 1998. Parties and Interest Groups in Postreform Congressional Elections. In Allan Cigler and Burdett A. Loomis (eds.). *Interest Group Politics*, fifth ed. Washington, D.C.: CQ Press: 145-168.

Herrnson, Paul S. 1999. National Party Organizations at the Century's End. In L. Sandy Maisel (ed.). *The Parties Respond : Changes in American Parties and Campaigns*, third ed. Boulder : Westview Press : 50-82.

Kolodny, Robin. 1998. *Pursuing Majorities : Congressional Campaign Committees in American Politics*. Norman : University of Oklahoma Press.

Kornbluh, Mark Lawrence. 2000. *Why America Stopped Voting : The Decline of Participatory Democracy and the Emergence of Modern American Politics*. New York : New York University Press.

Krehbiel, Keith. 1998. *Pivotal Politics : A Theory of U.S. Lawmaking*. Chicago : The University of Chicago Press.

Lowi, Theodore J. 1995. *The End of the Republican Era*. Norman : University of Oklahoma Press.

Mayhew, David R. 1991. *Divided We Govern : Party Control, Lawmaking, and Investigations, 1946-1990*. New Haven : Yale University Press.

Mayhew, David R. 2002. *Electoral Realignments : A Critique of an American Genre*. New Haven : Yale University Press.

Milkis, Sidney M. 1993. *The President and the Parties : The Transformation of the American Party System since the New Deal*. New York : Oxford University Press.

Piven, Frances Fox, and Richard A. Cloward. 2000. *Why Americans Still Don't Vote : and Why Politicians Want It That Way*. Boston : Beacon Press.

Rosenstone, Steven J., et al. 1996. *Third Parties in America : Citizen Response to Major Party Failure*, second ed. Princeton : Princeton University Press.

Salisbury, Robert H., et al. 1992. Triangles, Networks, and Hollow Cores : The Complex Geometry of Washington Interest Representation. In Mark P. Petracca (ed.). *The Politics of Interests : Interest Groups Transformed*. Boulder : Westview Press : 130-149.

Schier, Steven E. 2000. *By Invitation Only : The Rise of Exclusive Politics in the United States*. Pittsburgh : University of Pittsburgh Press.

Shafer, Byron E. (ed.). 1991. *The End of Realignment? Interpreting American Electoral Eras*. Madison : University of Wisconsin Press.

Sifry, Micah L. 2002. *Spoiling for a Fight : Third-Party Politics in America*. New York : Routledge.

Skocpol, Theda. 2003. *Diminished Democracy : From Membership to Manage-*

ment in American Civic Life. Norman : University of Oklahoma Press.
Skowronek, Stephen. 1997. *The Politics Presidents Make : Leadership from John Adams to Bill Clinton*. Cambridge, Mass.: The Belknap Press of Harvard University Press.
Stewart, Charles, III. 2001. *Analyzing Congress*. New York : W. W. Norton.
Sundquist, James L. 1983. *Dynamics of the Party System : Alignment and Realignment of Political Parties in the United States*, rev. ed. Washington, D. C.: Brookings Institution.
Wattenberg, Martin P. 1991. *The Rise of Candidate-Centered Politics : Presidential Elections of the 1980s*. Cambridge, Mass.: Harvard University Press.
Wattenberg, Martin P. 1998. *The Decline of American Political Parties, 1952-1996*. Cambridge, Mass.: Harvard University Press.
Weisberg, Herbert F. 2002. The Party in the Electorate as a Basis for More Responsible Parties. In John C. Green and Paul S. Herrnson (eds.). *Responsible Partisanship? The Evolution of American Political Parties Since 1950*. Lawrence : University Press of Kansas : 161-180.

ホームページ
AARP [http://www.aarp.org/]
Christian Coalition of America [http://www.cc.org/]
Federal Election Commission [http://www.fec.gov/]
National Election Studies [http://www.umich.edu/~nes/]
Sierra Club [http://www.sierraclub.org/]
THOMAS—Legislative Information on the Internet [http://thomas.loc.gov/]

第 2 章

EU
欧州統合の意味変容

臼井 陽一郎

1 統合の意味

　1992 年に EU（European Union）を創設するマーストリヒト条約が調印され,「欧州の分裂の統一」を目指す統合は「新しい段階」に入った（EU 条約前文）. もともとフランス・ドイツ・イタリア・オランダ・ベルギー・ルクセンブルクの 6 カ国による共同市場の建設から出発した統合プロジェクトは, やがて EU の形成・発展を通じて単一通貨を実現し, 警察刑事協力や外交・安全保障での共同歩調といった高度に政治的な領域へも射程を延ばしてきた. そして, 2004 年には, いよいよ欧州憲法条約の合意にいたる. また加盟国数も原 6 カ国にイギリス・アイルランド・デンマーク（72 年）, ギリシア（81 年）, スペイン・ポルトガル（86 年）を加え, EU 設立時には 12 カ国に及んでいたが, その後オーストリア・スウェーデン・フィンランド（95 年）が合流した. その間, 冷戦後のヨーロッパ再結合となる東方拡大が進められ, 2004 年には 10 カ国（ポーランド・ハンガリー・チェコ・スロヴァキア・スロヴェニア・エストニア・ラトヴィア・リトアニア・マルタ・サイプラス）を新たに包摂し, いまや 25 カ国の大所帯となるにいたった（2007 年以降, ブルガリア・ルーマニア・クロアチアも加盟の見通しである. ただトルコ加盟の是非は大きな政治問題となっている）. こうして深化と拡大を続ける EU は, 国際組織の域を越えているかのような卓越した法秩序に基礎づけられ, EU を通じた

加盟国間の共同行動は，加盟国の行政・立法・司法のすべてを強く規定する．ヨーロッパの地域研究にとって，いまやEUの機構論的理解は欠かせない．

しかしながら，EUの制度の仕組みを，憲法条約のテキストに沿ってなぞるだけでは不十分である．EUの誕生は，欧州統合という壮大なプロジェクトの画期的な到達点である．従ってEUの機構論的理解は，統合過程におけるEU形成の意義を認識することに結びつかなければならない．そのためにも，EUの形成が欧州の統合をいかに進展させたのか，これが問われなければならない．ところが，EUの形成と統合の進展は必ずしも等価の関係にない．EUの設立は，もちろん欧州統合史に深く刻まれる出来事である．が，そもそもいかなる統合をどこまで進めるのか，これがEUの形成と発展にともない，ヨーロッパ政治の争点に浮上してきた．後に論じるように，統合賛成派も反対派も，統合の進展を連邦化の進行と理解する点で同じ統合言説に立脚してきたが，EUの形成と発展は，そうした統合のあり方そのものを問い直す契機となったのである．その再考の重要性は，一方でEUにおける民主主義の赤字（democratic deficit）が問題視されゆくにつれ，また他方で統合史上最大の新規加盟国受け入れとなる東方拡大へ向けた準備過程を通じて，ますます高まっていった．まさにこうした文脈の中で，統合と連邦化を同一視しない言説が生起してきたのである．EU形成と欧州統合の関係を理解するには，従って次のように問う必要がある．EUの形成は，統合の意味を変えたのではないだろうか．本章は，EU形成による欧州統合の意味変容を主題とし，その視角から統合過程におけるEU形成の意義を論じる．

2　3つの研究アジェンダ

政治学系の欧州統合研究は，すでに半世紀を越える歴史をもつ．決して未成熟の若い研究分野ではない．研究の関心は，良い意味でも悪い意味でも他の地域研究に劣らず多様であるが，アナーキーな研究状況にあるわけではない．いくつかの有力な研究アジェンダが，それぞれ有意義さを主張しながら

しのぎを削っている．中でも次の3つが，欧州統合における EU 形成の意義を問うにあたって重要である（Moravcsik 1998a；Hix 1998；Jachtenfuchs 2001）．①主権国家間の統合を進展させた（あるいは阻害した）要因は何か．②他の主権国家内の政治と比較して，EU の政治はどのような特徴をもつか．③EU のガバナンスは，主権国家間のガバナンスや主権国家内のガバナンスといかに異なるか．以上3つの問いは，順に国際関係論，比較政治学，公共政策論に関わり，それぞれ政体（polity）の生成，政治（politics）の動態，政策（policy）の形成が主たる研究関心となる（Jachtenfuchs 2002）．

これらのうち，前二者は等しく近代的主権概念を前提とした国民国家の観念を共有する．その違いに本質的なものはない．国際関係論の統合理論が新たな主権国家的政体の形成過程（およびその失敗）に接近するのに対して，比較政治学の EU 論はすでに形成された主権国家的政体の有り様を問題にする．つまり，前者が EU にいまだ主権国家間関係の残存を見，その今後の変容の可能性を問うのに対して，後者は EU がすでに国家内政治過程になぞらえることの可能な状況にあると判断する（Hix 1998）．例えば国際関係論の統合理論は，統合過程に政府間外交交渉の力学もしくはその変容を探り，超国家機関（欧州委員会，欧州議会，欧州司法裁判所）が統合の駆動力であるのか，それとも大国への忠実な奉仕者なのかを問う（Moravcsik 1998a, 1998b；cf Tallberg 2003）．それに対して比較政治学の EU 論は，欧州議会を土台に成長しつつある，左派右派対立軸をもつ政党政治の型や，労使・業界団体による EU への利益媒介および社会運動の対 EU アクセスのあり方などを特定しようとする（Gorges 1996；Hix 1998；Wallace and Young 1997；網谷 2003；小川 2003a）．

これらに対して公共政策論的な色彩をもつ3つ目の研究アジェンダは，様々な個別政策分野の研究を包摂するガバナンス論を構成する．それは問題解決過程のヨーロッパ化およびそれに向けた加盟国の適応の成否を追跡し，EU ガバナンスの生成が問題解決能力を向上させたか否かを問う（Schutter et al. 2001；Weale et al. 2000）．その際，国内のものでも国際的なものでもな

いEU独自のガバナンスのあり方が，しばしば正統性の観点から批判的に示唆されるが（Hix 1998; Schmitter 1996; 網谷 2003; 小川 2003b; 平島 2003），また同時に，主権国家の内（within）にあるのでも間（between）にあるのでも上（above）にあるのでもない，いわば主権国家を相対化するという意味でそれを超えた（beyond）ガバナンスの概念化が研究の主要な関心になる（Jachtenfuchs 1995, 2001; 臼井 2002）．欧州統合の支配的な言説は，国家間統合を連邦化と意味づけるものであった．統合賛成派も反対派も，この支配的な言説に即してそれぞれの議論を展開してきた．しかも，政体形成の成否を問う国際関係論の統合理論も，EU政治の動態を問う比較政治学のEU論も，ともに統合の意味を連邦化と理解する言説を前提としてきた．それに対してEUガバナンスの独自性を捕捉しようとする接近法は，そうした新たな主権国家の形成によるのではなく，それを超えたガバナンスの現れを探ろうとする（Jachtenfuchs 1995）．これは連邦化統合の言説を絶対視せず，それとは異質な統合言説の現れを捉えようとする研究アジェンダとして理解できる．

　さて，以上の分類は研究対象の構成方法に則しており，必ずしも相互に排他的ではない．そもそもガバナンス論は，国際関係論の統合論と比較政治学のEU論双方の研究成果を援用できる．前者からはEUにおける国際的ガバナンスの動態について，後者からはEUの国内的ガバナンスの実態について，それぞれ基底的な知見をえられる．ガバナンスを鍵概念とした接近法は，個々の多様な欧州統合研究をつなぎあわせることができる．対抗関係は，むしろ研究対象への接近法を巡って形成される．アクター中心の接近法（Marks 1997など）と制度中心の接近法（Aspinwall and Schneider 2001; Armstrong and Bulmer 1998など）の対抗関係がひとつ，もうひとつが，戦略的な利益計算を重視する合理主義（Garrett et al. 1998など）と，価値や規範，アイデンティティといった社会的事実（social facts）の生成・変容を重視する構成主義（Christiansen et al. 2001; Ruggie 1998: 12-3, 90）の対抗関係である．この2つの対抗軸から，表2-1のように4つの組み合わせを想定できる．これらの組み合わせすべてが，上述した3つの研究アジェンダすべてに適用可

表 2-1　EU 研究の理論枠組み

	アクター中心の接近法	制度中心の接近法
合理主義	合理的選択論など	合理的制度論など
構成主義	アイデンティティや社会的正統性の研究など	歴史制度論や社会制度論など

能であり，実際，政治学系の EU 研究を豊かなものにしてきた．

　本章は，EU の形成・発展がもたらした統合言説の基調の変化を追う．どのような政治行動も，その争点に関して，先行して構成されある程度共有された言説を前提とし，それに対する賛否を明確にする形で，その正当性を主張せざるをえない．そうでなければ，賛否以前に主張そのものの意味が広く理解されない．それゆえ，ある政治的争点に関する既存の言説が，現行の政治の論理に影響を与えると想定できる．例えば，欧州統合への賛成・反対に関する現行の対立軸は，統合の深化を連邦化の進展と理解する言説を前提として構成される．よって統合の意味をめぐる言説の変化は，統合に関する政治の対立軸を変えていく．こうした統合言説の基調の変化に，国民国家原理を相対化するガバナンスの胎動を捉えようとするのが，本章の目的である．

　言説の基調の変化という事態に対しては，制度形成のインパクトを想定できる．つまり，制度の形成を言説の構築という観点から理解する試みである（Diez 2001）．制度形成を通じた統合の意味変容を言説の次元で探ろうとする本章の接近法は，制度を重視する構成主義研究の一環である．こうした方針のもと，本章は次の仮説的構図に依拠する．ある言説の流れ（例えば統合を連邦化と理解する言説）に，他の言説の流れ（例えば民主主義の言説）が交差する場合があるが，それにより，ある概念の意味の新たな構築が行われる．こうした言説の交差をもたらすのが制度形成である．制度とは意味のかたまりであり，言説において表象される．従って新たな制度の形成は，新たな言説文脈の構成を意味する．本章はこのような視座をもとに，EU の形成・展開がもたらした統合の意味の新たな構築を把握し，国民国家原理を相対化するガバナンスの胎動をそこに探っていく．

3　連邦化統合

　欧州の多くの一般市民にとって，欧州統合が目に見えるものとなりその重さを実感できるようになったのは，EU の形成以降である．これ以降欧州統合は，誰も反対しようのない抽象的な理念ではなくなる．平和のための不戦共同体と，経済繁栄のための共同市場は，連邦化の初期段階にあるかのような制度の集積へと進化を遂げていった．それが，EU の三本柱構造である．第 1 の柱の欧州共同体（EC）では単一通貨ユーロを含む経済・社会全般へと行動領域が広がり，第 2 の柱では共通外交安全保障政策（CFSP）の確立が目指され，第 3 の柱では（当初は司法内務協力，のちに）警察刑事司法協力（PJCC）が進められていった．たしかに 3 つの柱それぞれで，EU 諸機関の権限は異なる．第 2 の柱などは，政府間協力に基づく通常の国際組織と差異化しがたい．しかし，通貨，軍事，警察という 3 つのパワーが一定領域内で組織化されようとする場合，その行き着く先は国家という概念なしに表象しがたい．しかも 2004 年に合意にいたった欧州憲法条約では，少なくとも条文上この列柱構造が解消されてさえいる．制度形成のこうした進展は，いかなる統合をどこまで進めるかという統合の本質に関わる問いを，日常的な政治の次元に引き込んでいった．ここにいたって，欧州連邦国家の樹立は少なくとも夢想的な理念ではなくなった．

　EU の設立によっていっそう明瞭に可視化された連邦化実現の可能性は，すでに EU 形成以前から積み上げられてきた統合の実績に基礎づけられている．52 年のパリ条約による欧州石炭鉄鋼共同体の設立は，当時のリーディング産業を超国家機関により管理・育成しようとする画期的な試みであった．その後防衛共同体構想の挫折があったにしろ，それによって歩みは止まることなく，58 年発効のローマ条約により欧州経済共同体と原子力共同体が設立された．ここに，共同市場の育成を通じた不戦共同体の樹立という路線が確固たるものとなる．しかもそれは，条約の憲法化をもたらすような共同体

法秩序の構築をともなっていった（Weiler 1999：12-13）．EU 形成以前のこうした統合過程を通じて，統合を連邦化と意味づける言説が，まさに実務の積み上げの中で形づくられていったのである．

その過程で特に強い力を及ぼしたのが，欧州司法裁判所の法言説であった（Weiler 1999；La Torre 1999）．それは，統合による国家主権の制約を明瞭に示していった．特筆すべきが，*van Gend and Loos* 判決である．これは，共同体の法秩序が加盟国国民に直接権利と義務を与えるとする，いわゆる直接効果の原則を定式化した判決である．欧州司法裁判所は，加盟国の主権が相対化され，個人が国家の枠を超えて権利・義務の主体となりゆく状況を，次のような言説によって描写した．

> 共同体は新しい国際法秩序を構成する．それは，たとえ限られた分野においてであれ，その便益のために諸国家が自らの主権を制約する法秩序であり，また加盟国だけでなく，加盟国の国民もその主体となる法秩序である．それゆえ共同体の法は，加盟国の立法から独立した形で個人に義務を課すとともに，個人に権利を付与することも意図しており，しかもその権利は，加盟国の法の伝統の一角を占めることになるような権利である[1]．

加盟国の主権を制約し，個人に権利を与えるような国家間の法秩序に，欧州司法裁判所は「新しい」国際法秩序という表現を与えた．ただし，個人が自国内の裁判所に法的救済を求められる国際条約は決して「新しい」ものでなく，いわんや国際法のパラダイムを超えるものではない（Spiermann 1999）．そもそも「限られた分野」において個人に権利と義務を付与する条約は，ローマ条約を嚆矢とするわけではない（*Ibid.*）．欧州司法裁判所の言説における「新しい国際法秩序」の新しさは，主権国家を唯一立法者と観念する限りでの新しさである．それに対して，主権国家を国際社会の共同立法者として理解する伝統的な国際法言説からは，国際法秩序の質的な転換を見出すことはできない（*Ibid.*）．にもかかわらず，欧州司法裁判所の国際法理解は，統合の意味の言説的構築という観点からすると，革新的な意義をもっ

たのである．*van Gend and Loos* 判決に引き続き，欧州司法裁判所は，共同体法と加盟国法に不整合が生じた場合に共同体法が優先されるとする原則を導出し（共同体法優位の原則），条約に明記されなくとも共同体が権限をもつ場合を認定し（黙示的権限の原則），さらに人権保障の規定が備わっていない共同体法の解釈に，あたかも欧州憲法規範の存在を想定するかのように，基本的人権の法理を導入していった．そうして，国際社会の限界を物語る相互主義（reciprocity）や自助（self-help）の原則さえもが払拭されていった[2]．加盟国はもはや，EU 諸機関や他の加盟国の条約違反を理由に自らの条約不履行を正当化することが，法規範において許されないのである（La Torre 1999 : 189 ; Shaw 2000 : 312）．

しかしながら，こうした革新的な法の言説は，決して日常的な政治の関心を引くことはなかった．欧州司法裁判所の判決は，まさにひそかに忍び入るように（Weiler 1999 : 13-14），連邦化統合の言説的構築に寄与していったのである．

4　分化的統合

EU の形成と発展は，こうした統合プロジェクトの政治化（politicisation）をもたらすことになった（Wallace 1996）．それにともない，連邦化の推進を目指す理念に対抗して，守るべき理念を国民国家の主権性に見出す言説が，以前にも増してその勢いを強めていった．EU の誕生は，連邦化された欧州対諸国家からなる欧州の対立を，日常的な政治の中に持ち込んだのである．しかしながら，それらは本来的な対抗関係にない．双方の言説とも，統合を連邦化と理解する点ではかわりはない．EU という新たな制度の形成は，そうした表面的な二分法的対抗関係に帰結しない，新たな統合言説が現れる契機になったのである．統合過程における EU 形成の意義に迫るには，ここに着目する必要がある．それは，連邦化された欧州と諸国家からなる欧州の間に折り合いをつけようとする試みの中で構築されてきた．その中心と

なったのが，補完性（subsidiarity）と柔軟性（flexibility）の2つの原則である．そこでは，一方で単一制度枠組みとEU法の調和的履行が強調されるが，他方で，補完性原則のもと集権化された欧州が拒絶され，柔軟性原則のもと，準備不足の加盟国および統合深化に懐疑的な加盟国に，EU法による共通の義務からの部分的免除が認められ，一部の加盟国だけで統合を深化させることが是認されていった．後に論じるように，こうした2つの原則は，「調和化された欧州」対「政府間協力の欧州」の単純な二分法を批判的に再検討するよう促し，事態のより複雑な理解を迫る．

　補完性の原則がEU法の基本原則的な地位を獲得したのは，92年のマーストリヒト条約による．同条約によると，「欧州の諸国民がさらにいっそう緊密に結ばれゆくユニオン」においては，「補完性の原則に則して，可能な限り市民に近いところで諸決定が行われる」（EU条約前文）．また排他的権限のない分野での共同体の行動原則として，補完性が規定される．その場合共同体が行動するのは，「提案された行動の目的が加盟国によって充分に達せられない場合，および共同体の方が規模または効果に関してよりよく達成できる場合」（EC条約第5条）である．他方で柔軟性の原則は，97年アムステルダム条約によって'連携緊密化制度'（closer cooperation）としてはじめて条文化され，2001年調印のニース条約による改正で'連携強化制度'（enhanced cooperation）として部分的に修正された[3]．ニース条約によると，ある目的が，基本条約の条項の適用では合理的な期間内に実現不可能であると閣僚理事会が確認した場合，その目的の実現のために，「最後の手段として，連携強化制度を利用できる」（EU条約43a条）．また連携強化制度が利用される場合，「全ての加盟国が参加可能でなりればならず，またいかなる時期にも，全加盟国が参加可能でなければならない．そして委員会とこの制度に参加する加盟国は，できるだけ多くの加盟国が参加するよう奨励していかなければならない」（EU条約43b条）．

　このような補完性も柔軟性も，その歴史は欧州統合史とともにあった（Endo 2001; Tuytschaever 1999; de Witte 2000; Walker 2000）．しかし日常的

な政治のことばになったのは，EU形成後の90年代以降である．補完性を統合言説の主題に押し上げたのは，デンマーク国民投票によるマーストリヒト条約の批准拒否という事態であった．それは，EUと加盟国国民との乖離という問題を象徴する出来事であった．いわゆる民主主義の赤字（democratic deficit）である．これは，EUによる統合が進展するにつれ，加盟国単位の有権者がますますEUの意思決定から疎外されていく事態をいう（Warleigh 2003）．デンマーク国民の拒否は，以前よりくすぶっていたこのような批判に火をつけ，条約の中に静かに横たわっていた補完性の文言を，まさに日常的な政治言説の場に引き込んでいった．その後補完性は，加盟国の専権事項を明確にするとともに，加盟国国民をEUに近づける制度設計の中心概念として，EUの機構改革を要請する論理を構築していく．ラーケン・マンデート（2001年）による欧州将来像諮問会議の召集（2002年）から，欧州憲法設立条約の草案提出（2003年）にいたる過程で，補完性はEUの制度修正にかかわる言説の中心概念であり続けた．

柔軟性を統合言説の主題に引き出したのは，冷戦崩壊後の欧州秩序再構築を目指したEUの東方拡大であった．冷戦崩壊後のヨーロッパ再結合を意味するこの一大事業は，中東欧諸国（CEEC）にいつ飛び火するかもしれないユーゴ内戦により催促されながら，民主化・市場経済化・EU法導入という条件付きのEU援助を通じて進められていった．この拡大準備過程は，98年のコソボ紛争を契機にスピードアップし，一気に10カ国が2004年に新たにEUに加盟する運びとなった．この過程で時間との競争になったのは，統合史上最大の拡大を実現したのちの制度調整という問題であった．当面は25カ国，最終的には30カ国近くに及ぶ加盟国の間で，いかに制度枠組みの一体性を維持するか，またどの程度まで足並みのずれを認めるかが争点となり，アムステルダム・プロセスからニース・プロセスへととぎれることなく，柔軟性は統合言説の主題になり続けた．

このように補完性と柔軟性は，それぞれ異なった言説文脈の中で形成されてきた概念である．しかし双方の言説とも同じように，EUの排他的権限や

共同体の既得権限（aquis communautaire）を強調する．それが逆説的に，EUにおける分化（differentiation）を公式に認めることに帰結する．つまり補完性と柔軟性の言説は，EUが分化から逃れられない状況にあるというまさにその理由から，最低限一元的に対応しなければならない事柄を明確にするという構えをとる．両原則はこのような形で，分化的統合の言説の中心概念となっていった（特に補完性に関して，Tuytschaever 1999：240-242）．

こうした点から容易に理解できるように，補完性と柔軟性は，守るべき理念を国民国家の主権性に見出す言説に強く規定される．補完性は，参加・多文化・下からの統合というもともとの理念にもかかわらず，加盟国がEUの調和化に抗する論拠として参照されてきた．つまり補完性は国民主権の言説に引き入れられることで，もっぱら国民的一体性の重視をうたう言説に変貌してしまう．こうした意味のゆらぎは，欧州理事会の政治言説によく見られるが，欧州司法裁判所の法言説にも共振していった．例えば *Imperial Tobacco* 事件に付された法務官意見書は，その最たる例である．それによると，

[補完性の原則とは] 共同体の行動と加盟国の行動のどちらを選択するかに関わるだけである．（中略）加盟国が行動する場合，それが市民に近い次元でおこなわれたかどうかは，その加盟国の憲法や内務のあり方に応じて異なる．同様の理由から，より小さな・下位の社会が効果的に遂行できる機能を，より大きな・上位の組織が不当に奪うべきでないという，意味の幅の広い目的の内容やその適用を [欧州司法裁判所で] 議論することは，有益でないように思われる[4]．

つまり，EUの共同行動が加盟国内で補完性原則に応じて進められるかどうかは，加盟国自身の問題であるとされる．市民への近さという補完性の理念は，EUと加盟国との二元的な関係に限定され，国境線に即して欧州を分化する原則に変貌してしまう．

柔軟性に関する言説も同様である．国民主権の言説と結びつくことで，国民国家を単位とした欧州の分化を正当化する論理が生み出される．もともと

柔軟性は，経済通貨同盟（EMU）や社会政策やシェンゲン・レジームなどですでに具体化されており，また基本条約の文面にはいたるところに，共通義務の適用除外規定が挿入されていた（Ehlermann 1995；Wessels 1998）．これらを公式に認定したのが，アムステルダム条約である．それは，分化を公式に認めるという意味で，EUへの見方を変える強い効果をもたらした．連携強化制度を利用するに際して，EU条約43条は厳しい条件を提示する．例えば，一部の加盟国間の共同行動がEU全体の目的に反しないこと，単一制度枠組みや共同体の既得権限を損なわないこと，EUの排他的権限にふれないこと，域内市場を妨げ加盟国間貿易に障壁を作りださないこと，そして少数の参加加盟国が他の加盟国を排除してしまわないことなどである．これらは暗黙のうちに，EUの制度枠組みがいかに分化しうるかを示している．連携強化制度の利用に付された条件は，逆説的に，EUがこれらの潜在的な危険にさらされていることを物語るのである．連携強化制度とは，こうした危険の存在を公然と認め，分化を受け入れる制度である[5]．

こうして補完性と柔軟性の言説は，単一制度枠組みの維持を強調する反面，国民国家を単位とした分化を正当化する論理の構築に向けられる．EUと加盟国の二元性を温存する統合，これが双方の言説に含意されている．国民主権の言説に引き入れられることで，双方の原則がEU・加盟国の二元的関係に限定される強い傾向が，たしかに存在する．

5　新しいガバナンス

しかし他方で，両原則が単純な連邦化とも二元的分化とも異質な統合概念をもたらしてきたという点，これを見過ごしてはならない．補完性は，多文化状況において多様なアクターの参加を主唱する原則でもある．補完性のこの側面は，EU諸機関が発する様々な文書の中で強調されてきた．例えば，欧州委員会のガバナンス白書，地方政府の役割に関する欧州議会決議，補完性原則に関する地域評議会意見書などは[6]，EUに加盟国国民との乖離を見

る批判への対応として，また欧州憲法条約の中で地方政府の役割を強化する提案の一環として，補完性原則を国民主権の言説とは異なった文脈で理解する政治言説を示唆していった．これらの政治言説は，一方で補完性の運用を国民的一体性に限界づけるEU法言説に制約されながらも，他方で労使団体や社会運動体および地方政府の民主的政治力向上（empowerment）を狙った施策の規範上の根拠として，補完性原則を位置づけていった．また柔軟性原則も，単に加盟国それぞれの意志や能力の相違に配慮するというにとどまらない．そこには，統合の基本目的を否定せず，また必ずしも国民国家を単位としない形で，多様な利益を調整しようという狙いもある．それは後に論じるように，かたい法（hard law）とやわらかい法（soft law）を使い分ける新たなガバナンスのあり方を基礎づけていく．補完性と柔軟性には，こうしたプロアクティブな側面がある．そしてそこには，民主主義の言説が交差してくる．ただしそれは，国民を単位とした自己決定という近代の主権理念に依拠しない形での民主主義言説である．まさにこの交差の中で，補完性と柔軟性の言説は，国内／国際の二分法を相対化するガバナンスの論理を構築していく．

　その一例を，欧州委員会のガバナンス白書に見ることができる．欧州委員会は，連邦化の基点となりうる共同体方式（the Community method）[7]を守る揺るぎない意志を強調し，超国家性の維持に固執する反面，EU法による加盟国法の調和化のみにこだわらずに分化傾向を是認して，新しいガバナンスのあり方を追求する．以下はその事例である（cf. Scott and Trubek 2002）．①規則や指令という通常の共同体法よりも，実体的義務のより柔軟な履行が可能な枠組み指令（framework directives）の多用．②非義務的合意（voluntary agreements）により，全利害当事者を動員しようとする共同規制枠組み（the framework of co-regulation）の構築．③目的の達成度を測る基準（benchmarks）の共有とそれによる再帰的モニタリング（reflexive monitoring）への自由参加を促し，相互学習の効果を高めることを狙った公開協調方式（open method of coordination）．④労使団体にEU社会立法過程への特権的

な接近を認め，市民社会の動員をはかる社会的対話．⑤環境などEU基準遵守を条件としたEU地域基金による開発過程で，地方行政区域の関係当事者の参加を義務づけ，EU法の履行に自治体を巻き込むことを狙ったパートナーシップ．以上の事例には共通の特徴が見られる．実体面では拘束力のゆるやかな（場合によっては拘束力のない）やわらかい法（soft law）が利用されるが（その違反に司法は関われない），手続き面では，特に対話の機会の創出に関して，拘束力の強いかたい法（hard law）が使われる（その違反は司法で裁かれる）．実体的義務の履行は柔軟に，参加を定める手続き規則の確立は堅固に，という方法である（Scott 2000）．

　欧州委員会は，EU立法による調和化路線だけに依存しないこうした新しいガバナンス様式を正当化するため，上述のガバナンス白書で健全なガバナンス（good governance）の5原則を引き合いに出す．公開，参加，説明責任，有効性，一貫性が，それである．こうした原則の具体化が，欧州委員会による新しいガバナンス様式の提案に付された理由であり，EUに民主主義の赤字（democratic deficit）を見る批判（Warleigh 2003）がその提案の背景にある．こうした文脈の中で，新しいガバナンス様式の言説は民主主義の言説に引きつけられる．しかしそれは，国民主権の回復によってEUの民主性問題に対応しようとする言説ではない．加盟国の主権性に民主主義を基礎づけるのとは，異質の言説である．

　こうした新しいガバナンスの言説は，一方においてEUを単位とした調和化を否定するわけではない．共同体方式への執着が明確に見られるように，連邦化志向は完全には消えていない．しかし他方で，新しいガバナンス様式の言説はその基調において，分化的統合の言説（つまり補完性と柔軟性の言説）と軌を一にする．補完性原則の適用には，EU規模の調和化と加盟国それぞれの個別事情への配慮を両立させ，かつ市民に近い（との修辞が付される）地方政府や社会アクターを，EUの共同行動に動員するという狙いがある．また柔軟性原則の運用には，先導国と準備不足国および親統合国と懐疑国との間の，多様なるままの統一という理念が込められている．それは，単

に加盟国別に自由行動の余地を増やすための柔軟性ではなく，EU法の形成と施行に細かく規定される柔軟性でもある（Schutter et al. 2001）．新しいガバナンス様式の導入は，補完性や柔軟性の言説がうったえるこれらの狙いを制度として具体化する事例である．そこでは，連邦化の初期段階ともいえる共同体方式の維持をうたいつつも，調和を妨げかねない分化を公式に認める論理が要請される．補完性と柔軟性を鍵概念とする分化的統合の言説は，国民主権の理念を前提としない民主主義言説と交差する中で，まさにその論理を提示する．

このように，分化的統合の言説は共同体方式と新しいガバナンス様式が平行して存在する状況に積極的な意味を見出す．そしてそこに，脱国民主権の民主主義言説が交差する．このような分化的統合の言説に依拠する以上，加盟国法とEU法の間に垂直的関係が成長していく過程は想定できない．この言説は，連邦化／政府間協力の二分法では捉えられない，多面的で複雑な相互依存関係（Walker 2000 : 36-8）の生起に着目するよう迫るのである．

6　ポスト国民国家の言説

以上のように，連邦化とは異なる統合概念を提起する言説が，EUの形成を契機に生み出されていった．統合の意味をめぐる言説の基調にこのような変化をもたらしたこと，ここに欧州統合過程におけるEU形成の意義を論じる手がかりを見出せる．分化的統合の言説は，EUの形成・発展を通じて国民主権の言説の文脈に引き入れられていった．しかし同時に，国民を単位とした同意という構図に依存しない形の民主主義言説が，そこに交差していった．複数の言説のこうした流れの中で，分化的統合の言説は結果的に，国家の主権と民主主義の関係を問い直す言説となる．ここに着目したい．補完性も柔軟性も，一方では国民的一体性の原則（EU条約6条3項）に応じて，加盟国の主権性を維持する規範の強化に寄与していった．しかしそれらは他方で，健全なガバナンスの5原則に立脚して，やわらかい法（soft law）の役

割を活かしながら，EUをアリーナとした規範の発展に，様々なアクターを引き込む戦略上の理念となっていった．この後者の文脈では，民主主義の言説が国民主権の言説から切断される．つまり，国民の同意という仮構を実体化する主権の概念に依存しない形で，EUの民主性の向上が構想される．分化的統合の言説には，国民国家を超えた民主主義の構築を政治課題とするよう迫る論理が胚胎している．

こうした知見を土台に次のような視点を提示できるだろう．分化的統合の言説は，連邦化／政府間協力の二分法を脱して，ポスト国民国家の言説に帰結する可能性があるのではないだろうか．従って分化的統合の言説の展開のうちに，国民国家を超える秩序の胎動を見出せるのではないだろうか．こうした視点を掘り下げて検討するには，EUの制度実行の様々な場面で提示される分化的統合の言説を，いったん理論的整合的に構築し直し，その上で，この言説が国家・法・民主主義の3概念にいかなる含意を有するか，これをさらに詳細に吟味する必要がある．EUに特異なガバナンスの生成を見る接近法は，この理論的再構築にとって有益な研究を積み上げてきた（臼井2002：102-4）．本章の議論は，構成主義に依拠した言説接近法を，そうしたガバナンス論へつなぐ試みである．

◆註
1) Case 26/62 *van Gend and Loos* [1963] ECR 3, para. 3.
2) 共同体法優位の原則はCase 6/64 *Costa* v. *ENEL*，黙示的権限の原則はCase 22/70 *ERTA*，基本的人権の法理はCase 11/70 *Handelsgesellschaft* とCase 4/73 *Second Nold*，自助や相互主義原則の払拭はCase C-38/89 *Ministère Public* とCases 90 and 91/63 *Dairy Products* をそれぞれ参照．
3) ただし中西（2002：126）を参照．それによるとcloser cooperationからenhanced cooperationへの文言変更は条約テキスト英語版に見られるもので，ドイツ語版とフランス語版に文言の変更はない．
4) Case C-376/98 and Case C-74/99, Opinion, para.133.
5) 柔軟性原則を具体化する戦略として次のモデルを想定できる（Walker 2000）．①加盟国が共同行動分野を自由に選択するアラカルト方式，②準備のできた加盟国から順次先に進む多段階統合方式，③一部の加盟国が統合を深化させて核

となり，その他を周囲にしたがえる同心円統合方式などである．
6) これらの公式文書は順に COM (2001) 428 final；CONV 517/03；OJ 1999 C 198/14 である．
7) 共同体方式とは，EU の第 1 の柱（EC）で基本となる決定過程であり，欧州委員会が提案し，閣僚理事会と欧州議会が共同決定をなし，欧州司法裁判所が司法審査を行う．

◆参考文献
日本語文献

網谷龍介．2002．「ヨーロッパにおけるガヴァナンスの生成と民主政の困難：「調整」問題の視角から」『神戸法学雑誌』51(4)：1-39．

網谷龍介．2003．「EU における「市民社会」とガヴァナンス：「ヨーロッパ公共空間の共有」は可能か？」『神戸法学雑誌』53(1)：33-67．

臼井陽一郎．2002．「EU における統治（Governance）論の射程」『新潟国際情報大学情報文化学部紀要』5：91-112．

臼井陽一郎．2003．「EU の特異性と規範の進化」『社会科学研究』54(1)：33-52．

小川有美．2003a．「ヨーロッパ化する党派政治空間：「第三の道」の欧州テスト」『社会科学研究』54(1)：67-81．

小川有美．2003b．「ヨーロッパ化と政治的正統性の行方」日本比較政治学会編『EU のなかの国民国家：デモクラシーの変容』早稲田大学出版部：1-24．

中西優美子．2002．「EU 条約および EC 条約におけるより緊密な協力制度：ニース条約によるより緊密な協力制度の改正を中心に」『日本 EU 学会年報』22：107-131．

中村民雄．2002．「EU 政体規範（constitution）研究の現状と展望」『聖学院大学総合研究所紀要』22：99-130．

平島健司．2003．「EU 政体への接近」『社会科学研究』54(1)：53-66．

英語文献

Armstrong, Kenneth A., and Simon J. Bulmer. 1998. *The Governance of the Single European Market*. Manchester: Manchester University Press.

Aspinwall, Mark, and Gerald Schneider. 2001. Institutional Research on the European Union: Mapping the Field. In Gerald Schneider and Mark Aspinwall (eds.). *The Rules of Integration: Institutionalist Approaches to the Study of Europe*. Manchester: Manchester University Press.

Christiansen, Thomas, Knud E. Jørgensen, and Antje Wiener. 2001. Introduction. In Thomas Christiansen, Knud E. Jørgensen and Antje Wiener (eds.). *The Social Construction of Europe*. London: SAGE Publications.

de Witte, Bruno. 2000. Old-fashioned Flexibility: International Agreements between Member States of the European Union. In Grainn de Búrca and Joanne Scott (eds.). *Constitutional Change in the EU : From Uniformity to Flexibility?* Oxford : Hart Publishing.

Diez, Thomas. 2001. Speaking 'Europe' : The Politics of Integration Discourse. In Thomas Christiansen, Knud E. Jørgensen and Antje Wiener (eds.). *The Social Construction of Europe.* London : SAGE Publications.

Ehlermann, Claus D. 1995. Increased Differentiation or Stronger Uniformity. *EUI Working Paper.* No. 1995/21.

Endo, Ken. 2001. Subsidiarity and its Enemies : To What Extent is Sovereignty Contested in the Mixed Commonwealth of Europe? *EUI Working Papers.* No. 2001/24.

Garrett, Geoffrey, R. Daniel Kelemen, and Heiner Schulz. 1998. The European Court of Justice, National Governments, and Legal Integration in the European Union. *International Organization* 52 : 149-176.

Gorges, Michael J. 1996. *Euro-Corporatism? : Interest Intermediation in the European Community.* Lanham : University Press of America.

Hix, Simon. 1998. The Study of the European Union II : The New Governance Agenda and its Rival. *Journal of European Public Policy* 5 : 38-65.

Jachtenfuchs, Markus. 1995. Theoretical Perspectives on European Governance. *European Law Journal* 1 : 115.

Jachtenfuchs, Markus. 2001. The Governance Approach to European Integration. *Journal of Common Market Studies* 39 : 245-264.

Jachtenfuchs, Markus. 2002. Deepening and Widening Integration Theory. *Journal of European Public Policy* 9 : 650-657.

La Torre, Massimo. 1999. Legal Pluralism as Evolutionary Achievement of Community Law. *Ratio Juris* 12 : 182-195.

Marks, Gary. 1997. An Actor-Centred Approach to Multi-Level Governance. In Charlie Jeffery (ed.). *The Regional Dimension of the European Union : Towards a Third Level in Europe?* London : Frank Cass.

Moravcsik, Andrew. 1998a. *The Choice for Europe : Social Purpose & State Power from Messina to Maastricht.* Ithaca : Cornell University Press.

Moravcsik, Andrew. 1998b. Integration Theory. In Desmond Dinan (ed.). *Encyclopedia of the European Union.* Boulder : Lynne Rienner Publishers.

Ruggie, J. Gerard. 1998. *Constructing the World Polity : Essays on International Institutionalization.* London : Routledge.

Schmitter, Philippe C. 1996. Imagining the Future of the Euro-Polity with the Help of New Concepts. In Gary Marks, Fritz W. Scharpf, Philippe C. Schmitter and Wolfgang Streeck (eds.). *Governance in the European Union*. London : Sage.

Schutter, Olivier D., Notis Lebessis, and John Paterson. 2001. *Governance in the European Union*. Luxembourg : Office for Official Publications of the European Communities.

Scott, Joanne. 2000. Flexibility, "Proceduralization", and Environmental Governance in the EU. In G. de Búrca and J. Scott (eds.). *Constitutional Change in the EU : From Uniformity to Flexibility?* Oxofrd : Hart Publishing.

Scott, Joanne, and David M. Trubek. 2002. Mind the Gap : Law and New Approaches to Governance in the European Union. *European Law Journal* 8 : 1-18.

Shaw, Jo. 2000. *Law of the European Union*. Third Edition. Hampshire : Palgrave.

Spiermann, Ole. 1999. The Other Side of the Story : An Unpopular Essay on the Making of the European Community Legal Order. *European Journal of International Law* 10 : 763-789.

Tallberg, Jonas. 2003. *European Governance and Supranational Institutions : Making States Comply*. London : Routledge.

Tuytschaever, Filip. 1999. *Differentiation in European Union Law*. Oxford : Hart Publishing.

Walker, Neil. 2000. Sovereignty and Differentiated Integration in the European Union. In Zenon Bańkowski and Andrew Scott (eds.). *The European Union and its Order : The Legal Theory of European Integration*. Oxford : Blackwell.

Wallace, Helen, and Alasdair R. Young (eds.). 1997. *Participation and Policy-making in the European Union*. Oxford : Clarendon Press.

Wallace, William. 1996. Government without Statehood : The Unstable Equilibrium. In Helen Wallace and William Wallace (eds.). *Policy-Making in the European Union*. Oxford : Oxford University Press.

Warleigh, Alex. 2003. *Democracy in the European Union : Theory, Practice and Reform*. London : SAGE.

Weale, Albert, Geoffrey Pridham, Michelle Cini, Dimitrios Konstadakopulos, Martin Porter, and Brendan Flynn. 2000. *Environmental Governance in Europe*. Oxford : Oxford University Press.

Weiler, Josepf H. H. 1999. *The Constitution of Europe : Do the new clothes have an emperor? And other essays on European Integration*. Cambridge : Cambridge University Press.

Wessels, Wolfgang. 1998. Flexibility Differentiation and Closer Cooperation: The Amsterdam Provisions in the light of the Tindemans Report. In Martin Westlake (ed.). *The European Union beyond Amsterdam : New Concepts of European Integration*. London : Routledge.

Wiener, Antije, and Thomas Diez (eds.). 2004. *European Integration Theory*. Oxford : Oxford University Press.

ホームページ

EUR-Lex [http://europa.eu.int/eur-lex/en/] EU法のデータベース.

Rapid [http://europa.eu.int/rapid/start/cgi/guesten.ksh] EU各機関のプレス・リリース.

SCADPlus [http://europa.eu.int/scadplus/scad_en.htm] EUの政策分野別解説.

General Report [http://europa.eu.int/abc/doc/off/rg/en/welcome.htm] 欧州委員会活動報告書.

Presidency Conclusions [http://europa.eu.int/european_council/conclusions/index_en.htm] 欧州理事会議長総括.

EUI Historical Archives [http://www.iue.it/ECArchives/Index.shtml] 歴史的文書のアーカイブ.

Politic@1 Groups On-line [http://www.europarl.eu.int/groups/default.htm] 欧州議会の党派.

European Research Papers Archive [http://eiop.or.at/erpa/] EU研究のWEBジャーナル集.

公式文書案内

例：マーストリヒト条約： EU条約を新たに起草し，既存の共同体（EC）設立条約を改正するための条約で，数多くの議定書や政治宣言が付属．97年アムステルダム条約と2000年ニース条約は，それらを改正する条約．

例：COM(2001)428 final：欧州委員会の政策立案・評価およびEU法案などを，加盟国や他のEU諸機関に回覧する際の文書形式．括弧内が発行年，その後が文書番号．回覧に先立ち，欧州委員会内でその文書に基づく意思統一がはかられる．

例：OJ 1999 C 198/14：EU官報（Official Journal）．事例は1999年に発行されたCシリーズの198号14頁を意味する．EU官報にはLとCがあり，LにはEU法のテキスト，Cにはそれ以外の公式文書（提案段階のEU法テキストや，EU諸機関の意見書，勧告文書，共同行動計画案など）が掲載される．

例：Case 26/62 *van Gend and Loos* [1963] ECR 3, para. 3：欧州司法裁判所の判決を引用する際の表記法．事例は62年の26番目に付託された事件を意味（よって判決が下された年とは異なる）．事件名はイタリックで簡易表記される（この場合は *van Gend and Loos*）．[1963] ECR 3, para. 3は，1963年版欧州司法裁

判所報告書（European Court Report）の3頁，第3段落を意味．判決文の段落にはすべて番号が付されるため，同報告書の頁番号が不明でもケース番号と段落番号だけで引用には十分（なお，第一審（the Court of First Instance：CFI）の設立に伴い，判決番号の前にC-もしくはT-がつけられるようになった．前者が欧州司法裁判所，後者が第一審の判決である．また判決年の後にPがつけられる場合があるが，これは第一審の判決に対して欧州司法裁判所に控訴された事件を意味）．

例：CONV 517/03：欧州将来像諮問会議に提出された文書．517が文書番号，03が発行年．同諮問会議では，EUの憲法策定を巡って様々な主張や有益な現状分析が提出された．情報公開用に開設されたサイト（http://european-convention.eu.int）で全文検索可能．

第3章

ドイツ

「宰相デモクラシー」と「交渉デモクラシー」の間で

網谷龍介

1 ドイツ政治の2つのイメージ

ドイツ政治には2つのイメージがある．1つのイメージは，よく組織され競合する二大政党に支えられた首相が「ドイツ統一」などの大政治を行うという，「競合」「政治的決断」のそれであり，もう1つは，社会秩序の安定や，労働争議による労働損失日の少なさなどが想起させる「話し合い」「合意」のイメージである．この2つのイメージはどちらも誤りではない．本章は，各々のイメージを検討していくことから始め，2つのロジックの動的な絡み合いの中にドイツ政治の現状を浮かび上がらせることを試みるものである．

2 「決定」と「交渉」

(1) 宰相と政党によるデモクラシー

戦後（西）ドイツ政治を特徴づける言葉の1つが「宰相デモクラシー(Kanzlerdemokratie)」である（Niclauß 2004）．これは，頻繁な政権交代が顕著であった第2次大戦前のヴァイマール共和制との対比で，首相がその地位を憲法上強化され，現実にも政治運営における役割を増したことを表現する言葉である．

権威主義的とも映る統治スタイルによりこの語を定着させた初代首相アデ

ナウアー（Konrad Adenauer）が，西側陣営統合路線を決定し，独仏和解を軸とするヨーロッパ統合を推進したのをはじめ，1960年代末からの新東方政策により，ヨーロッパ緊張緩和の独自の進展を定着させたブラント（Willy Brandt），1989年の東欧変革に際し，早期の通貨統合などによってこれをドイツ統一に結びつけたコール（Helmut Kohl），と首相の存在感は時に世界的にも印象付けられる．コールの在任16年を筆頭に，1949年のドイツ連邦共和国建国以来，在任した首相は7人であり，仮に現首相シュレーダー（Gerhard Schröder）が任期を全うすれば（2006年に次期連邦議会選挙），平均在任期間は8年を超える．

首相の立場は，憲法上のいくつかの規定に基礎を置いている．最も有名なものは建設的不信任の制度である（67条）．これは，「連邦議会は，議員の過半数によって後継を決定し，連邦大統領に首相の罷免を要請することによってのみ，首相に不信任を表明できる」と規定するもので，倒閣のためだけの多数派の形成を防止したものである．また，「連邦首相は政治の指針を決定し，その責任を負う」とした65条は政綱決定権を定めたものとされ，この首相原則が，所轄原則，合議原則と並んで，内閣運営の基本原則とされる．実際は内閣に実質的調整機能はなく，イギリス型の閣僚委員会もそれほど盛んでないなど，合議原則はあまり機能しておらず，首相の選択的介入によるトップダウンの決定と，各省庁からのボトムアップの政策形成が中心である（cf. Padgett 1994 ; Elgie 1995）．

さらに1970年代以降機能を拡大した首相府（Kanzleramt）は，例えばイギリスのそれに比して目立って大規模である．首相府には各省庁に対応する部署に加え，広報・調整担当部署があり，常に閣議に参加するその長官には時に閣僚級の政治家が充てられる．

「トップ政治家主導」のイメージは，ドイツの政党の強固さと関連付けて論じられることもある[1]．伝統的にドイツの政党は強い組織のイメージで語られてきた．ミヘルス（Robert Michels）の「寡頭制の鉄則」や，ノイマン（Sigmund Neumann）の「社会的統合政党」など，古典的な組織政党のモデ

ル化において原像となったのは20世紀前半のドイツ社会民主党であった（ミヘルス 1973-74；ノイマン 1958-61）．

　もっとも，民主政との関係で，これは常に積極的に評価されてきたわけではない．同時代的には，部分利益政党の進出が「全体」の利益を損なうとして政党批判が展開された．例えばシュミット（Carl Schmitt）は，「議会主義」を，独立した議員が公開の「討論」を通じて真理と公正さについて納得させられた結果として決定に至るものと位置づけ，「民主主義」の下で発展した政党が社会的・経済的部分集団と結びついて利益に基づいた「妥協」を行うことと，鋭く対立させる理解を示した（シュミット 1972）．また，戦前までのドイツの政党は，経済上の地位や宗派によって分断された社会道徳的ミリュー（部分社会）を代表するものであり，被代表集団を非政治的組織やメディアを通じて緊密に組織化する一方，相互の交渉・妥協能力を欠き，それが民主政の機能不全をもたらしたとする歴史社会学的分析もある（Lepsius 1966）[2]．

　しかし第2次大戦後，政党は「国民の政治的意思形成過程において共に働く」（21条）民主政の担い手として憲法上明文の承認をうけ，この目的達成への支援という位置付けで，国庫から多額の政党補助が行われている[3]．同時にこの規定は，「自由で民主的な基本秩序」を害する政党の禁止規定と結びつき，さらに政党内部秩序の民主性の要請および資金・財産の公開をもたらした．

　実態面でも大きな変化が見られた．第1にプロイセン主導の1871年のドイツ統一以来，ドイツの政治社会に刻まれてきた，カトリックとプロテスタントの亀裂（宗派クリーヴィッジ）を越えたキリスト教民主同盟／社会同盟（以下，キリ民党）の形成，第2に社会民主党（以下，社民党）の中道への開放によって，政党システムは2つの「国民政党（Volkspartei）」を中心に安定と政権交代を達成したのである．ここで国民政党の語は，支持層の広範さのみならず，伝統的理解のうち「社会に確固として根ざした存在としての政党」という理解を依然表現するものであり，大規模な党組織の存在は「政党

デモクラシー」の正統化に重要な役割を果たしてきた[4]．

　官僚制との関係でも政党は人的影響を及ぼしている（原田1997；毛利2000；Derlien 2003）．ドイツの官僚制はキャリアシステムを採用しているが，局長級以上に関しては一時的休職制度があり，これが政治的任用に利用されている．1998年の政権交代に際しても大規模な人事異動が行われた．ただし，経済界や学界など官僚制の外部からの異動は多くなく，連邦政府内部もしくは州政府からの昇進が中心である．

　このような特徴の故に，議院内閣制の下での首相・政党中心の政治運営の例として，ドイツ政治はウェストミンスター・モデルと並べて論じられることすらある．

(2) 拒否権プレイヤーと交渉デモクラシー

　その一方ドイツ政治は，複雑な連邦制，専門機関への権限の委譲，社会団体の役割と力の大きさなど，権限の分散によっても特徴付けられる．首相・政党は強力な決定者とばかりは言えず，日常的な政治運営は多数の主体の合意の上に成立している．このような側面を捉える概念として，カッツェンシュタイン（Peter J. Katzenstein）の「半主権国家（semi-sovereign state）」（Katzenstein 1987），レームブルッフ（Gerhard Lehmbruch）の「交渉デモクラシー（Verhandlungsdemokratie）」の語が用いられる（レームブルッフ 2004）．

　これらの語には当初，どちらかといえば肯定的な，英米型に対する代替民主政モデルとしての意味がこめられていた．特にアメリカ政治学の文脈での比較政治経済分析に顕著な傾向である．例えばカッツェンシュタインは1980年代半ばのアメリカの経済不調を背景に，ヨーロッパ小国におけるコーポラティズムの生成と構造，さらに経済的優位を論じた『世界市場の中の小国』（Katzenstein 1985）を著した．その終章ではドイツが登場し，大国であるにもかかわらず，国際環境の変化に対して国内合意に基づいた適応を行うというヨーロッパ小国に近い戦略が採られている例として，肯定的に紹介

されている．このようなドイツ・モデル論は，労働組合と（職場ごとの）経営協議会の分業を評価するセーレン（Kathleen Thelen）や，スウェーデン型の集権型コーポラティズムとは異なる構造の下で賃金抑制を可能にするシステムとして，ドイツにおける中央銀行の通貨安定へのコミットメントと中位の組織度を持った労組の組み合わせの適応能力を強調するアイヴァーセン（Torben Iversen）に引き継がれている（Thelen 1991; Iversen 1999）．

これに対し近年，社会保障や労働市場など，内政面での「改革の停滞（Reformstau）」が言われるようになるとともに，否定的意味合いでの語法が増えている．既にレームブルッフの交渉デモクラシー論は，その初発において，ブラント社民党・自民党政権（1969～74年）における内政改革の挫折を背景にしたものだった（Lehmbruch 2000a）．そこでは公的決定の原理を多数決，命令，交渉に三分した上で，ブラント政権期のドイツにおいて，本来は交渉原理に基づいて機能すべき行政的連邦制が，政党政治の多数決原理によって侵食されていること，具体的には野党であったキリ民党が連邦参議院を政府法案阻止の場として活用することによって，決定システムが機能不全に陥る可能性が指摘されていた．社民党政権下で制度改革に参与したシャルプ（Fritz W. Scharpf）も，連邦制における改革政策の挫折の原因として「政治の錯綜（Politikverflechtung）」の概念を提示し，さらにこれをEUレベルに拡張して「共同決定の罠（joint-decision trap）」を論じている（Scharpf, Reissert and Schnabel 1976; Scharpf 1988）．

そして，近年ツェベリス（George Tsebelis）が展開している拒否権プレイヤー（veto player）の議論は，ドイツの停滞をよく説明するものとして，急速に学問的摂取の対象となった（Tsebelis 2002）．これは議院内閣制か大統領制か，単独政権か連合政権か，一院制か二院制かといった様々な部分的制度を，政策指向アクターを前提とする合理的選択アプローチの下で統一的に論じるものである．拒否権プレイヤーの増加は，多数派形成可能な範囲（勝利集合 winset）を小さくするものであり，政策革新の可能性を減少させるとされる．ドイツの代表的教科書の1つ，シュミット（Manfred G. Schmidt）

『民主主義理論』は第3版で拒否権プレイヤーの数に基づく体制比較を行っているが, ドイツのスコアは8であり, 先進工業国20カ国のうち, オーストリアの9に次ぎ, スイスと並ぶ第2位とされている (Schmidt 2000). ドイツの政治体制は, 極めて革新を行いにくい制度配置を内包しているのである.

(3) ドイツ・モデルの限界

しかし, このような制度配置の下での改革の停滞が否定的に評価されるようになったのは1990年代半ば以降のことである (cf. Beyer 2003). そこには2つの要因が複合的に作用している.

1つはドイツ統一に伴う負担である. 旧東ドイツ地域には西ドイツのシステムが拡張され, 制度建設それ自体は相対的にスムーズに進展した. しかし経済再建は, 当初の政府の目論見とは異なって, たびたびのキャンペーンにもかかわらず目立った進展を見ていない. 東独地域の失業率は現在でも18％前後を推移しており, 多くの雇用創出措置が実施されていることを考えれば, 潜在的失業はさらに増大する. その穴埋めに東独に移転される巨額の資金は,「連帯のための付加分 (Solidaritätszuschlag)」と呼ばれる増税を通じてばかりではなく, 社会保障制度を通じて供給されたため, 制度への負荷を増すことになっている.

しかし第2に, ドイツ統一の負荷はそれ自体で問題を創出するというより, むしろ既存の制度の問題を先鋭化させる機能を果たしていた.

ドイツ・モデルは, 自動車や機械などの分野での高付加価値製品の国際競争力を基礎としていた. この基幹部門にとって, 賃金水準は社会保険料を含めても相対的に低く, 競争力を維持するのは可能である. だが生産性上昇を上回る生産量の拡大がなければ, 必要な労働力は減少していく. 実際, 1991年から97年の間に製造業においては290万人の雇用が失われた (Harlen 2002:62). 他方で低生産性部門にとって雇用コストは高く, 特にサーヴィス産業での雇用が小規模にとどまっている. 結果, 経済全体の雇用量は縮小する. これを失業に至らせないため, 早期退職制度などを通じ労働力の供給が

抑制された．そのコストは社会保険料の上昇として表れるが，1980年代まではなお低失業と高福祉が両立していた[5]．

しかし，ここには社会全体の雇用量の減少と社会保険料負担増大のスパイラルが組み込まれている．これはベビーブーム世代の年金受給が近づくにつれて問題となるが，ドイツ統一はこの傾向を深刻化させたのである．

そのため，社会保障負担を減少させ財政基盤を拡大する措置として，雇用量の全体を拡大することがドイツ政治経済の課題としてしばしば指摘されている（Heinze and Streeck 2003）[6]．これは労働市場の規制緩和，とりわけ低賃金セクターの雇用拡大によって実現されるものとされる．ただし，単に低賃金セクターを導入するのみでは，十分な雇用拡大にはつながらない．高率の社会保険料が，被用者の受け取る実効賃金と雇用者の支払う労働コストに大きな差をもたらし，ワーキング・プアーを生まない範囲での低賃金では，十分な労働コスト削減とはならないからである．それゆえ，支給額抑制にとどまらない制度改革が必要となる．この課題がコール政権の下では解決されず，シュレーダー政権に持ち越されたのである．

ではこの改革課題を前に，先に挙げた一見すると矛盾する2つの顔はどのように作用しただろうか．通常は，内政においては制度的障害のため政策転換が挫折するのに対し，外政における政権の行動の自由は相対的に大きい，と政策領域による差があることが指摘される．しかし一見すると制度的障害で説明し尽くされる内政改革の停滞も，その経過を見ると必ずしもそれだけが要因とは言えない．また，一定の改革の動きも見え始めている．これらを理解する上では，政党政治のダイナミクスにもう少し注目する必要がある．以下，この点をシュレーダー政権下の改革の概観を通じて簡単に検討する．

3 「交渉デモクラシー」の限界と制度による拘束

(1) 「雇用のための同盟」の挫折

拒否権プレイヤーの多さに代表される制度的障害が改革を妨げる，という

側面は第1次シュレーダー政権の「雇用のための同盟」の挫折に見ることができる (cf. Hassel 2001; Lehmbruch 2000b, 2003; Streeck 2003a, 2003b).

　1998年に政権についたシュレーダー赤緑(社民党と緑の党)連合政権は,経済改革の手段として,「雇用と教育,競争力のための同盟」と名付けられたマクロコーポラティズム的三者協議の枠組を導入した(網谷 2000).オランダで労働市場改革が三者協議により実現したことなど,ヨーロッパ大に広がる「社会的協定 (social pact)」を通じた「交渉による適応 (negotiated adjustment)」に棹差すものであった (Hassel 2003; Jochem and Siegel 2003).しかし,新政権の中心プロジェクトとしての船出に比し,その成果は微々たるものであり,最終的には挫折に至った.

　①利益団体システムの要因

　その要因としてまず挙げられるのは,利益団体システムの組織的要因である.組織内の安定を欠く場合に組織間妥協が困難になるというのは,1970年代のコーポラティズム論以来の論点である.

　まず,労働組合側の頂上団体である労働総同盟は元来強くはない.ドイツ・モデルの成功を論じた1990年代前半までの研究においては,賃上げ相場を決定する金属労組の役割と賃金波及の枠組,さらに一般的拘束力宣言などの制度によって,組織の集権性の弱さは機能的に代替され,賃金抑制効果がもたらされるとして,あまり重視されてこなかったが,戦後の組織建設期から常に存在する問題である.

　さらに統一以降,東ドイツを中心に労使双方の組織率が急速に低下している.戦後安定期の年金受給者を除いた組織率は30%前半であり,統一直後1991年の労働組合員総数が1,380万に及んでいたのに対し,2000年の総数は970万と400万人の組合員減少を見,組織率も22%まで落ち込んだ(Ebbinghaus 2003).使用者側の団体からの企業の脱退も,進んでいる.これに伴ない分野別労働協約のカヴァー率も継続的に低下し,現在では企業数で約45%,被用者数で63%を数えるに過ぎない.企業別協約を加えても67%であり,この数値は90%を超えるオーストリアやスウェーデンはもちろん,

他のEU諸国が殆ど80％を超すのとは対照的である．

②政党システムの要因

次に，三者協議においては，協議決裂の場合には自ら立法にのりだす決意を政府側が信頼性のある形で伝達できるかどうかが鍵になるといわれる（立法の影，shadows of law）．しかし第1に，シュレーダー政権は必ずしも明確な立法構想をもってスタートしたわけではなかった．「雇用のための同盟」においてもむしろ労使側からの政策的な動きに期待していた節がある．

第2に，ドイツの連邦参議院は，アメリカ上院と異なり州政府の代表であるため，州議会選挙の結果とそれに続く連合形成をそのまま反映する．州議会選挙では，アメリカの中間選挙やイギリスの補欠選挙と同様に，連邦与党が勢力を減ずる傾向が観察されており，政府が主導権を発揮する余地は時間的にも限定される（網谷 1999a）．政権当初の混乱の後早くも1999年2月には，ヘッセン州議会選挙での敗北により連邦参議院における社民党主導政権の多数は失われた．

第3に，交渉による改革で知られるオランダでも，社会保障制度改革は労使の抵抗を押し切る形で実施されたのだが，その基礎は社民党と自由主義勢力の政権連合にあった（水島 2003）．キッチェルト（Herbert Kitschelt）も自由主義勢力の存在を社会保障改革成立の要因としてあげているが（Kitschelt 2001），ドイツの場合，自由民主党（以下自民党），さらにそれに代替しうる緑の党の勢力は1桁の得票率にとどまっており，政権内での重みは大きくない．

③政党・利益団体両システムの調整枠組不在

これら，利益団体，政党それぞれのアリーナに存在する障害に加え，両システムを結合するメカニズムも欠落していた．

第1に，「ドイツ・モデル」論では軽視されてきたが，戦後の政治経済体制建設期においてマクロレベル協調の枠組が形成されなかったため，政労使の協調は一時的なもの，もしくは問題領域ごとに分断されたものにとどまっていた．すなわちオランダでは，戦後再建期に社会経済協議会や労働財団と

いったマクロレベルの労組のフォーラムが制度化されていたが，ドイツにおけるそれは，1960年代後半〜70年代前半の「協調行動 (Konzerierte Aktion)」や，ドイツ統一後の「宰相協議 (Kanzlerrunde)」など，危機に対する一時的措置の域を出ない．オランダ・モデルにおいては政労使の包括的協議が重視されるが，ドイツにおいてはその前提が存在しないのである (Lehmbruch 2000b).

また，通俗的イメージと異なり政党と利益団体の組織的な紐帯も十分ではない．スウェーデンにおいては労組の代表が社民党内での地位を保持しているため，政府の意向について比較的正確な情報を手にいれることが出来，政党政治レベルでの協議の動向についての不安が小さいのに対し，ドイツにおいては，社民党と労組のトップリーダーレベルでの重複は少なく，それゆえ労組側の態度は情報の不確実性から生じるリスクを織り込んで強硬になりがちであると指摘されている（Anderson and Meyer 2003）．

第3に，政党政治アリーナの動向は利益団体の交渉態度にも影響する．労働組合は久々の社民党主導政権に期待しており，既得権の削減につながる社会保障制度，労働市場の改革には消極的であった．社民党が当初自らの主導性を前面に出さなかったことは，労組のこのような姿勢を強化した可能性がある．また，連邦参議院での与党多数が失われて以後，使用者側は，議会アリーナでのキリ民党や自民党の政権に対する反対を期待することが出来，三者協議の場で政府もしくは労組側に譲歩を行う必要が減じていた．

以上のような要因から，利益団体の交渉と妥協を組み込んだ改革の試みは挫折した．

(2) 大連合政権待望論

制度構造に内在する障害によって改革が妨げられているならば，「非常手段」が必要となる．そこで浮上するのが二大政党の大連合である．理論的に考えると，連邦参議院の野党優位を背景とした「暗黙の大連合」と政権での公式の大連合は対抗図式に変化をもたらさないように見える．しかし，ツェ

ベリスの議論への修正として，拒否権プレイヤーの性格が政策的帰結に影響するという主張がある．連合政権のように決定権限と責任が共有される集合的拒否点と，異なる権限・責任に基礎をおく競合的拒否点を区別し，両者の政策的帰結は異なるとするのである（Crepaz 2002)[7]．

また 1966～69 年の戦後唯一の連邦レベル大連合政権において一定の改革が行われたことも引照される．この経験を基に，社民党の歴史的分析で知られるヴァルター（Franz Walter）は，ドイツ社会国家の改革には大連合が必要であり，時間的に限定されている限りにおいては，危惧されるマイナス面も現れないとする．すなわち，議会の弱体化という見解に対しては，現状は与党の議席の余裕が少ないため引き締めが強いのに対して，大連合により余裕が増えることで与党内の異論表出の自由度が上がるとする他，1960 年代の大連合においてもむしろ議会は与党内反対派を通じて統制機能を果たしていたとする．また，ブラント政権期の与野党関係を想起しつつ，大連合での改革を通じて政党間の共通基盤が作られることにより，その後の政党間競合は差異化に基づいた明確な対抗の形をとるとする（Walter 2003）．

その他，前述のシャルプをはじめ（Scharpf 2002），改革の制度的障害は大連合によってのみ乗り越え可能であるとする議論は少なくない（Czada 2000）．

4 「政治主導」の改革可能性

しかし制度の制約は，「通常」の政権連合での改革を不可能にするほどのものであろうか．現実には第 1 次政権期にも 2000 年に税制改革，2001 年に年金改革が実施された．確かに，一部の論者は税制優遇を伴なう私的年金制度の導入をビスマルク型からの離脱であるとして高く評価するものの（Hering 2003；Vail 2003），その規模が大きくないのは事実である．だが，これらの改革に関し興味深いのは，拒否権プレイヤー論が想定するような勝利集合の有無がその過程・結果を左右したというより，政党間・政党内での戦略的

行動が大きく影響している点にある．例えば2000年税制改革では，政府の譲歩にもかかわらず，キリ民党連邦指導部は政府支持を低下させる戦略として，連邦参議院での法案否決を決定していた．これに対し政権にある幾つかの州のキリ民党は，連邦政府からの財政援助提案などをうけて賛成に転じ，法案を成立させた[8]．構造的制約の下でも政党政治の独自のダイナミクスが，動きをうみ出すことがある．この傾向は2002年以降更に顕著となる．

(1) 上からの改革

「同盟」の行き詰まりと景気の停滞，さらには支持率の低下をうけ，2002年連邦議会選挙を前にしたシュレーダーは新たな手法をとるに至った．社会経済改革全体を「上から」立案するという方向である．

その契機となったのは，労使の代表が運営に大きく関与している連邦雇用庁（Bundesanstalt für Arbeit）の不正疑惑である．職業紹介実績の水増しが会計検査院の調査で判明したのである．シュレーダーはすかさず組織改革に乗り出すのだが，その立案の場は三者協議ではなく，シュレーダーに近いフォルクスワーゲン取締役ハルツ（Peter Hartz）を長とする特別の諮問委員会（ハルツ委員会）であった．そこには15名中2名の労組代表も含まれてはいるが，それは組織の代表としての地位によってではなく，政権との距離の近さによって選ばれたものであった．2002年2月に設置された同委員会の審議対象は雇用庁組織改革という当初の対象を越え，広範な分野を包含することになった．早くも8月に出された答申は，労組に不利な内容を含むものだったが，選挙を前に労組も社民党政権を窮地に陥れることは出来ず，最終的には政府案を受け入れることとなった．同種の手法は続いて健康保険制度改革のために設置された，リュールップ委員会にも見ることが出来る．ここでも政府が設置した審議会が立案段階での中心的フォーラムとなった．

このように，第1次シュレーダー政権末期から，一転して「政治主導」での改革の道筋が開かれたかのように見られる[9]．実際，2003年3月3日に「雇用のための同盟」の最後となる会合が行われ挫折が公式に明らかになる

と，早くも14日にシュレーダーは連邦議会で「アジェンダ2010」と題する改革パッケージを提示した．党内左派からの抵抗は予想ほど大きくはなく，6月の臨時党大会では90％の支持票が投じられた．

6月以降開始された法案審議では，多くが野党優位の連邦参議院との両院協議会に持ち込まれることになったが，2003年末に与野党合意が成立し，社会経済改革の一歩が記された．導入税率および最高税率の引き下げを含む税制改革，解雇規制の緩和や失業手当支給期間の短縮などの労働市場改革，社会保障費の抑制といった項目を含み，対象範囲は包括的である．これら諸改革の帰趨と評価は，現状ではなお未確定の部分が大きいが，2003年末までにこのように多くの立法が包括的に制定されるとは予想されていなかった．

また，今回の交渉においては，2000年税制改革の際のように，個別措置により各州の票を一本釣りで賛成に向けることはなされず，与野党の全体的合意が成立した．2002年選挙以降は与党の連邦議会での議席マージンが減り，党内左派の同意取り付けと，連邦参議院での野党との協議の両立が厳しくなると想定されるだけに，このような結果は一見すると逆説的である．

(2) 政党戦略のもたらすダイナミクス

この点を考察する上では，ガンホフ（Steffen Ganghof）とブロイニンガー（Thomas Bräuninger）がツェベリスの枠組みに加えた修正が参考となる（Ganghof and Bräuninger 2003）．これは，ツェベリスが純粋に政策指向のアクターを想定しているのに対し，次期選挙への戦略的配慮を組み込んだものである．ツェベリスのモデルでは，現状と比べ理想的政策位置に近い政策ならば受け入れ可能とするのに対し，ガンホフらは，与党か野党かという地位が許容範囲の大きさに関係すると仮定した．どんな形であれ「解決」がなされることは与党にとっての業績となるため，与党は理想的政策位置から現状より遠い政策でも受け入れることがあるのに対し，野党は現状より近い政策でも，次期選挙への考慮から受け入れないことがある，というのである．その際，ドイツ二大政党のように対抗関係が明確であることは，むしろ合意を

困難にする可能性がある．選挙民の業績投票が容易であるため，与党に業績をあげさせまいとする野党側の動機を強める可能性があるからである．

　経済状況が政権政党支持に与える影響は長らく研究されてきた主題だが，近年はこれを制度的文脈の中で検討する研究が増えている．アンダーソン (Christopher J. Anderson) は，経済投票の程度に影響する制度的条件を，責任の所在の制度的な明確さ（単独政権か連合政権か，一院制か二院制か等），責任の対象となる政権政党のサイズ（与党の議席率，および与党内での議席配分），代替選択肢の明確さの3種類に整理し，経済投票との関連を検討した (Anderson 2000)．選挙民の業績投票の度合がこのような制度的文脈に依存しているならば，政党側もそれを無意識に計算に入れているとは考えられないだろうか．

　ドイツの場合，制度的な側面では責任の所在は必ずしも明確ではないものの，政党政治の実態は与野党二ブロックの対抗という色彩を強めている．

　ドイツの政党システムは，50年代末から80年代半ばまで，キリ民党，社民党，自民党の3党からなる安定したものであった．政権選択肢は自民党が二大政党のどちらと連合を形成するかが中心であり，例外的に大連合が構想される．しかし，1980年代に緑の党が登場し自民党に迫る勢力となったこと，さらに統一後は，東ドイツを基盤に共産党（社会主義統一党）の後継政党として民主社会党が勢力を保持したことにより，政党システムは多党化した．その一方で，緑の党がリバタリアン左派として社民党の左の位置をほぼ固めたことによって，政党間競合はキリ民党（連合パートナーは自民党）か社民党（連合パートナーは緑の党か自民党，州レベルでは民主社会党との連合も）が首相候補を押し立てての，二ブロック間の政権争いの色彩を強めてきた．

　これは，トップリーダー個人が選挙戦の中心となり，その延長線上に政治運営がリーダー個人を中心としたものになる（大統領制化）という，先進工業諸国に共通する現象のドイツにおける表現でもあるが，さらにドイツの場合，連邦制のゆえに次期連邦議会選挙にむけたパイロット選挙が恒常的に行われているという観を呈する（網谷 1999a）．16ある州議会選挙は年2～5回

程度ずつ行われ，かつそこから生じる州政権の構成の変化は，連邦参議院の勢力比に直接反映される．それゆえ，州議会選挙は連邦レベルの政治にも実質的な意味を持つ．さらに近年は，州首相が首相候補への近道として定着しており，二大政党の有力政治家は党内での指名争いのため，州議会選挙を連邦レベルの政治に利用しており，連邦政治における州議会選挙の重みが増している．

このような「与党対野党」の対抗が明確な状況のもとで，第1次政権期のように与野党の議席差が大きい場合には，責任の所在が明確であるため，経済状況の停滞は与党の責任とされやすく，改革の実現を野党が妨げることは容易であろう．これに対し，第2次政権期のように与野党の議席数が極めて伯仲し，誰の目から見ても野党の協力無しには法案が成立し得ない状況では，野党にとって妨害戦術を取ることのリスクは増すものと考えられる．それゆえ，逆説的ながら，与野党伯仲状況のもとでむしろ野党の側の政策許容範囲が拡大し，与野党合意による改革が実現することが考えられる．

特に現在の社民党の支持率は20％台という極めて低い水準を推移しており，第1期政権において高水準を保っていた首相個人への評価もマイナスに転じた．今や政権側にこれ以上の人気低下を恐れる理由はなく，改革推進という前方への逃避が可能である．それゆえ，テクノクラティックな政策立案と首相を中心としたトップダウンの政策提示という政治スタイルにより，一定の成果をあげることが可能だったのではないだろうか．

シュレーダーが利益団体システムのアリーナから遠ざかるとともに，労組の側の態度は一旦硬化している．しかし，旧東独地域での週35時間労働導入を求める金属労組の2003年夏のストライキは歴史的な敗北に終わった．これを指導していた強硬派の副議長は，議長への昇格がほぼ決まっていたのだが，この失敗により強い異論が組合内から表明され，議長選出は大いに混乱した．政党政治アリーナの変化が，労組内での力関係に影響し，利益団体アリーナの状況に変化がおきる可能性も排除されてはいない．

このように，野党のリソース拡大は拒否権行使の増大と政策革新の停滞に

は直結しない．比較研究は別として，個別事例における拒否権プレイヤーの機能は，静態的構造としてではなく，動態的に理解されるべきなのである[10]．政党が，政策実現と同時に選挙での勝利と公職獲得を追求する組織である以上，戦略形成は微妙な綱渡りとなる（Müler and Strøm 1999）．その意味で，ドイツにおける改革の帰趨は，執政府や政党の機能が構造的に制約されているという，現在のデモクラシーに多少なりとも共通する条件の下で，政党政治や政治家のリーダーシップがどのような意味を持ちうるか，ということについての可能性を探る1つの限界事例ということができるだろう[11]．

◆註
1) ただし，首相個人のリーダーシップに重点をおく議論と組織としての政党の機能を重視する議論は，ともに「政治」による決定を想定しているとは言え，特にその規範的含意において一致するものではない．ドイツでの議論について毛利（1999）を参照．
2) レプジウスは社会主義，カトリック，自由主義，保守主義の4つのミリューがあるとしたが，相対的に凝集性の低い後二者の間の壁は低く，国民主義陣営として一括すべきとの見解がある（Rohe 1992）．ミリュー論の概観と適用可能性については安井（2003）を参照．
3) 対象は原則として，連邦もしくはヨーロッパ議会選挙で0.5％，州議会選挙で1％以上の得票であり，連邦議会選挙で議席配分を受けるためのハードル（得票率5％または選挙区3議席）より低い．緑の党が勢力を拡大できた一因はこの補助金を利用できたことにある．
4) ただし組織率が際立っているわけではない．1980年前後における対有権者の党員率で見ると，オーストリアの28％を筆頭に中北欧の小国がドイツ（4.5％）を上回る（Katz 2002）．
5) ドイツの社会保障制度は（保守主義的）コーポラティズム型福祉国家の典型とされ，職域・地域ごとに分立する社会保険の原理が制度の全体を貫いている（エスピン-アンデルセン 2001）．
6) 近年，失業率とあわせて雇用率という指標が多く用いられる．ドイツにおける15～64歳の人口に占める就業者の割合は65％であり，EUの中では平均的だが，デンマーク，オランダが75％前後であることと対比して議論される（European Commission 2002）．
7) ただしCrepaz（2002）では，集合的拒否点の影響は支出拡大の方向に限定されている．

8) 第1次シュレーダー政権を対象に拒否権プレイヤー論の適用可能性を論じた Merkel (2003) を参照．改革立法のクロノロジカルな分析については横井 (2001-02, 2003) に詳しい．
9) Vail (2003) は国家主導の強化が加速したと見るが，本稿はもう少し慎重な立場をとる．
10) この観点からは大連合政権による改革可能性にも一定の留保が付される．確かに選挙民の業績評価は大連合両党に同様に向けられるであろうから，クレパスの言うように暗黙の大連合と正式の大連合の影響は異なるかもしれない．しかし，ヴァルターの言うように，「前半に改革，後半は次の選挙を見据えて独自政策作り」と都合よく局面が転換するだろうか．そもそも1960年代の大連合政権後の独自政策は政権成立以前に形成されていたものである (網谷 1994)．また次期選挙を見据えた政権内の暗闘が最初から続くこともありうる．実際，オーストリアにおいて1990年代にキリ民，社民の二大勢力の大連合政権が続いたが，右翼ポピュリストの自由党の台頭に押されての措置であり，政権内の勢力争いが激しく，大規模な改革には至らなかったという (Schuldi 2001)．
11) なお，本章は首相の活動の余地を規定する要因からの考察を行ったが，逆に首相の政治スタイルまたはリーダーシップの質という観点からの研究もある．実験的立法 (Lamping and Rüb 2004)」「創造的日和見 (Hering 2003)」はこのような視角からのシュレーダー政権の位置づけである．他に，Niclauß (2004), Helms(2001), Lütjen and Walter(2000)を参照．

◆参考文献
日本語文献

網谷龍介．1994．「『転換』後のドイツ社会民主党（1961-1966年）」『国家学会雑誌』107(3・4): 131-183．

網谷龍介．1999a．「ドイツの州議会選挙」日本選挙学会，秋田（秋田経済法科大学），1999年5月．

網谷龍介．1999b．「ドイツ」小川有美編『EU諸国』自由国民社：173-228．

網谷龍介．2000．「『ヨーロッパの顔をしたグローバル化』に向けて？：ドイツ社会民主党の現在」日本比較政治学会編『グローバル化の政治学』早稲田大学出版部：137-157．

穴場歩・安井宏樹．2000．「ドイツ」馬場康雄・平島健司編『ヨーロッパ政治ハンドブック』東京大学出版会．

エスピン−アンデルセン，G. 2001．岡沢憲芙・宮本太郎監訳『福祉資本主義の三つの世界：比較福祉国家の理論と動態』ミネルヴァ書房．

シュミット，カール．1972．稲葉素之訳『現代議会主義の精神史的地位』みすず書房．

戸原四郎・加藤榮一・工藤章編．2003．『ドイツ経済：統一後の10年』有斐閣．
ノイマン，シグマンド編．1958-61．渡辺一訳『政党：比較政治学的研究』第1・第2，みすず書房．
原田久．1997．「比較のなかの政官関係論・序説」『アドミニストレーション』4(2)．
平島健司．1994．『ドイツ現代政治』東京大学出版会．
水島治郎．2003．「オランダにおけるワークフェア改革：『給付所得より就労を』」『海外社会保障研究』144．
ミヘルス，ロベルト．1973-74．森博・樋口晟子訳『現代民主主義における政党の社会学：集団活動の寡頭制的傾向についての研究』1・2，木鐸社．
毛利透．1999．「ドイツ宰相の基本方針決定権限と『宰相民主政』」『筑波法政』27．
毛利透．2000．「内閣と行政各部の連結のあり方」『公法研究』62．
安井宏樹．2003．「政党政治研究における社会ミリュー論の可能性」『日本比較政治学会2003年度研究大会報告論文集』11-20．
横井正信．2001-02．「シュレーダー政権の改革政策(I, II)」『福井大学教育地域科学部紀要III（社会科学）』57：39-95, 58：17-64．
横井正信．2003．「シュレーダー政権の改革政策と2002年連邦議会選挙」『福井大学教育地域科学部紀要III（社会科学）』59：9-38．
ルップ，ハンス・カール．2002．深谷満雄・山本淳訳『現代ドイツ政治史：ドイツ連邦共和国の成立と発展』（第3版・増補改訂版）彩流社．
レームブルッフ，ゲルハルト．2004．平島健司編訳『ヨーロッパ比較政治発展論』東京大学出版会．

英語文献

Anderson, Christopher J. 2000. Economic Voting and Political Context : A Comparative Perspective. *Electoral Studies* 19(2・3) : 151-170.

Anderson, Karen M., and Traute Meyer. 2003. Social Democracy, Unions, and Pension Politics in Germany and Sweden. *Journal of Public Policy* 23(1): 23-54.

Crepaz, Markus M. L. 2002. Global, Constitutional, and Partisan Determinants of Redistribution in 15 OECD Countries. *Comparative Politics* 34(2): 169-188.

Derlien, Hans-Ulrich. 2003. Mandarins or Managers? The Bureaucratic Elite in Bonn, 1970 to 1987 and Beyond. *Governance* 16(3) : 401-428.

Elgie, Robert. 1995. *Political Leadership in Liberal Democracies*. New York : St. Martin's Press.

European Commission. 2002. *Employment in Europe 2002 : Recent Trends and Prospects*. Luxembourg. Office for Official Publications of the European Communities.

Ganghof, Steffen, and Thomas Bräuninger. 2003. Government Status and Legislative Behavior : Partisan Veto Players in Australia, Denmark, Finland and Germany. *MPIfG Working Paper* 03/11. Köln : Max-Planck-Institut für Gesellschaftsforschung.

Harlen, Christine Margerum. 2002. Schröder's Economic Reforms : The End of *Reformstau? German Politics* 11(1): 61-80.

Hassel, Anke. 2001. The Problem of Political Exchange in Complex Governance Systems : The Case of Germany's Alliance for Jobs. *European Journal of Industrial Relations* 7(3): 305-323.

Hassel, Anke. 2003. The Politics of Social Pacts. *British Journal of Industrial Relations* 41(4): 707-726.

Hering, Martin. 2003. The Politics of Institutional Path-Departure : A Revised Analytical Framework for the Reform of Welfare States. *MZES Working papers*, 65. Mannheim : Mannheimer Zentrum für Europäische Sozialforschung.

Iversen, Torben. 1999. *Contested Economic Institutions : The Politics of Macroeconomics and Wage Bargaining in Advanced Democracies*. Cambridge : Cambridge University Press.

Katz, Richard S. 2002. The Internal Life of Parties. In Kurt Richard Luther and Ferdinand Müller-Rommel (eds.). *Political Parties in the New Europe : Political and Analytical Challenges*. Oxford : Oxford University Press.

Katzenstein, Peter J. 1985. *Small States in World Markets : Industrial Policy in Europe*. Ithaca : Cornell University Press.

Katzenstein, Peter J. 1987. *Policy and Politics in West Germany : The Growth of a Semisovereign State*. Philadelphia : Temple University Press.

Kitschelt, Herbert. 2001. Partisan Competition and Welfare State Retrenchment : When Do Politicians Choose Unpopular Policies ? In Paul Pierson (ed.). *The New Politics of the Welfare State*. Oxford : Oxford University Press.

Lamping, Wolfram, and Friedbert W. Rüb. 2004. From the Conservative Welfare State to an Uncertain Something Else : German Pension Politics in Comparative Perspective. *Policy and Politics* 32(2): 169-191.

Lehmbruch, Gerhard. 2003. Welfare State Adjustment between Consensual and Adversarial Politics : the Institutional Context of Reform in Germany. In Frans van Waarden and Gerhard Lehmbruch (eds.). *Renegotiating the Welfare State: Flexible Adjustment through Corporatist Concertation*. London : Routledge.

Müller, Wolfgang C., and Kaare Strøm (eds.). 1999. *Policy, Office, or Vote?: How*

Political Parties in Western Europe Make Hard Decisions. Cambridge : Cambridge University Press.

Padgett, Stephen (ed.). 1994. *Adenauer to Kohl : The Development of the German Chancellorship*. London : Hurst & Co.

Scharpf, Fritz W. 1988. The Joint-Decision Trap : Lessons from German Federalism and European Integration. *Public Administration* 66(3) : 239-278.

Schludi, Martin. 2001. The Politics of Pensions in European Social Insurance Countries. *MPIfG Discussion Paper* 01/11. Köln : Max-Planck-Institut für Gesellschaftsforschung.

Streeck, Wolfgang. 2003a. From State Weakness as Strength to State Weakness as Weakness : Welfare Corporatism and the Private Use of the Public Interest. *MPIfG Working Paper* 03/2. Köln : Max-Planck-Institut für Gesellschaftsforschung.

Thelen, Kathleen A. 1991. *Union of Parts : Labor Politics in Postwar Germany*. Ithaca : Cornell University Press.

Tsebelis, George. 2002. *Veto Players : How Political Institutions Work*. Princeton : Princeton University Press.

Vail, Martin I. 2003. Rethinking Corporatism and Consensus : The Dilemmas of German Social-Protection Reform. *West European Politics* 26(3) : 41-66.

ドイツ語文献

Beyer, Jürgen. 2003. *Vom Zukunfts- zum Auslaufmodell? : Die deutsche Wirtschaftsordnung im Wandel*. Wiesbaden : Westdeutscher Verlag.

Czada, Roland. 2000. Konkordanz, Korporatismus und Politikverflechtung : Dimensionen der Verhandlungsdemokratie. In Everhard Holtmann und Helmut Voelzkow (Hrsg.). *Zwischen Wettbewerbs- und Verhandlungsdemokratie. Analysen zum Regierungssystem der Bundesrepublik Deutschland*. Wiesbaden, Westdeutscher Verlag.

Ebbinghaus, Bernhard. 2003. Die Mitgliederentwicklung deutscher Gewerkschaften im historischen und internationalen Vergleich. In Wolfgang Schoroeder und Bernhard Wessels (Hrsg.). *Die Gewerkschaften in Politik und Gesellschaft der Bundesrepublik Deuschland*. Wiesnbaden : Westdeutscher Verlag.

Egle, Christoph et al. (Hrsg.). 2003. *Das rot-grüne Projektä Eine Bilanz der Regierung Schröder 1998-2002*. Wiesbaden : Westdeutscher Verlag.

Gohr, Antonia, und Martin Seeleib-Kaiser (Hrsg.). 2003. *Sozial- und Wirtschaftspolitik unter Rot-Grün*. Wiesbaden : Westdeutscher Verlag.

Heinze, Rolf G., and Wolfgans Streeck. 2003. Optionen für den Einstieg in den

Arbeitsmarkt oder : Ein Lehrstück für ener gescheiterten Politikwechsel. *Vierteljahrshefte zur Wirtschaftsforschnng* 72(1): 25-35.

Helms, Ludger. 2001. Gerhard Schröder und die Entwicklung der deutschen Kanzlerschaft. *Zeitschrift für Politikwissenschaft* 11(4): 1497-1517.

Jochem, Sven, and Nico A. Siegel (Hrsg.). 2003. *Konzertierung, Verhandlungsdemokratie und Reformpolitik im Wohlfahrtsstaat : Das Modell Deutschland im Vergleich*. Opladen : Leske + Budrich.

Lehmbruch, Gerhard. 2000a. *Parteienwettbewerb im Bundesstaat : Regelsysteme und Spannungslagen im politischen System der Bundesrepublik Deutschland*, 3., aktualisierte und erweiterte Auflage (erste Auflage 1976). Wiesbaden : Westdeutscher Verlag.

Lehmbruch, Gerhard. 2000b. Institutionelle Schranken einer ausgehandelten Reform des Wohlfahrtsstaates : Das Bündnis für Arbeit und seine Erfolgsbedingungen. In Roland Czada und Helmut Wollmann (Hrsg.). *Von der Bonner zur Berliner Republik : 10 Jahre Deutsche Einheit*. Wiesbaden : Westdeutscher Verlag.

Lepsius, M. Rainer. 1966 : Parteiensystem und Sozialstruktur. In Wilhelm Abel u. a. (Hrsg.). *Wirtschaft, Geschichte und Wirtschaftsgeschichte*. Stuttgart : Fischer.

Lütjen, Torben, und Franz Walter. 2000. Die präsidiale Kanzlerschaft. *Blätter für deutsche und internationale Politik* 45(11) : 1308-1313.

Merkel, Wolfgang. 2003. Institutionen und Reformpolitik : Drei Fallstudien zur Vetospieler-Theorie. In Egle, Christoph u. a. (Hrsg.). 2003.

Niclauß, Karlheinz. 2004. *Kanzlerdemokratie - Regierungsführung von Konrad Adenauer bis Gerhard Schröder*, 2., grundlegend überarbeitete und erweiterte Auflage. Paderborn : Schöningh.

Rohe, Karl. 1992. *Wahlen und Wählertraditionen in Deutschland*. Frankfurt a. M.: Suhrkamp.

Scharpf, Fritz W., Bernd Reissert, und Fritz Schnabel. 1976. *Politikverflechtung*. Kronberg/Ts.: Scriptor Verlag.

Scharpf, Fritz W. 2002. Die gefesselte Republik. *Die Zeit* 35/2002 : 9.

Schmidt, Manfred G. 2000. *Demokratietheorien : eine Einführung*, 3., überarbeitete und erweiterte Auflage. Opladen : Leske + Budrich.

Streeck, Wolfgang. 2003b. No Longer the Century of Corporatism. Das Ende des "Bündnisses für Arbeit". *MPIfG Working Paper* 03/4. Köln : Max-Planck-Institut für Gesellschaftsforschung.

Walter, Franz. 2003. Plädoyer für eine große Koalition zur Sanierung des deutschen Sozialstaates. *Perspektive 21*, 19 : 57-63.

※付記　本稿の執筆に関連して，日本学術振興会科学研究費補助金（基盤研究B「変革期における執政集団の比較研究」，代表者：伊藤光利神戸大学教授）に基づく研究会で報告を行う機会に恵まれた．また，鹿毛利枝子（神戸大学），安井宏樹（東京大学）のお二人は草稿に丁寧に目を通し，有益なコメントを下さった．記して謝意を表したい．

第4章

イギリス
制度の改革と政策過程の開放

若 松 邦 弘

1 ウェストミンスター・モデルと利益集団

　イギリスにおける統治（ガバナンス）の状況は「ウェストミンスター・モデル」として叙述される．その特徴を立憲体制と統治制度について整理すると，まず立憲体制について，

- a) 主権は国家とその下位組織の分有ではなく国家のみが有する（単一主権国家），
- b) その主権は中央のウェストミンスター議会が排他的に行使する（議会主権），
- c) 君主は議会が制定する法の支配のもとにおかれる（立憲君主制），

があげられる．そして統治制度については，

- d) 行政を司る内閣は議会に責任を負う（議院内閣制），
- e) 官僚組織は独自の利害をもたず，時の政府の意向に順応する（官僚の中立性），
- f) 国家機関相互の独立性が弱く，また地方政府の権限も弱い点で，中央政府への権限の集中が顕著である（集権性），
- g) 国家は経済運営に直接関与しない（経済自由主義），

などが指摘される（Mackintosh 1970; Birch 1993; 梅川 1998）．単一主権国家と議会主権を軸とする制度規範的（そしてやや時代遅れ）なこの見方は，イ

ギリス政治のエリート主義的な性格，とりわけ政治エリートの優位を示唆する．すなわち，議会と内閣への権力集中と政策過程の閉鎖性である．

　しかし，現代国家の政策過程で社会集団の関与を無視できないことは，イギリスとて例外ではない．第2次大戦後に顕著となった経済運営への国家の介入や福祉国家の拡充のなかで，統治における社会集団とりわけ労使の頂上団体や，それらが代表を送る各種の政府委員会の役割が重視されるようになった．そこには，有権者の信託を受けた政治エリートだけでなく，産業エリート（労使）や官僚エリートを交えた政策の決定と執行があった．これはウェストミンスター・モデルの含意を大きく逸脱する現象である（Marsh and Rhodes 1992 ; Grant 1995）．

　本章ではイギリス現代政治の展開を政府と利益集団の関係に注目し分析する．とくに3つの点，すなわち①両者の関係を支える制度とその改革，②政策過程の変化，③アウトプットとしての政策内容に焦点を当てる．とりあげる時期は主に1980年代以降であるが，前提となる第2次大戦後から1970年代までの時期を含めて，80年代，そして90年代以降と3期に区分する（第3節）．80年代以降については，既存研究の多くが政権政党に注目し，79～97年と97年以降とに分けるが，ここでは90年代のメージャー（John Major）期の特徴を積極的に評価すべく，あえて「90年代以降」として検討する．次節（第2節）ではまずイギリスの政府・利益集団関係に関する代表的な視点と分析の観点を示したい．

2　政府・利益集団関係についての見方

(1)　国家と社会集団

　第2次大戦後のイギリス政治にコーポラティズムを指摘する見方がある．例えばミドルマス（Keith Middlemas）は，イギリス国家が資本家と労働者の対立を緩和する必要に迫られコーポラティズムへの志向をもったとする（Middlemas 1979）．経済アクターが政策過程に包摂されていく契機を1926

年の大ストライキに見るのである．その包摂は第2次大戦期に労働者のストを避けるべくさらに進み，戦後には労働組合と使用者団体がともに統治の機関として制度化されたとする．両者は政府との恒常的な協議に参加する地位を獲得し，さまざまな諮問機関や委員会に代表を送ったのである．

　政策過程に見られるこのような閉鎖性は別の観点からも指摘されてきた．グラント（Wyn Grant）は政府から恒常的な政策協議の対象として扱われる内部集団（insider group）の存在を指摘する（Grant 1995：15）．これに対する外部集団（outsider group）は政府から協議の対象としての地位を認められないか，その地位を求めずロビー活動を主な手段とする集団である．例えば，イギリスの労働組合は戦略として内部集団と外部集団の立場を使いわけてきた．イシューにより政府との協議とその拒否を併用したのである．また近年の政策過程分析では，政府内外の主要アクターにより政策分野毎に形成されるネットワークが注目されている．そのような「政策ネットワーク」はイシュー毎に存在し，1つの政府の中で同時に機能している．政策ネットワーク研究の詳細は後述する．

　社会集団の政策過程における役割を重視するこれらの見方がある一方で，90年代にはイギリス政治における国家の主導的な役割が指摘されるようになる．国家中心アプローチと呼ばれるこのような見方をとる論者は，「国家の巻き返し」を主張するスコッチポル（Theda Skocpol）らの影響を受けている（Skocpol 1985）．例えば，ウェストミンスター・モデルと同様，制度の役割を重視し，とりわけ国家という制度の自律性を主張するスミス（Martin J. Smith）や，国家による利益集団の活動領域への構造的な制約を指摘するヒル（Michael Hill）などである（Smith 1993；Hill 1997）．逆に，イギリス国家の「空洞化」（hollow out）を指摘する見方もほぼ同時期に現れた．そこでは，公的サービス供給における行政の役割の縮小，EUの役割の増大，そして地方分権の進行といった統治の変化を背景に，中央の行政機構が公的セクターを管理運営する能力を喪失していく「政体の分散」過程（Rhodes 1994）が注目されている．

(2) 政策ネットワーク研究

イギリスでの政策ネットワーク研究は，ジョーダン（A. Grant Jordan），リチャードソン（Jeremy J. Richardson），グラントらによるイギリス独自の利益集団研究が，北米の利益集団・下位政府研究による成果（Heclo 1978；Ripley and Franklin 1976など）を取り入れることで始まり，さらに大陸諸国の組織間理論（Hanf and Scharf 1978など）やコーポラティズム研究（Winkler 1976；Cawson 1978など），イギリスの政府間関係研究（Rhodes 1988）の成果を取り入れ，確立したものである．特定の政策分野に定位するメソレベルの研究が中心であり，政策ネットワークを政治システムレベルの類型ととらえるカッツェンシュタイン（Peter J. Katzenstein）らの見方とは分析の次元が異なる（Katzenstein 1985）．

政策分野相互間の自律性，すなわち分野毎の独自な参加者と固有の政策決定パターンに注目する見方は，1960年代のアメリカ政治研究に由来する（Lowi 1964など）．イシュー毎に区分されたその政策システムからは，渦巻き（whirlpool），鉄の三角形（iron triangle），下位政府（sub-government）などの概念が生まれた．そのなかでヘクロ（Hugh Heclo）は，アメリカの政策システムは次第に開放的な傾向を増しており，政策過程に数えきれないほど多くの参加者を含むようになりつつあるとした．そしてこのような政策について明確な共通目標をもたない，相対的に開放的な政策システムを「イシューネットワーク」と名づけた（Heclo 1978）．これに対しイギリスでは，リチャードソンとジョーダンが政策過程の多様性を前提に，イギリスの政策システムはアメリカのそれに比べセクター毎に強く隔離され，互いの自律性が高いとした．彼らによれば，イギリスの政策過程は相対的に閉鎖性が強く，政治問題とならないイシューのほとんどは少数の限定的な参加者による「政策コミュニティ」で処理されるのである（Richardson and Jordan 1979）．

これらの研究蓄積をもとに，ローズ（R. A. W. Rhodes）はイギリス政治の実証分析のなかから多様な政策システムをとり出し類型化し，それを「政策ネットワーク」と総称した．外部への開放性を基準に，一方の極にリチャー

ドソンらが指摘する政策コミュニティ，他方の極にヘクロが指摘するイシューネットワークが置かれる（Rhodes 1988）．ローズが注目するのは情報や技能，財源など各種資源の相互依存である．このため主体間の関係も「協調」が基調であり，相互の「競争」を想定する従来の多元主義と一線を画す（「新多元主義」）．

　この概念の分析における有効性はアウトプットとしての政策内容の説明能力に求められよう（Marsh 1998）．政策ネットワークは政策過程の分析において，公式の制度ではなく多様な政策主体がおりなす相互関係を重視する視点であり，その相互関係が政策過程の制約要因として，どの程度まで政策内容を規定するかが注目されるのである．

3　制度の改革と過程，政策

(1)　協議の制度化

　以下では本章の冒頭で述べたように1980年代以降のイギリス政治を，①制度改革，②政策過程の変化，③基本政策の変化から検討するが，その前提として，まず1970年代までの状況を概観しておこう．

　イギリスで政府と業界団体の協議が概ね制度化されたのは1950年代の保守党政権期である．戦間期の恐慌，第2次大戦時の緊縮経済を経て，戦後のアトリー（Clement Attlee）労働党政権（45～51年）で国家による経済・社会への介入が拡大する流れのなか，利益集団は漸進的に政策過程に統合されていった．1950年代までに主要な産業団体は単に政府から公式・非公式に助言を求められるのみならず，各種の政府委員会に招待されるといった形で統治過程に組み込まれた．また省庁レベルで決定・執行される政策でも，両者の協議は顕著に制度化された．各省庁のまわりには関係する経済団体や労働組合があり，政策は，省庁設置の委員会におけるそれら団体との協議を通じ運営された．イギリスの政策過程におけるこの省庁と利益集団の共生を，ジョーダンらは「官僚による包摂」（bureaucratic accommodation）と記述す

る．多くの政策分野で省庁と少数の集団による，関係利害の政策コミュニティが形成されたのである（Jordan and Richardson 1982）．

60年代には，経済政策の重要な決定においても，政府，使用者，労働組合の協議を制度化する動きがみられた．例えば61年に設置された国民経済開発審議会（National Economic Development Council : NEDC）がその代表的な制度である．経済界，労働界の頂上団体である英国産業同盟（CBI）や労働組合会議（TUC）はNEDCなどの場を通じ政府に協力し，時には首相をも交えた協議が行われた．この三者協調体制（tripartism）をもって，イギリスでも政府・利益集団関係がコーポラティズムの方向に移行しているとみなされたのである．この時期のイギリス政治を評して「合意の政治」と言われるが，この言葉が示すように主要な政治主体間で基本政策に関する相違は顕在化していなかった．

しかし続く70年代にイギリス政治を特徴づけたのは三者の協調ではなく，政府と有力労組の対立であった．内外の経済情勢の混乱を背景に，有力労組によるストが相次いだのである．72年，74年に炭鉱労働者，78年から79年にかけては運輸部門の労働者がそれぞれ賃上げを求めて大規模なストを仕掛けた．これらはヒース（Edward Heath）保守党政権（70～74年）の財政再建路線を挫折させ，ウィルソン（Harold Wilson），キャラハン（James Callaghan）両労働党政権（74～79年）が試みた三者協調での賃金水準の管理，いわゆる「所得政策」を失敗に終わらせる．この政府・労組関係における緊張の背景には，イギリスではTUCやCBIといった頂上団体が，メンバーシップや傘下の団体との関係において階級利害を独占しておらず，政府との交渉における代表性や政府との合意を執行する能力を欠いていたことがあった．74年，78～79年のストに至っては，それぞれヒース政権，キャラハン政権に総選挙での敗北と退任さえもたらした．70年代の政府と労働組合との関係を何よりも物語るのは，「誰がイギリスを統治しているのか？」というフレーズであろう．74年2月の総選挙でヒース政権が世論に問うたものである．イギリスの政治を動かしているのは有権者が選ぶ議会ではなく有力

労組の幹部ではないか，との疑念がそこにはある．ウェストミンスター・モデル，より広く言えば代議制民主主義の観点からの批判である．

この点で，もしコーポラティズムというシステムが頂上団体のリーダーを政策過程に組み込み政策策定に関与させるというもの以上であるならば，イギリスにコーポラティズムはみられなかった．頂上団体のもと関係団体や専門職従事者が集権的に組織化され，合意された政策は傘下の団体を通じ執行されるというコーポラティズムの一般要件を，当時，イギリスの産業団体は欠いていた．むしろ60〜70年代の主要経済政策には，産業政策のようにイシューネットワーク的性格が強い分野もあった．複数の経済官庁，有力閣僚，数多くの関係団体など幅広い参加者をみたこの分野では，関係主体間に政策の性格についての合意が存在しなかった．このため政策の方向性さえも政治的駆け引きの対象となり，結果として，主要産業の所有形態に見られるように政府の対応が介入と自由放任の間で目まぐるしく動く不安定なものとなった．イギリスの三者協調体制は近隣諸国のコーポラティズムのような包括性や安定性を欠いていたのである．

(2) 1980年代

以上を前提に，制度改革から順に1980年代の状況を検討していこう．労組の政治力に対する批判を背景に，サッチャー（Margaret Thatcher）ら80年代の政府首脳は三者協調体制を破棄し，関係団体を政策過程から除外する強い姿勢を示した．三者協調体制に対しては代議制民主主義の観点からの批判とともに，関係団体との調整やその支持取りつけが政府の役割を肥大化させているとする財政面からの批判もあった．利益集団との関係が経済に過大な負荷をかけるとともに，規制緩和と社会保障制度改革を妨げているとの見方である．

サッチャー政権（79〜90年）は関係団体との恒常的な関係から政府を解放し，また経済活動における各種の規制を排除する姿勢を強調した．これを正当化する考えは，国を運営するのは有権者の信託を受けた議会とそれに責任

を負う政府であり（Judge 1993），特殊利害を擁護している業界団体や労働組合，教会，地方自治体などの中間集団は政策過程から排除されるべきというものであった．これを実現すべく，サッチャー首相の妥協を拒む，強いリーダーシップがいかんなく発揮された．とりわけ激しい攻撃の対象となったのは労働組合である．官邸での労組との会合は廃止され，TUC は政府との特権的な関係を絶たれた．また数次にわたる雇用関係立法により，労組の権限は大幅に削減され，クローズドショップなど独占的な慣行が排除された．同様に，強力な外部集団であった地方自治体の権限も大幅に削減された．さらに BBC や英国国教会といった文化的権威，医師や教師など戦後の福祉国家を支えた専門家集団も特権を剥奪され，市場の選別にさらされることとなった（Kavanagh 1997 : 130-1）．このような状況はそれまでの「合意の政治」に対し，「対決の政治」と評された．

　サッチャー期の制度改革が政策過程に多くの変化をもたらしたことはいうまでもない．なかでも重要なのは，①主要政策の決定における既存集団の排除，②政策執行過程における包摂の継続，そして③ロビー活動の拡大である．これらを順に検討したい．

　まず第1に，トップレベルの協議が縮小したことを指摘できよう．三者協議体制を支えた NEDC などの委員会は実質的な権限を剥奪された．また政府による雇用関係法規の強化も，80 年代初めの大量失業，ストにおける消耗戦の末での労働組合の敗退とあいまって，賃金交渉を企業単位へと分断し，労働市場の規制を緩和した（Schmidt 2002 : 76）．労働組合は組織率を急速に低下させ，労働者の間での代表性をさらに弱めていった．一方で改革は，新しい集団やそれまでの外部集団による政府への接近を容易にするという効果ももたらした．これは政策助言の面で顕著である．サッチャー政権下では，70 年代まで財界を代表して政府と良好な関係を維持してきた CBI に代わり，新しい経営者団体である経営者協会（Institute of Directors）の助言が多く取り入れられた．この団体は規制緩和を支持する傾向が強く，70 年代には，CBI も黙認した所得政策に反対し，続く 80 年代には国有産業の民営化，財

政削減，規制緩和といった政府の方針を積極的に支持した．また，人頭税の試行や福祉制度の改革では，規制緩和に積極的なシンクタンクが多くのアイディアを提供した（James 1993）．政策研究センター（Center for Policy Research）やアダムスミス研究所（Adam Smith Insitutute）などである．この時期，利益集団に対する政府の自律性が強調され，一般的に政府首脳と主要団体との関係が疎遠となっていくなか，政府との関係を拡大させた団体も見られたのである．

　その一方で第2に，政策執行などルーティーン面では関係省庁と業界団体の協議体制が続いた（Jordan and Richardson 1987）．現実の政策執行には関係者からの情報が不可欠なためである．とはいえ，この時期に政策ネットワークの再編が進んだことも事実である．民営化や規制緩和は既存政策コミュニティの破壊をもたらした．再編がとりわけ顕著であった教育，医療，地方自治，エネルギーの各分野では，新しい集団の関与が拡大し，皮肉なことに省庁の協議対象が増加する傾向さえ見られた．例えば教育の分野では，教育省と学校との間に地方教育局を通さない直接の関係が形成され，医療の分野でも国民医療サービス（NHS）の運営を監視するネットワークが作られた．しかしこの新たな包摂を，従来型の内部集団としての地位の付与と混同してはならない．助言を必ずしも行政が受け入れるとは限らず，また継続的な協議を保障されるわけでもなかった．

　この政府・利益集団関係の変容により，関係団体にはその利害を政策にどのように反映させるかという問題が新たに生じた．多くの団体にとりその答えはロビー活動の強化であった．これが政策過程の変容にみられる第3の特徴である．企業はロビー担当の部署を設け，またプロのロビイストと契約を結ぶ動きも生じた．注目されるのは，ロビー活動が省庁のみならず下院議員に対しても行われるようになったことである（Rush 1990: 272）．この背景には，利益集団側の要因として，政策への影響をめぐる競争の激化により，多様なチャネルが必要となったこと，議会側の要因としては，議会政治家の専業化が進み，議員の政策への関心が強まったこと，また下院で省庁毎に担当

を特化した委員会制度が整備され，ロビー活動の対象となる議員が明確になったことがあげられる（Searing 1987）．

最後に，政策面の特徴であるが，経済政策の方向性に根本的な変化が生じたことをあげられよう．戦後一貫して続いた政府主導の成長をめざす介入型の経済政策から，民間主導での成長をめざす監視型の経済政策への転換である．完全雇用という目標とそのための政府介入は破棄され，経済運営を市場に委ねる方向性が示された．政策の見直しは幅広い分野に及ぶ．一部は繰り返しになるが，産業政策として，国有産業の民営化（エネルギー，通信，航空，自動車製造など），企業活動の規制緩和，課税基準の収入から支出への移行，組合活動の規制など，また社会サービスでは，給付基準の見直し，公営住宅の払い下げ，地方教育局の権限削減が進められた．経済活動から雇用慣行，社会サービスまであらゆる分野で規制が緩和されたのである（供給サイドの改革）．

このような包括的な政策転換を短期間で可能にしたのは，サッチャー政権による従来の政府・利益集団関係の否定，すなわち従来の制度の迂回である（若松 1999）．三者協調関係からの撤退と労働組合のもつ政治力の削減が，政府をその新しい政策目標への障害から解放した．新しい政策の浸透には政策過程の変化が大きく寄与しているのである．

11年余りのサッチャー政権の後半には，高失業率のみならず，労働組合との激しい対立も影を潜める．他方で，批判の的であった公共支出のレベルには，サッチャー期を通じ，大きな変化をみることができなかったのも事実である．これは省庁と業界団体の執行面における関係があまり変わらなかったことにより説明されている（Fry 1995）．

(3) 1990年代以降

1980年代の改革による影響はむしろ90年代のメージャー・ブレア（Tony Blair）両政権期に顕在化する．メージャー保守党政権（90～97年），ブレア労働党政権（97年～）とも経済運営の基本に通貨価値と物価の安定を引き続

き掲げた．労働党のブレア政権も産業の民営化方針を維持し，所得政策を再び導入することもなく，また三者協調体制への回帰も模索されていない．90年代の政策は基本的に80年代の継続であり，その定着である．

そのなかで新しい要素として，まず制度改革ではサッチャー改革の方向性を修正する2つの動きを指摘できる．①参加とパートナーシップの奨励，②地方への権限委譲である．

サッチャー期に進められた公共サービス供給への民間参入は，供給に関する責任はどのように保証されるかという問題を生じさせた．メージャー政権はこれについて「参加」という概念を強調し，とくにローカルな主体の参加を重視した．この姿勢は地域の経済・社会開発プロジェクトでとりわけ顕著である．従来のプロジェクトでは政府と民間企業がパートナーシップの軸であったが，ここに地方自治体や住民組織，ボランタリー団体などコミュニティに根ざす多様な主体を加え，むしろ地方主導でパートナーシップを運営していくという考えである．この姿勢はブレア政権にも引き継がれている．地元住民は「利害関係者＝ステイクホルダー」と位置づけられ，プロジェクトへの直接参加をさらに促されるとともに，執行や利害調整だけでなく，新たに企画や決定への参画も奨励されている．

これに対し，もう1つの動きは代議制の強化と関係する．92年総選挙後に始まった中央から地方への権限委譲である．とりわけブレア政権では，地方の主導権と自立性を強化する傾向が明らかにされている（若松2003）．スコットランド，ウェールズ，ロンドンに続き，ロンドン外でのイングランド各地域へも権限の委譲が進んでいる．運輸，文化，ビジネス，投資など地域諸戦略の大枠となる地域単位の開発戦略（地域計画指針）については，策定権限がイングランドでもその9地域に委譲された．また基礎的自治体の改革では，地方政治への有権者の無関心に対する政府の危機感を背景に，公選首長制の導入や市民審議会の設置，選挙における電子投票制度の試行など，住民の自治体政治への参加を奨励する方策が施行されている（民主主義の再生プログラム）（Lowndes and Wilson 2001）．

次に政策過程を見てみよう．その変化の特徴を一言で述べると，統治の分散傾向が現れているということである．4つの観点から指摘したい．

第1に，政策面の助言を政府の中枢にもたらす主体が変容し，拡大している．経済界，労働界とは比較的良好な関係が再建された（Coates 2000）．しかしメージャー政権，ブレア政権とも60年代，70年代のような頂上団体との密接な関係を回復することには警戒的である（Ludlam 2001：115）．むしろサッチャー政権期以降はイギリス政治でも，政策助言の源泉として，利益集団や省庁より私的なアドバイザーや首相に近い有力閣僚が重宝される傾向が強まっている．今日これらのスタッフは官邸に集い，政府や内閣府の各種審議会を通じ組織化されている．その主導する政治は「タスクフォース政治」とも呼ばれ（Barker 1999），またこの状況をもって首相とその周辺への権力集中が顕著との見方（首相の大統領化，コアエグゼクティブ政治など）もある（Pryce 1997；Smith 1999）．これらの点については紙幅の制約から詳述できないため，ここでは，特殊利害がアドバイザーという個人として参加していること，そして，産業界や生産者よりむしろメディア，弁護士，デザイナー，経営者，銀行家など，広くサービスセクターにおける専門性の高い職種が多く代表されていることを指摘するに止めたい．

一方，省庁と関係団体の協議は90年代に著しく増加し，その対象も拡大した（Marsh et al. 2001）．この背景には，サッチャー期以来の改革により省庁の組織・政策運営手法が変化したことがある．とりわけサッチャー期に「財政管理指針」として導入された省庁の業績予算管理制度は，ブレア政権のもと財務省による2年サイクルの「包括的歳出見直し」過程として整備され，各省庁に中期（3年）の活動目標を設定させ，政策や組織を「経営」させるようになった．省庁はいまや内閣への政策助言より，政府中枢がトップダウンで規定した政策を運営することに活動の中心を移している．これに伴い省庁スタッフも組織運営の技能や知識，社会への説明責任を要求されるようになっており，民間との人事交流や情報交換が以前にもまして活発となっている．

第2に新しい利害の台頭と市民による直接行動の拡大である．生産者・階級利害による政策過程の独占が排除され，中間層を基盤とする消費者・市民団体の影響力が拡大した．BSEや口蹄疫など食の安全に関する危機が世界でも最も早くイギリスで指摘されたのは，この点と無縁ではない（Smith 1993）．他方，小政党に不利なイギリスの選挙制度は，これら新しい利害が議会をチャネルとして表出する上での障害となっており，新しい集団の拡大はイギリスでも直接行動を増加させることとなっている．市民による抗議活動は90年代以降，サッチャー政権最末期の人頭税（90年）に始まり，生きた家畜の輸出（94年頃〜），北海油田でのプラットフォーム破棄（95年），ガソリン価格の高騰（2000年），趣味としての狐狩り（02年），イラクへの攻撃（03年）など，一部に生産者・階級利害とかかわる問題も巻き込みながら年を追うごとに拡大している．かつてのような労組のストではなく，市民団体によるデモや直接行動として抗議が顕在化する傾向は，イギリス政治の新しい特色として定着した．

　第3に公的活動におけるボランタリー団体の役割が拡大した．福祉，教育，文化の分野を中心に，ボランタリー団体が行政の役割を代替し，住民サービスを提供する事例が増加している．これについては，サービスを提供するための行政との契約がボランタリー団体を行政に従属させているとの批判もある（Kendall and Knapp 1996・133-64）．ブレア政権はこの不満を緩和すべく，ボランタリー団体を統治に不可欠の存在とみなし，その公的な意義を認める姿勢を明確にしている．政府とボランタリー団体との間では98年以降，中央から地方に至るさまざまなレベルで協定を結ぶ動きが広がっている．それらの協定は，ボランタリー団体の役割，とりわけその自主性や独立性を積極的に評価し，政府と対等な立場でパートナーとなることを確認するものである．

　第4に協議の分権化である．協議は地方で顕著に強化されている．各種団体による行政への働きかけは，スコットランド行政府，ウェールズ議会行政府，ロンドン市当局といった地域レベルの機関へと拡大し，イングランドの

地域諸機関も対象となりつつある．イングランドでも分権の動きが始まった92年頃から，財界・経営者団体，労働組合，ボランタリー団体など多様な団体が，地域レベルの組織を強化する動きを強めている．また99年の地域開発公社法が地域毎に設置した地域協議会は，これらの団体と自治体代表が協議に臨む場として重要性を増している．地域計画指針やその他の地域諸戦略は協議会や関係の委員会で策定されている．その「経済・社会パートナー」には，財界・経営者団体や労働組合のみならず，ボランタリー団体や環境団体など新しい利害も代表されている．かつてのような中央集権的なものではなく，補完性原則に沿う分権的な協調体制が現れているのである．

　最後に政策面から見た90年代の特徴をあげておこう．90年代の特徴は基本的に80年代の政策原理の継続であり，党派を超えたその定着である．この点でイギリス政治に新たな「合意」が現れているともいえよう．供給サイドの改革により経済機会の創出をめざす基本政策に変化はない．とりわけ97年に，発足直後のブレア政権が公定歩合の設定権限をイングランド銀行の理事会に委譲する決定を下したことは重要である．労働党政権の場合も国際金融市場との協調が経済政策の中核にあり，主要な政策手段を政治圧力から解放することが示されたのである（Grant 2003 : 263-4）．

　また，欧州通貨統合の進展を理由とする社会保護水準の切り下げに強力な反対が示された大陸諸国を尻目に，90年代のイギリスでは社会保障制度の再編や職業訓練の拡充など，社会分野の改革が比較的スムーズに進んだ．労働市場の柔軟性確保はイギリスの主要政党間での合意となり，その手段として賃金決定構造の柔軟化に加え，就職や開業に必要な個人の技能向上が重視されるようになった．この点で労働党が掲げた「第三の道」は社民主義と新自由主義を後者に近い地点で妥協させたものとみなされる．改革に強い抵抗が生じた近隣諸国では既存利益集団がイギリスほど弱体化してはいなかった．イギリスの自由主義的政策の背後にはサッチャー改革による利益集団が有していた政治力の破壊があり，90年代以降の政権はその恩恵を受けているのである（阪野 1999）．

公共サービスの改革もさらに進んだ．とくに顕著なのは教育，職業訓練，住環境の分野である．メージャー政権はこれら分野の性急な民営化にこそブレーキをかけたものの，サービスの質を改善する目的で，一方で民間の経営手法を導入し，他方で需給者の影響力を拡大する形で改革を浸透させた．市民はサービスの消費者と位置づけられ，その質に関する苦情の提起や弁済を受けるための手続きも整備された（若松 1999）．これら供給サイドの改革には，OFSTEAD（教育），OFTEL（通信），FSA（金融サービス）などサービス供給の公正を監視する第三者機関の設立があった．この「消費者主義」をブレア政権は社民主義の立場からも受け入れられる言葉で言い換えた．キーワードの1つは「持続可能な発展」である．そこには経済面のみならず社会面，さらには環境面の発展を重視する意味あいが含まれている．

4　政策過程の開放と新しいアジェンダ

20世紀のほとんどの時期，利益集団をめぐるイギリスの政治は経済成長や社会保障をめぐる階級利害を反映したものであった．利害調整の必要から，1960年代までに首相レベルから省庁の担当課レベルまで，政府，財界，労働組合の恒常的な協議体制が確立した．

しかしこの体制は70年代末からのサッチャー政権期に破壊された．主要政策の運営では協議が破棄され，限定された分野で存続した協議も政策の形成段階ではなく主に執行段階においてであった．この時期，政府との関係による内部集団と外部集団の境界はあいまいとなる．政府と利益集団の関係は多様化し，政策の設定，監視，規制における政府の権威的な姿勢から，政策遂行における官民のパートナーシップ拡大という協調的な姿勢までが並立するようになった．

制度改革の影響はとくに90年代以降顕在化し，イギリスの政策過程は分権化を伴いながら開放的な性格を強めている．特定の団体による政策過程の独占は排除され，高度に組織化された集団の役割も低下している．90年代

のイギリス政治では新しい利害の表出が著しく，多彩な集団が政策過程に関与するようになった．なかでも全国レベルのネットワークをもつ消費者団体や市民団体は，政府や議会に接近するのみならず，メディアを通じた世論への働きかけを重視している．このようなアジェンダの政治化は，開放性を増しつつある政策ネットワークにさらなる開放を促している．一方，ボランタリーセクターも公的機関の撤退による空白域を埋める重要な役割を担うようになった．

これら新しい集団と政府との関係は新しい制度を接点に拡大している．90年代なかばからの分権改革が地方制度を強化するなか，関係団体は地方レベルで組織化を進め，行政とそのようなローカルな集団との協議も増えている．地方の行政主体による関係利害の包摂である．

とりわけ重要なのは，そのような利害が社会，環境面に及ぶ多様なものということであろう．イギリス政治にも経済的利害の配分や生産者利害にとどまらない新しいアジェンダが定着しつつある．環境保護，人権尊重，動物愛護などの脱物質主義的価値の尊重である．それは新たに政策過程の主体となった集団に支えられている．

◆参考文献
日本語文献
宇都宮深志編．1990．『サッチャー改革の理念と実践』三嶺書房．
梅川正美．1998．『イギリス政治の構造』成文堂．
梅津實．1998．「イギリスの場合：悩み多き民主主義のモデル」梅津實ほか『比較選挙政治：90年代における先進5カ国の選挙』ミネルヴァ書房．
小笠原欣幸．1993．『衰退国家の政治経済学』勁草書房．
岡山勇一・戸澤健次．2001．『サッチャーの遺産：1990年代の英国に何が起こっていたのか』晃洋書房．
河合秀和．1990．「戦後イギリスの政治」中木康夫・河合秀和・山口定『現代西ヨーロッパ政治史』有斐閣．
川勝平太・三好陽編．1999．『イギリスの政治：改革に揺れる伝統国家』早稲田大学出版部．
吉瀬征輔．1997．『英国労働党：社会民主主義を越えて』窓社．

久保憲一．1996．『現代イギリス首相：その地位，権限および指導力の制度的考察』嵯峨野書院．
阪野智一．1999．「ブレア英政権の内政と外交」『国際問題』473：17-33．
自治・分権ジャーナリストの会編．2000．『英国の地方分権改革：ブレアの挑戦』日本評論社．
高橋直樹．1991．「サッチャー時代のイギリス政党政治」犬童一男・山口定・馬場康雄・高橋進編『戦後デモクラシーの変容』岩波書店．
竹下譲・横田光雄・稲沢克祐・松井真理子．2002．『イギリスの政治行政システム：サッチャー，メジャー，ブレア政権の行財政改革』ぎょうせい．
豊永郁子．1998．『サッチャリズムの世紀』創文社．
成廣孝．2000．「イギリス」馬場康雄・平島健司編『ヨーロッパ政治ハンドブック』東京大学出版会．
藤澤克彦．2002．『構造改革ブレア流』TBSブリタニカ．
舟場正富．1998．『ブレアのイギリス：福祉のニューディールと新産業主義』PHP研究所．
毛利健三．1990．『イギリス福祉国家の研究：社会保障発達の諸画期』東京大学出版会．
力久昌幸．2003．『ユーロとイギリス：欧州通貨統合をめぐる二大政党の政治制度戦略』木鐸社．
ローズ，R．1979．犬童一男訳『現代イギリスの政治Ⅰ・Ⅱ』岩波書店．
若松邦弘．1999．「イギリス」小川有美編『EU諸国』自由国民社．
若松邦弘．2003．「イギリスにおける地方統治の変容：サブナショナルなレベルの活性化」『日本比較政治学会年報』5：73-98．

英語文献

Barker, Anthony. 1999. Invited to the Party. In Anthony Barker (ed.). *Ruling by Task Force : Politico's Guide to Labour's New Elite*. London : Politico's.

Birch, Anthony H. 1993. *The British System of Government*. 9th edn. London : Routledge.

Cawson, Alan. 1978. Pluralism, Corporatism and the Role of the State. *Government and Opposition* 13 : 178-98.

Coates, David. 2000. New Labour's Industrial and Employment Policy. In David Coates and Peter Lawler (eds.). *New Labour in Power*. Manchester : Manchester University Press.

Fry, Geoffrey K. 1995. *Policy and Management in the British Civil Service*. London : Prentice Hall / Harvester Wheatsheaf.

Gamble, Andrew. 1994. *The Free Economy and the Strong State*. 2nd edn. London : Macmillan.

Grant, Wyn. 1995. *Pressure Groups, Politics and Democracy in Britain.* 2nd edn. Hemel Hempstead: Harvester Wheatsheaf.

Grant, Wyn. 2003. Economic Policy. In Patrick Dunleavy, Andrew Gamble, Richard Heffernan and Gillian Peele (ed.). *Developments in British Politics 7.* Basingstoke: Palgrave.

Hanf, Kenneth I., and Fritz W. Scharf (eds.). 1978. *Interorganizational Policy Making: Limits to Coordination and Central Control.* London: Sage.

Heclo, Hugh. 1978. Issue Networks and the Executive Establishment. In Anthony King (ed.). *The New American Political System.* Washington D.C.: American Enterprise Institute for Public Policy Research.

Hill, Michael. 1997. *The Policy Process in the Modern State.* 3rd edn. London: Prentice Hall/Harvester Wheatsheaf.

Holliday, Ian, et al. 1999. *Fundamentals in British Politics.* Basingstoke: Palgrave.

James, Simon. 1993. The Idea Brokers: The Impact of Think Tanks on British Government. *Public Administration* 71: 491-506.

Jordan, A. Grant, and Jeremy J. Richardson. 1982. The British Policy Style or the Logic of Negotiation? In Jeremy J. Richardson (ed.). *Policy Styles in Western Europe.* London: George Allen and Unwin.

Jordan, A. Grant, and Jeremy J. Richardson. 1987. *British Politics and Policy Process: An Arena Approach.* London: Allen & Unwin.

Judge, David. 1993. *The Parliamentary State.* London: Sage.

Katzenstein, Peter J. 1985. *Small States in World Markets: Industrial Policy in Europe.* Ithaca, NY: Cornell University Press.

Kavanagh, Dennis. 1997. *The Reordering of British Politics: Politics after Thatcher.* Oxford: Oxford University Press.

Kendall, Jeremy, and Martin Knapp. 1996. *The Voluntary Sector in the UK.* Manchester: Manchester University Press.

Lowi, Theodore. 1964. American Business, Public Policy, Case Studies, and Political Theory. *World Politics* 16: 677-715.

Lowndes, Vivien, and D. Wilson. 2001. Social Capital and Local Governance: Exploring the Institutional Design Variable. *Political Studies* 49: 629-47.

Ludlam, Steve. 2001. New Labour and the Unions: The End of the Contentious Alliance? In Steve Ludlam and Martin J. Smith (eds.). *New Labour in Government.* Basingstoke: Palgrave.

Mackintosh, John P. 1970. *The Government and Politics of Britain.* London: Hutchinson.

Marsh, David. 1998. Introduction. In David Marsh (ed.). *Comparing Policy Networks*. Buckingham : Open University Press.
Marsh, David, and R. A. W. Rhodes (eds.). 1992. *Policy Networks in British Government*. Oxford : Oxford University Press.
Marsh, David, et al. 2001. *Changing Patterns of Governance : Reinventing Whitehall*. Basingstoke : Palgrave.
Middlemas, Keith. 1979. *Politics in Industrial Society : The Experience of the British System since 1911*. London : A. Deutsch.
Pryce, Sue. 1997. *Presidentialising the Premiership*. Basingstoke : Macmillan.
Rhodes, R. A. W. 1988. *Beyond Westminster and Whitehall : The Sub-Central Governments of Britain*. London : Routledge.
Rhodes, R. A. W. 1994. The Hollowing Out of the State. *Political Quarterly* 65 : 138-51.
Richardson, Jeremy J., and A. Grant Jordan. 1979. *Governing under Pressure : The Policy Process in a Post-Parliamentary Democracy*. Oxford : Martin Robertson.
Ripley, Randall B., and Grace A. Franklin. 1976. *Congress, the Bureaucracy and Public Policy*. Homewood, IL : Dorsey Press.
Rush, Michael. 1990. Parliament and Pressure Politics : An Overview. In Michael Rush (ed.). *Parliament and Pressure Politics*. Oxford : Clarendon Press.
Schmidt, Vivien A. 2002. *The Future of European Capitalism*. Oxford : Oxford University Press.
Searing, Donald D. 1987. New Roles for Postwar British Politics : Ideologues, Generalists, Specialists and the Progress of Professionalization in Parliament. *Comparative Politics* 19 : 431-52.
Skocpol, Theda. 1985. Bringing the State Back In : Strategies of Analysis in Current Research. In Peter B. Evans, Dietrich Rueschemeyer and Theda Skocpol (eds.). *Bringing the State Back In*. Cambridge : Cambridge University Press.
Smith, Martin J. 1993. *Pressure, Power and Policy : State Autonomy and Policy Networks in Britain and the United States*. Hemel Hempstead : Harvard Wheatsheaf.
Smith, Martin J. 1999. *The Core Executive in Britain*. Basingstoke : Macmillan.
Winkler, Jack. 1976. Corporatism. *Archives Europeennes de Sociologie* 17 : 100-36.

第 5 章

フランス

避けがたい国家？

吉田　徹

1　欧州統合という難問——強い国家からの逸脱

　フランスの第五共和制（1958年～）は，強大な権限を持つ大統領制や，自律性の高い官僚制，介入主義的経済産業政策（ディリジズム）[1]，多数代表制の選挙制度などの装置を備え，革命以来のクーデタと体制変動の時代を葬り去った．戦後復興という偉業を成し遂げ，安定した中道支配を保った第四共和制（1945年～）は，アルジェリア問題という形で生じた政治危機を解決する制度的能力を持たず，カリスマであるド・ゴール（Charles de Gaulle）に道を譲ったのである（Rémond 2003: ch. 20）．ド・ゴール大統領やドブレ（Michel Debré）首相らによって，近代化を目標とした国家制度が補強され，発展的に運用されたことで，フランスは西欧政治の一類型とみなされるようになった（Machin 1994）．同時に，フランスは政治・社会・文化での様々な「フランス的例外（exeption française）」や「偉大さの政治」であるゴーリズム（「国家［État］なくしてフランスは存在しない」…ド・ゴール）の存在，あるいは EU の中の大国として，常に注目されている国でもある．

　危機的状況から生まれた体制がなぜ存続しているのかは，政治学的に興味深い問題を投げかけるものだが，約半世紀が経ってフランスを取り巻く政治経済状況は大きく変化した．そこで浮上したのは，権威主義的な政治リーダーシップや，高い完成度を備えた行政システムと社会に君臨するグランコー

ル（高級官僚団）を備えた，それゆえ適応に困難を抱えた国家である．

(1) 調整手段の喪失と欧州統合に対する不適応

現代フランスの政治構造を規定している最大の要因は，大統領制化（Présidentialization）とヨーロッパ化（Européanization）である（Guyomarch and Machin 2001）．前者は政党政治を超越した大統領制によって，政党システムと政党内の競合空間が形づくられていることを意味する．2000年に大統領任期を5年に短縮する憲法改正案が国民投票で可決され，これが議会の任期と同周期となったため，コアビタシオン（保革共存内閣）の蓋然性は低まり，政治空間はますます大統領制化されるようになった．後者は，欧州統合に伴う政策と政治によって形成されるルールや手続き，政策のパラダイム，スタイルが国内の言説，規範，政治構造に編入される過程を指す（Radaelli 2003）．そして外的要因であるヨーロッパ化は，内的要因である大統領制化に打ち勝ち，社会的利害の調整手段である国家の役割を減少させている．

フランスの保革イデオロギーに基づく政策は，強大な大統領制を頂く第五共和制と，他西欧諸国から遅れての政党政治の活性化によって可能となったものであった（Wilson 1979）．しかし，政治社会構造は同時期から多元的志向を増し，その後ヨーロッパ化によって侵食されるようになった．政策の形成と決定権が中央政府以外の場にも設定され，大企業・地方自治体は，中央政府を迂回して独自の政策ネットワークを欧州レベルで築くようになる．多層的統治のもとでは，統制が集権的であり過ぎるがゆえに中央政府は一元性を維持することが困難となり，規制のための細かな技術的側面のノウハウもない（Lequesne 1995）．欧州統合過程は，社会アクターが国家から自立する一方，国家がこれらに依存せざるを得ない状況を生み出す．政府の政策形成の自律性が徐々に奪われていく中で，まさに政策形成が閉じられているがゆえに，実施段階で社会アクターとの摩擦を引き起こすことになり，統合に際して「不適合（misfit）」を起こす度合いが高くなるのである（Schmidt 1999）．

欧州統合に対する適応過程・手段は各国で異なるが，フランスの場合は，政策資源をこれまで国家に集中させ過ぎたために，こうして唯一の調整手段を失うことになる．不可逆的性格を持つ欧州統合過程と国力の相対的低下から，フランス・モデルの欧州レベルへの「輸出」も，もはや不可能に近い (Boniface 1998 ; 吉田 1999)．欧州統合の深化と社会の多元化は，国家理念の土台となってきた共和主義を揺るがすようになっており，その思想的再検討も開始されるようになった (Bernstein et Rudelle 1992 ; Sirinelli 2001)．

政党も，ゴーリスト政党，社会党ともに反欧州統合勢力を抱えているため，欧州統合という争点管理に追われ，それゆえ政策の焦点に据えることができない（吉田 2003）．保革のイデオロギー的刷新が不可能になるにつれて，右と左による競合という構図は神話となりつつあり，これが国民戦線（FN）に対する支持につながることなる (Grunberg et Schweisguth 1997)．「右と左のフランス」(Gauchet 1993) は，政党システムの大統領制と小選挙区2回投票制という2つの制度的要因によって支えられている構造に過ぎず，さらに，これも分極化・断片化する傾向にある (Appleton 1995)．

2 「単一にして不可分の共和国」は本当か
――アクター，あるいはアリーナとしての国家

フランスはヨーロッパ政治において常に例外的な国として語られてきた．比較政治学においては，イギリスのウェストミンスター・モデル，オランダの多極共存型民主主義，その他小国のネオ・コーポラティズム等，他国に比する埋念型や応用可能な分析ツールを提供してこなかったといえるだろう．例えば，最も古い国民国家かつフランス革命を起源とする民主主義国でありながら，ほぼ定期的にみせる権威主義的傾向 (Hoffman et al. 1963)，市民社会に優越する国家（トクヴィル 1998 ; Badie et Birnbaum 1982），政党と市民との間の弱い紐帯 (Mény 1996)，キリスト教民主主義政党の不在 (Hanley 1996 ; 中山 2001)，低度の脱物質主義的価値観 (Kitschelt 1990)，利益集団を

はじめとする中間団体に対する不信や未発達（Duyvendak 1995）などは，しばしば特徴的なものとして指摘されてきた．フランス本国の政治学に目を向けても，ジークフリート（André Siegfried）を祖とする選挙地理学や，主にパリ政治学院の研究者らによる投票行動・選挙分析が主流であり，他には伝統的に強い影響力を持つ公法学からの参入がみられるだけで，層の薄さは否めない．

(1) 「強い国家」イメージとそのアプローチ

それでもフランスは「強い国家」として捉えられ，分析の始点として採用されることが多い（Katzenstein 1978；Dyson 1980）．総体としていえば，70年代以降アメリカ政治学で再発見された「国家（論）」（Krasner 1978；Skocpol 1985）は，フランスでは恒常的に存在していたといってよい[2]．

「強い国家」とは，拡張された官僚制，行政法の重視，意思決定過程における民間部門の排除，国家主導の経済運営，市民権に対する規制システムによって特徴付けられる（Rohr 1996）．いわば社会全体の統治を目的とした中央集権制度を備えた共同体であり，国民主権と一体化した国家権力は一般利益を独占し，これを体現する（Rosanvallon 2004）．そこでは「国家と市民社会という，自由主義者と政治学者が慣れ親しんだ区分は意味を持たない」ことになる（Hoffman 2001：62）．国家は自己目的的な利益を追求する独立的アクターであり，意思決定を集中的・一元的に行う一方で，社会の利害を中立的に裁断する調停者の役割を負う（「調停者としての国家（État arbitre）」）．執行府の強い権限，地方政府の脆弱性，利益団体政治における国家多元主義[3]などは，こうしたイメージから派生してきた．思想史的にいえば，時代を問わず様々な意匠で残存しているジャコバン主義――国家主権に対する固執，国家による社会変革の意志，私的利益の忌避，市民教育と市民間の平等――の強さにも「強い国家」像を認めることができる（Vovelle 1999）．

中でも，執行府の政治（executive politics）については，「共和的君主」（デュヴェルジェ）とも称されるほどの大統領権限に注目する公法学，これと

首相・議会，政党との関係や直接選挙過程を重要とみる政治学，そしてド・ゴールやミッテラン（François Mitterrand）などのリーダーシップと"宮廷政治（court politics）"に関心を持つジャーナリズムなどが相まって[4]，フランス政治研究のメイン・ストリームとなってきた．さらに，「半（準）大統領制（régime semi-présidentielle）」（Duverger 1986）と規定される，大統領と首相の権限配分，異なる党派による執行（コアビタシオン）といった特殊フランス的な要素を持ち合わせている．事実，ド・ゴールによる1962年の直接選挙制導入，ポンピドゥー（Georges Pompidou）のシャバン＝デルマス（Jacques Chaban-Delmas）首相追放といった政変の局面だけでなく，ジスカール＝デスタン（Valéry Giscard d'Estaing）の国営放送改革，ミッテランの欧州通貨制度（EMS）残留決断と緊縮政策の実施，シラク（Jacques Chirac）のマーストリヒト基準達成のための社会保障制度改革など，具体的な政策決定過程でも大統領は権限を行使しているのである．

(2) 反イメージと焦点の拡散

しかし，こうした「単一的政府（monocratic government）」の視座に対する反論も多い．例えば，ヘイワード（Jack Hayward）とライト（Vincent Wright）は，フランスをむしろ「破片化した不可分の共和国（fractuated indivisible Republic）」として捉えるべきとする（Hayward and Wright 2002）．国家と関連する個々のアクターが余りにも分断化・断片化しており，同時に協調・調整の枠組みが存在しないため，強い国家と規定することに反対するのである．

また，CNPF（仏経団連）[3]とFNSEA（全国農業経営者連盟）については特に，産業別コーポラティズム（corporatisme sectoriel）が成立しているという点で，ほぼコンセンサスが確立している（Hoffman 1981；Cox and Hayward 1983）．それでも，フランスの（ネオ）コーポラティズムは次の3つの点で特徴的とされている．①一般労働者を排除した農業・手工業等の職能団体の独占，②労働組合の分断化，③産業部門別以外での頂上団体による包

括的協約が存在しないことである (Muller 1992)[6]．このため，何らかの政治的交換が政労使間で行われても，敗者が必ず生じるため，効率的な政策運用が不可能となる．確かにフランスのネオ・コーポラティズム (Keeler 1987) や多元主義 (Wilson 1987) 解釈も進んだものの，何れの場合もプロセスか構造かが明確でないため，統一的なモデルの提供までには到っていない[7]．

ヘイワードは代表作『フランスを統治する：単一にして不可分な共和国』で，「フランスの国家も社会も，高度に統合された実体ではないがゆえに，ほぼ200年にわたって，統一されたものであるがごとく自らを装うことが必要だった」として，その題名が「皮肉を込めたもの」であることに注意を促している (Hayward 1983: xii)．実際，フランス政治学の代名詞的存在であるデュヴェルジェやビルンボーム (Pierre Birnbaum) が注目したのは，アクターとしての国家ではなく，むしろ政治的紛争が噴出するアリーナとしての国家であった (Duverger 1988; Birnbaum 1982)．公共善を国家のみが体現する中で，資本の集中と労使の分断によってフランスは「4世紀もの間の葛藤」(Tilly 1986) を経験したことを忘れてはならない．

フランスは，政治体制の不断の変化を200年以上に渡って余儀なくされたため，政治システムを基点とした分析が難しい．正統性の原理，統治エリートの構成，統治制度・機構ともに，その都度大きな変容を被ったためである (山口 1989: 58-61)．何れの場合も，フランスの「限定的な特異性」(Elgie and Griggs 2000: 188) を意識しつつ，脱神話化の作業を行っていく余地が残っていることは確かである[8]．

3 「退場」の中の継続と変化――「強い」国家から「賢い」国家へ？

(1) 自由主義への傾斜とジレンマの反復

1981年のミッテラン社共政権の誕生は，第五共和制下で初の政権交代 (Alternance) となった[9]．第四共和制時に新憲法を拒否していたミッテランが，共和国大統領としての機能を受諾したことによって，この政治体制は完

全な政治的正統性を付与された（Criddle 1987）．ミッテラン時代のフランスは，当初「社会主義プロジェ（Projet Socialiste）」に基づく革新的プログラム（国有化，地方分権，労働時短，財政出動）を実施しつつも，政策スタイルは国有化政策にみられるように，ディリジスト的遺産を受け継ぐ国家主導型そのものであった（Barreau 1990）．そして，政府主導による産業再編と資金供与の管理を試みる一方，社会関係の刷新には熱心とはいえなかった（Hall 1986）．「資本主義との訣別」を掲げた社共政権は，経済運営の失敗とEMS内でのフラン価値維持の必要から，83年には「自由主義的転回」を余儀なくされ，その後，規制緩和策を中心とした実質的な経済的リベラリズムへの道を歩み始める（Halimi 1992）．ミッテラン政権を決定的分岐点（critical juncture）[10]として，フランスはディリジズムからポスト・ディリジズム国家，あるいは，「ヒロイックな政策」から「場当たり的な政策」（Schmidt 1996）の採用へと追い込まれていった．

初めてのコアビタシオンとなったシラク内閣（86年～88年）は，サッチャー流の新自由主義を模倣した経済産業政策を採用し，国営企業の民営化（65企業）や金融市場規制緩和（"プチバン"）を実施する（渡邉 1998；大嶽 1996）[11]．計画経済を担う主要機関予算の大幅削減を行い，「自由と責任ある社会」（シラク）の確立を目指したものだった．88年以降，「ni-ni（民営化も国有化もせず）政策」が政治的レトリックとして採用されつつも，ロカール（Michel Rocard），クレッソン（Edith Cresson），ベレゴボワ（Pierre Bérégovoy）の各社会党内閣およびバラデュール（Edouard Balladur），ジュペ（Alain Juppé）保守内閣まで，民営化と規制緩和が規定路線となっていった．1997年に誕生したジョスパン（Lionel Jospin）左派連立内閣も大規模民営化によって，OECD諸国中で上位を占める国家歳入を得た（吉田 2000）[12]．

政治的に「国家の退場」は保革双方にとってのアポリアとなる．右派のメルクマールであるゴーリズムの「偉大なるフランス」，左派の政策遺産としての「国家主義（Étatisme）」の何れもが拠って立つ「産業的愛国主義（Industrial Patriotism）」（Hayward 1986）が成り立たなくなるためである．

また，フランスの経済産業政策・公共政策は，戦略的意味合いから策定されても，政治社会の個々のアクターが自律的であり過ぎるため，むしろ非効率を生んでしまう（Suleiman 1974）．リーヴィ（Jonah D. Levy）は，このジレンマを「国家主義的ツーステップ」と形容する（Levy 1999 : 284）．つまり，原型としてのディリジズム（国家主義）から自由主義（市場主義）へと移行した後，社会アクターの脆弱さから制度的発展に失敗し，これを補完するために，また政治的意図も手伝って，再び国家主義（ポスト・ディリジズム国家）へと接近せざるを得なくなるのである．こうして，規制緩和→市場自由化→再規制のサイクルを描くために，ドラスティックな変化を欠くことになる（cf. Douillet and Lehmkul 2001）．これは，金融，地方分権など，政策領域を横断して観察される現象である．さらに国家は，相互依存の深化や欧州統合過程の圧力などから，社会経済に対する介入を余儀なくされるものの，ドイツやオランダのようなコーポラティズム的契機に欠くために，企図されたような結果をもたらすことができないばかりか，政策の実施段階で様々な紛争を生じさせることになる[13]．例えば，82年のオールー諸法（lois Auroux）は，政府決定権を労使に委譲し，両者の対等性を高めることを目的としたが，結局は労組の空洞化と労働者の権利縮小を促進させることになった．和解や協調の枠組みの不在は，統治構造の正統性が追認されていなければ社会紛争を招く原因となるのである（Lipset 1959）．

　ホフマン（Stanley Hoffman）は，社会勢力・集団間の敵対的関係が恒常的に存在し，権威の仲介を嫌う「不介入の権威構造」と，中間団体の乏しさを招く「個人主義」による「閉ざされた社会（société bloquée）」が，フランス政治社会の「パラドクス」だと喝破した（Hoffman et al. 1963 ; cf : Crozier 1994）．階級意識，イデオロギー的思考，政治不信，協調の忌避によって高度に分裂した社会は，制度的停滞と不動主義（immobilisme）をもたらし，「政治共同体」の要件に欠く，というのが彼の診断であった．だからこそ国家は，自律的な官僚機構とインフォーマルなネットワークとの相互補完によって制度を運用しなければならず，さらに政策の実効性を確保するためには

社会的利益を，事後的に取り込まざるを得ない．実に，フランスの国家構造と社会組織は「困難な共生」(Hoffman 1981 : 456) を強いられ続けているのである．

もっとも，市場自由化と民営化の波に襲われた 80 年代後半，そして 90 年代に入ってからも，フランスの経済産業政策は自由主義によって貫徹されたわけではない．国家はむしろ「弱くなりつつも，賢くなった」(*The Economist* June 3rd 1999)．それは，政策的選択の余地が狭まる中，産業の非効率性を排除しつつ戦略的な経済運営を行い，調整資源としての国家能力を最大限確保する手段だった．以下では，保守内閣と左派内閣双方による民営化，そして保革ともに自由化に抵抗した公共サービスを事例としてみてみる．

(2) シラク内閣（1986～88 年）／バラデュール内閣（1993 年～95 年）

1986～88 年の民営化は，社会党に対する RPR（共和国連合）－UDF（フランス民主連合）による対抗イデオロギーとして，遅ればせのサッチャリズムをゴーリズムに接木したものだった（Dumez and Jeunemaitre 1993）．86 年にコアビタシオン内閣として誕生したシラク内閣は，社会党政権が国有化した BNP（パリ国立銀行）をはじめとして，15 企業グループ（1,200 社）・雇用者 35 万人を民間部門に移行させ，株式市場では 780 億フランが吸収された（INSEE 2002）．中には，戦後直後に国有化されたサンゴバン（ガラス）といった大企業も含まれていた．

民営化に際して，独立機関である競争理事会（Conseil de Competition）が設けられたものの，バラデュール蔵相はこれに法的権限を与えず，特定案件に対する政治的決定権を維持した．さらに，金融市場自由化（"プイバン"）に着手しつつも，公共料金，保険利率などの自由な改定も認めなかった（Schmidt 1996 : ch. 5）．民営化の多くは，まず株式 10% を従業員分として確保した上で，次にこれを安定株主企業集団に配分し，これらの相互株式持合いによって実現された．これが，外国資本による M&A（買収合併）と資本の断片化の回避を目的とした「核（noyaux durs）」を形成することになる．

この「核」は15~25%の株式を取得し，BNPとソシエテ・ジェネラル（銀行）を中心とした2つの極から放射状に形成された．バラデュールは，この措置が外資を排除し，フランスの経済活動を守るためのものであったことを認めている（*Les Echos* 18 Décembre 1998）[14]．さらに政府は「ゴールデン・シェア（特有株による特別権利）」を保持し，取締役会メンバーを直接に任命することで，パトロネージを利用した株式管理を可能にした．株主が企業を選択するのではなく，国家が企業と株主を選択するという，いわば逆転した資本主義を，80年代に入って完成させたのである．

2度目のコアビタシオンであるバラデュール内閣で民営化の第二波が始まり，金融部門を中心に，さらにルノーといった12企業グループが民営化される．これは，86年保守内閣の民営化計画の続行だけでなく，社会党内閣（88~93年）による部分民営化の拡大という側面も含んでいた．20%を上限とした「外資」の範疇からEU加盟国企業は除外されたものの，5年の時限措置だった「ゴールデン・シェア」は無期限に維持された．政府は，約1,300億フランの民営化歳入によって，エール・フランス（航空）やクレディ・リヨネ（銀行）といった赤字国営企業の増資と公共部門での雇用創出を賄うことを可能にした．所有と経営の分離によって財政赤字の補填を成功させただけでなく，国家は巧妙な形でより強化されることになったのである（Bauer 1988 ; Maclean 1995）．

(3) ジョスパン内閣（1997~2002年）

保守派大統領のもとでのコアビタシオンとなったジョスパン左派連立内閣は，公共セクターでの35万人雇用創出，35時間労働制など当初から革新的プログラムを掲げたため，民営化路線も中断されるのではないかと予測された．しかし，共産党閣僚が入閣していたにもかかわらず，保守政権時以上の民営化を成功させた．

ジョスパン政権の民営化の特徴は，政府の議決権を保持しつつ，持続的な放出を行って国際的な企業提携の促進や資本調達を可能にしたことにある．

アエロスパシアル（航空宇宙）とマトラ（同），次いでこれの独 DASA（同）との合併，フランス・テレコムとドイツ・テレコムとの提携は，部分的民営化によって初めて実現したものだった．同時に，民営化に際して政府補助・増資を行い，企業の体力を回復させてから市場に放出するという，極めて戦略的な方法を採用した[15]．過度の細分化が問題だった金融部門も，国有中規模金融機関を特殊銀行である信用組合銀行に譲渡するなど，業界再編と民営化の両立を可能にした．競争部門に位置し収益性がある国営企業は積極的に民営化し，他方で，競争部門に位置しつつも赤字を抱える企業は，体質強化を行いつつ機械的な民営化を避けるという原則のもとに展開されたのである．

1982年には市場付加価値の21%が公共部門によって生み出されていたが，2000年にこれはわずか2%にまで減少した．しかし公共部門のシェア減少は，必ずしも国家の退場を意味しなかったのである．

4 「公共サービス」概念と国家機能の変節

市場自由主義，そして欧州統合のプロジェクトが最も先鋭的にフランスの「国家的なるもの（stateness）」と衝突するのは，電力・ガス・通信・運輸など公共サービス（services publics）[16]の自由化をめぐってである．ジュペ首相は95年の所信表明演説で「社会統合の手段としての公共サービス」を謳い，公共部門自由化が議題となった2002年のバルセロナ欧州理事会（EU首脳会議）では，シラク大統領は「共和国の原理（pacte républicain）のひとつを成す公共サービスの自由化に反対する」とジョスパン首相と肩を並べてフランスの公共サービスを擁護した．その間，フランスは，自国の公共サービスの理念を欧州レベルへと移転させようと，域内での社会的・領域的一体性促進のための一般利益サービス（services of general economic interest）に優先的な地位を与える，との文言をアムステルダム条約に挿入することに成功している（Héritier 2001）．

フランスの公共サービスは，①産業商業公共サービス（SPIC），②混合経

済会社，③国営企業の3業態に集約される具体的な経済活動の形式である．EDF（仏電力公社），フランス・テレコム（通信），SNCF（フランス国有鉄道），ラ・ポスト（郵便），エール・フランス（航空）などはこれらの範疇に括られる．ジョスパン政権の公約にあった雇用創出が，巨大な公共部門なくしては実現しなかったように，社会経済政策上の戦略的部門でもある．1995年末時点で公的資本を有する企業は2,200社（72グループ）にのぼり，みなし公務員でもあるこれら企業の労働者は140万人を数える（INSEE 1997）．その他，国家公務員，教育・病院等を含めると，労働人口の25%が公共部門で雇用されていることになる．

公共サービスはまず行政法のもとに規定されているが，政治的動員のレトリックや実践的な経済論理，さらに理念的原理の地位も与えられている．例えば，公共サービスの理論化を行ったデュギ（Léon Duguit）は，これを唯一政府が持つ，社会の発展と充実のための権力基盤と位置付けた（Duguit 1928）．実質的なサービス内容だけでなく，国土整備といった地域開発，コーポレート・ガバナンスの有り様，社会平等の確保といった多様な概念がそこには込められている．曖昧な概念として作用しつつも，公共サービスは国家による公共善の象徴，あるいは「社会契約論の現代版」として，競争から保護され，独占的地位を戦後長らく与えられつづけてきた（Cole 1999）[17]．

公共サービスは，公共部門とイコールではなく，その上位概念でもある．例えば，下水処理は多くの場合民間企業が担っているが，こうした公的事業に携わる企業は公共サービス部門に位置するとみなされる．但し，91年に電気通信事業が公共サービスの範疇から除外されたように，公共サービスの境界線は時々の状況によって，政治的に定められる．

単一欧州議定書（SEA）をきっかけとしてEC（欧州共同体）は，国家の独占部門を競争法のもと，セクター毎に規制していった．EC/EUの「規制モデル（regulatory model）」（Majone 1996）は，フランスの国家資本主義と大きく食い違う．すでに，1957年調印のローマ条約（欧州共同体条約）では域内市場での自由競争の原則や，公共企業の民間企業との同条件下での事業，

国家補助の禁止が盛り込まれていた．さらにこれらの措置は EC 法に規定され，欧州委員会に規制権限を付与した．非関税障壁を撤廃し，ヒト・モノ・サービス・資本の自由移動を保証する市場統合計画はフランスにとって，公共サービス＝国家資本主義を制限するネオ・リベラルプロジェクトに映るのである (Fitoussi et Le Cacheux 2003)．

EU は，1992 年の域内市場の完成に向けて報告された欧州委員会の報告書『域内エネルギー市場 (The Internal Energy Market)』(COM (88) 238) を契機に，域内電力市場の自由化に踏み出した．96 年には自由化指令 (92/96/EC) によって，フランスの電力市場も開放を余儀なくされる．この時に問題となったのが，EDF の独占体制であった．国内法制化期限から 1 年遅れて 2000 年から部分開放を実施したものの，しかし対象を，年間消費電力量が 20 ギガワット以上の需要家 (市場の約 30%) に限定して定められた自由化の下限にとどめ，さらに「規制された第三者アクセス (R-TPA)」方式によって電力託送料金を政府指示とし，政府の政策余地を温存した．自由化の対象は段階的に拡大されることになるが，政府は完全自由化に抵抗し続けた．EDF は，エネルギー資源に乏しいフランスで，原子力行政を担った近代化の象徴であり，低廉な価格と安定供給を可能にした効率的な公共サービスの代名詞であった．さらには独占的地位による莫大な資金力を背景に，域内市場の開放を利用して，自由化の進んでいる英国を含む他国企業を買収し，事業規模を拡大させた上で自由化に備えたのである．こうして域内電力の 2 割以上が EDF によって賄われている．

コーエン (Elie Cohen) はフランスの公共サービスが，国家主義 (国民経済主義)，共和主義 (私利益からの政治の自律性)，計画経済 (市場に対する国家の優位性)，重商主義 (自立的資源の発展) の 4 つの次元に支えられた，主権概念と密接に結びついた実態だと指摘する．しかし，自由化の中でフランスは，公共部門を近代化や社会的平等確保の手段として利用するのではなく，むしろそれを国家資源に転化させた「略奪国家 (État Prédateur)」へ重心を移しているという (Cohen 1997)．フランス・テレコムが，国営企業ブル (電

子）の負債軽減のための出資者となり，あるいはマーストリヒト収斂基準（単一通貨導入のための基準）を達成するための財政赤字削減手段として株式放出の対象となったように，である．つまり，民営化や公共サービスは目的としてではなく，国家を補強するための手段として利用されるようになる．

そうであるなら，市場自由化による退場よりも，公共サービスを通じて国家が体現し得ていた公共善と中立性が失われることの方が，より深刻な問題を引き起こすことになるだろう．しかし，社会経済を支える新たな正統性の原理も，機会構造の開放もない中では，政策資源としての国家を絶え間なく維持していくという手段しか残されてない．そしてこのジレンマは，国民国家と欧州統合との間でどのような政治的正統性が新たに創り上げられていくのか，という問いなしには解決することができないのである．

◆註
1) ディリジズムは「国家が社会諸階層の利害対立のなかで一定の経済政策を打ち出し，国民の承認を得て国家統治の方向付けを行うシステム」（遠藤 1982：5）と定義される．
2) 「フランスにおける階級闘争」（1850 年），「ルイ・ボナパルトのブリュメール18 日」（1852 年）を代表とするマルクス（Karl Marx）の国家論も，当時のフランスを題材として展開されたことを想起されたい．
3) フランス政治の多元主義（Pluralism）は，米政治学のそれとは趣を異にして，多元主義的でありながらも，政府がこれらを形成する能力を持つ「国家多元主義（state pluralism）」であることが特筆される（cf. Wilson 1987）．
4) しかし，例えばミッテランとシラク（1988〜86 年）およびバラデュール（1993〜95 年）との保革共存のように，両者の組み合わせによって「大統領と首相との間の振幅」（Sartori 1997：123）が異なるため，政治家のパーソナリティ分析も重要となってこよう．
5) CNPF は 1998 年に MEDEF（仏企業運動）へと名称を変更している．
6) このため日常言語で corporatisme（コルポラティスム）は，特にヴィシー期以降蔑称として使用される．
7) コリア／コリアはコーポラティズムを「あるかないかといった狭い捉え方ではなく（中略）様々な度合いで生じるひとつの現象」として把握すべきと主張する（Collier and Collier 1979：969）
8) Schmidt（1996：ch. 1, ch. 2），Elgie and Griggs（2000），Lovecy（1992）は

フランス政治の理論的アプローチの整理を行っている．

9) 大統領制と小選挙区2回投票制によって左派と右派に分断された第五共和制の政治空間では，81年の社共政権誕生をもって「政権交代」と称することが通常である．

10) 歴史的新制度論における「決定的分岐点」とは，「明確な遺産を生産することになる，大きな変革の時期」（Collier and Collier 1991 : 29），または「新たな路（path）に歴史が発展する『分岐路（"braching point"）』を創生する重大な制度的変化」（Hall and Taylor 1996 : 942）と定義される．

11) こうした措置によって，証券市場の資本総額GDP比は82年の5.6%から93年には37.2%にまでなり，逆に公共部門のシェアは85年の10%から90年代後半には5%にまで圧縮された．

12) 英国の「第三の道」のようなイデオロギー的刷新を行えない社会党にとっては，こうした「ディスクールのねじれ」が大きな問題となる（cf. Despotes et Mauduit 1999）．

13) 大きく取り上げられる公共部門のストライキは，こうした文脈上で捉えられるべきである．

14) しかしこの「核」は，1999年の一連の買収合併によって崩壊しかかっている．

15) これら国家補助はEC競争法と摩擦を起こす種となっている．

16) service(s) public(s) は，通常「公役務」とされるが，ここでは「公共サービス」の訳語を用いている．

17) 例えば，1946年憲法では「既存の独占，国民的公共サービスを有する全ての財，企業は共同体の財産である」（第9条）とされていた．

◆参考文献

日本語文献

イスマル, C. 1994. 森本哲郎訳『選挙と投票行動の政治学』法律文化社．
岩本勲. 1997. 『現代フランス政治過程の研究』晃洋書房．
宇野重規. 2004. 『政治哲学へ：現代フランスとの対話』東京大学出版会．
遠藤輝明. 1982. 「ディリジスム研究の意義と現代的課題」遠藤輝明編『国家と経済：フランス・ディリジスムの研究』東京大学出版会．
大嶽秀夫. 1996. 「フランスにおけるネオ・リベラル合意の形成：日本との比較の試み」『法学論叢』140(1・2): 25-57.
大嶽秀夫・野中尚人. 1999. 『政治過程の比較分析：フランスと日本』放送大学教育振興会．
大村敦志. 2002. 『フランスの社交と法』有斐閣．
奥島孝康. 中村紘一編. 1993. 『フランスの政治』早稲田大学出版部．
長部重康. 1995. 『変貌するフランス』中央公論社．

櫻井陽二．1985．『フランス政治体制論』芦書房．
佐々木隆生・中村研一編．1994．『ヨーロッパ統合の脱神話化』ミネルヴァ書房．
下斗米伸夫・高橋直樹．1996．『先進諸国の政治』放送大学教育振興会．
高柳先男編．1998．『ヨーロッパ統合と日欧関係』中央大学出版部．
田中素香ほか．2001．『現代ヨーロッパ経済』有斐閣．
トクヴィル，A．1998．小山勉訳『旧体制と大革命』ちくま学芸文庫．
土倉莞爾．2000．『現代フランス選挙政治』ナカニシヤ出版．
中木康夫．1975-76．『フランス政治史』上・中・下，未来社．
中山洋平．1999．「フランス」小川有美編『EU諸国』自由国民社．
中山洋平．2002．「例外としてのフランス：なぜキリスト教民主主義政党は根付かなかったのか」日本政治学会編『三つのデモクラシー』岩波書店．
西堀文隆編．1993．『ミッテラン政権下のフランス』ミネルヴァ書房．
フランク，R．2003．廣田功訳『欧州統合史のダイナミズム：フランスとパートナー国』日本経済評論社．
舛添要一．1983．『赤いバラは咲いたか』弘文堂．
三浦信孝編．2001．『普遍性か差異か』藤原書店．
山口定．1989．『政治体制』東京大学出版会．
吉田徹．1999．「ソーシャル・ヨーロッパとは何か：フランスの対EU戦略」NIRA（日本研究開発機構）『政策研究』12(9)：24-28．
吉田徹．2000．「公共部門改革と企業競争力強化への取り組み」『JETROユーロトレンド』38：16-31．
吉田徹．2003．「現代フランス政治における主権主義政党の生成と展開」『ヨーロッパ研究』2：75-100．
渡邊啓貴．1998a．『フランス現代史』中央公論社．
渡邉啓貴．1998b．「フランスの新保守主義：ネオ・リベラリズム」『法学研究』71(8)：59-84．

英語文献

Appeleton, Andrew. 1995. Parties under Pressure: Challenge to 'Established' French Parties. *Western European Politics* 18: 52-77.

Bauer, Michel. 1988. The Politics of State-Directed Privatisation: The Case of France, 1986-88. *West European Politics* 11: 49-60.

Cole, Alistair. 1999. The Service Public Under Stress. *West European Politics* 22: 166-184.

Collier, Ruth Berins, and David Collier. 1979. Inducements Versus Constraints: Disaggregating 'Corporatism'. *American Political Science Review* 73(4): 967-986.

Collier, Ruth Berins, and David Collier. 1991. *Shaping the Political Arena*.

Princeton : Princeton University Press.
Cox, Andrew, and Jack Hayward. 1983. The Inapplicability of the Corporatist Model in Britain and France. *International Political Science Review* 4 : 217-240.
Criddle, Byron. 1987. France : Legitimacy Attained. In Eva Kolinsky (ed.). *Opposition in Western Europe*. New York : St Martin Press (清水望監訳. 1998. 『西ヨーロッパの野党』行人社).
Douillet, Anne-Cécile, and Dirk Lehmkul. 2001. Strenthening the Opposition and Pushing Change : The Paradoxical Impact of Europe on the Reform of French Transport. In Adrienne Héritier et al. *Differential Europe*. Lanham : Rowman & Littlefield.
Duyvendak, Jan Willem. 1995. *The Power of Politics. New Social Movements in France*. Boulder : Westview.
Dyson, Kenneth H. F. 1980. *The State Tradition in Western Europe*. Oxford : Martin Robertson.
Elgie, Robert, and Steven Griggs. 2000. *French Politics. Debates and Controversies*. London : Routledge.
Guyomarch, Alain, and Howard Machin. 2001. Political Developments in their Historical Institutional Context. In Alain Guyomarch et al. *Developments in French Politics 2*. Houndmill : Palgrave.
Hall, Peter, A. 1986. *Governing the Economy*. Cambridge : Polity Press.
Hall, Peter, A. 1987. The Evolution of Economic Policy under Mitterrand. In Gerorge Ross et al. *The Mitterrand Experiment*. London : Polity Press.
Hall, Peter, A., and Rosemary C. B. Taylor. 1996. Political Science and the Three New Institutionalisms. *Political Studies* 44 : 936-957.
Hanley, David (ed.). 1996. *Christian Democracy in Europe*. London : Pinter.
Hayward, Jack. 1983. *Governing France*. 2nd Edition. London : Weidenfeld and Nicolson (田口富久治ほか訳. 1986. 『フランス政治百科』上・下, 勁草書房).
Hayward, Jack. 1986. *The State and the Market Economy*. Sussex : Harvester Press.
Hayward, Jack, and Vincent Wright. 2002. *Governing from the Centre*. Oxford : Oxford University Press.
Héritier, Adrienne. 2001. Market Integration and Social Cohesion : The Politics of Public Services in European Regulation. *Journal of Public Policy* 8 : 825-852.
Hoffman, Stanley. 1981. Conclusions : The Impact of Fifth Republic on France. In William G. Andrews and Stanley Hoffman. *The Fifth Republic at Twenty*.

Albany : State University of New York.

Hoffman, Stanley. 2001. Two French Changes. In Anand Menon and Vincent Wright. *From Nation State to Europe?* Oxford : Oxford University Press.

Katzenstein, Peter J. 1978. Introduction : Domestic and International Forces and Strategies of Foreign Economic Policy. In Peter J. Katzenstein (ed.). *Between Power and Plenty*. Madison : University of Wisconsin Press.

Keeler, John T. S. 1987. *The Politics of Neocorporatism in France*. NewYork : Oxford University Press.

Krasner, Sthephen D. 1978. *Defending the National Interest*. Princeton : Princeton University Press.

Larkin, Maurice. 1997. *France Since the Popular Front*. Oxford: Oxford University Press（向井喜典監訳．2004．『フランス現代史：人民戦線期以降の政府と民衆 1936〜1996 年』大阪経済法科大学出版部）.

Levy, Jonah. D. 1999. *Tocqueville's Revenge*. Cambridge MA : Havard University Press.

Lipset, Seymour M. 1959. *Political Man*. London : Mercury Books（内山秀夫訳．1963．『政治のなかの人間：ポリティカル・マン』東京創元新社）.

Lovecy, Jill. 1992. Comparative politics and the Fifth French Republic. 'La fin de l'exception française'. *European Journal of Political Research* 21 : 385-408.

Machin, Howard. 1994. Introduction. In Peter A. Hall, Jack Hayward and Howard Machin (eds.). *Developments in French Poltics*. Revised Edition. Houndmills : Macmillan.

Maclean, Mairi. 1995. Privatisation in France 1993-94 : New Departures, or a Case of plus ça change? *West European Politics* 18 : 273-290.

Majone, Giandomenico. 1996. *Regulating Europe*. New York : Routledge.

Radaelli, Claudio M. 2003. The Europeanization of Public Policy. In Kevin Featherstone and Claudio M. Radaelli (eds.). *The Politics of Europeanization*. Oxford : Oxford University Press.

Rohr, John A. 1996. What a Difference a State Makes. Reflections on Governance in France. In Gary L. Wamsley and James F. Wolf (eds.). *Refounding Democratic Public Administration*. London : Sage.

Sartori, Giovanni. 1997. *Comparative Constitutional Engineering*. London : Macmillan（岡沢憲夫監訳．2000．『比較政治学：構造・動機・結果』早稲田大学出版部）.

Schmidt, Vivien A. 1996. *From State to Market?* New York : Cambridge University Press.

Schmidt, Vivien A. 1999. National Patterns of Governance under Siege : The

Impact of European Integration. In Beate Kohler-Koch and Rainer Eising (eds.). *The Transformation of Governance in the European Union.* London : Routledge.

Skocpol, Theda. 1985. Bringing the State Back-In. In Dietrich Ruechmeyer, Peter B. Evans and Theda Skocpol (eds.). *Bringing The State Back-In.* Cambridge : Cambridge University Press.

Suleiman, Ezra N. 1974. *Politics, Power, and Bureaucracy in France.* Princeton : Princeton University Press.

Tilly, Charles. 1986. *The Contentious French.* Cambridge : Belknap Press of Harvard University Press.

Wilsford, David. 1988. Tactical Advantages versus Administarative Heterogeneity. The Strength and the Limits of the French State. *Comparative Political Studies* 21 : 126-168.

Wilson, Frank L. 1979. The Revitalization of French Parties. *Comparative Political Studies* 12 : 82-103.

Wilson, Frank L. 1987. *Interest-group Politics in France.* Cambridge : Cambridge University Press.

フランス語文献

Badie, Bertrand, et Pierre Birnbaum. 1982. *La Sociologie de l'État.* Paris : Grasset（小山勉訳．1990．『国家の歴史社会学』日本経済評論社）．

Barreau, Jocelyne (sous la direction de). 1990. *L'État Entrepreneur.* Paris : L'Harmattan.

Bernstein, Serge, et Odille Rudelle (sous la direction de). 1992. *Le Modèle Républicain.* Paris : PUF.

Birnbaum, Pierre. 1982. *La Logique de l'État.* Paris : Fayard.

Boniface, Pascal. 1998. *La France est-elle encore une Grande Puissance?* Paris : Presses de Sciences Po.

Cohen, Elie. 1997. Secteur Public : porté et limites des pratiques de l'État actionnaire. In Conseil d'Analyse Economique (CAE). *Service public. Secteur public.* Paris : La Documentation Française.

Crozier, Michel. 1994. *La Société Bloquée.* 3ème edition augmentée. Paris : Seuil.

Desportes, Gérard, et Laurent Mauduit. 1999. *La Gauche Imaginaire et le Nouveau Capitalisme.* Paris : Grasset.

Duguit, Léon. 1928. *Traité de Droit Constitutionnel. Tome 2/3 La Théorie Générale de l'État.* Paris : Edition de Boccard.

Dumez, Hervé, et Alain Jeunemaître. 1993. Les Privatisations en France, 1986-1992. In Vincent Wright (sous la direction de). *Les Privatisations en Europe.*

Programmes et Problèmes. Paris : Acte Sud.

Duverger, Maurice (ed.). 1986. *Les Régimes Semi-Présidentielles*. Paris : PUF.

Duverger, Maurice. 1988. *Sociologie de la Politique : Élements de Science Politique*. 3e édition. Paris : PUF.

Fitoussi, Jean-Paul, et Jacques Le Cacheux. 2003. *Rapport sur l'État de l'Union Européenne 2004*. Paris : Fayard/ Presses de Sciences Po.

Gauchet, Marcel. 1993. La Droite et la Gauche. In Pierre Nora (sous la direction de). *Les Lieux de Mémoire tome 1 Les France. Conflits et Partages*. Paris : Gallimard.

Grunberg, Gérard, et Etienne Schweisguth. 1997. Vers une Tripartition de l'Espace Politique. In Daniel Boy et Nonna Mayer (sous la direction de). *L'Électeur à ses Raisons*. Paris : Presse de Sciences Po.

Halimi, Serge. 1992. *Sisyphe est Fatigué*. Paris : Robert Laffont.

Hoffman, Stanley, et al. 1963. Paradoxes de la Communauté Politique Française. In Hoffman et al. (eds.). *A la Recherche de la France*. Paris : Seuil.

INSEE. 1997. *INSEE Première* no. 553. Paris : INSEE.

INSEE. 2002. *INSEE Première* no. 860. Paris : INSEE.

Kitschelt, Herbert. 1990. La Gauche Libertaire at les Écologistes Français. *Revue Française de Science Politique* 40 : 339-365.

Lequesne, Christian. 1995. L'Administration Centrale de la France et le Système Politique Européen. In Yves Mény et al. *Politiques Publiques en Europe*. Paris : L'Harmattan.

Mény, Yves. 1996. La Faiblesse des Partis Politique Français : une persistente exceptionnalité. In François d'Arcy et Luc Rouban (sous la direction de). *De la Ve République à l'Europe*. Paris : Presses de la Fondation Nationale des Sciences Politiques.

Muller, Pierre. 1992. Entre le Locale et l'Europe. La Crise du Modèle Français de Politiques Publiques. *Revue Française de Science Politique* 4 : 275-297.

Rémond, René. 2003. *Le Siècle Dernier. 1918-2002*. Paris : Fayard.

Rosanvallon, Pierre. 2004. *Le Modèle Politique Français*. Paris : Seuil.

Sirinelli, François. 2001. *Aux Marges de la République*. Paris : PUF.

Vovelle, Michel. 1999. *Les Jacobins, de Robespierre à Chevènement*. Paris : La Découverte.

第 6 章

オランダ
コンセンサスデモクラシーからの離陸？

水 島 治 郎

1 グローバリゼーション下の「大国」と「小国」

　近年，いわゆる小国に注目が集まることが多い．その筆頭がオランダであり，1990年代後半以降の良好な経済パフォーマンスと，それを可能にした政労使の安定的な協調体制は「オランダ・モデル」として国際的にも広く知られている．また労働市場改革で知られるデンマーク・モデル，大胆な行財政改革を進めたニュージーランド・モデルなど，モデルとして参照されるのは多くの場合小国である．このことは，かつては領土・人口・軍事力・経済力を備えた「大国」がモデル視され，小国は軍事的にも経済的にも大国に依存することを運命付けられた存在として扱われてきたことを考えると隔世の感がある．

　それではなぜ，オランダをはじめとする小国が最近になって国際的な関心を集め，政治学など社会科学においても盛んに注目の対象とされるようになったのだろうか．ここではグローバル化の進展という観点から小国への注目を説明してみたい．

　現在，これまで有力だった「大国」のあり方は大きく揺らいでいる．従来大国は経済的にも政治的にも「自律性」を保持し，小国はこれと対照的に大国への「依存性」によって特徴付けられてきた．しかし経済のグローバル化と相互依存の進展，またヨーロッパでは通貨統合による財政金融政策への厳

しい拘束のもとで，大国の経済的「自律性」は大きく低下した．かつての大国が得意としたような，経済成長と完全雇用を目指した拡張政策→インフレと国際収支の赤字→平価切下げといった「一国主義的」経済政策は過去のものとなり，各国の経済運営はおしなべて通貨安定と緊縮財政に収斂しつつある．大国の「自律的」な政策の余地は大きく狭められているのである（van Bergeijk et al. 1999）．

　見方を変えれば，これを大国の「小国化」現象として捉えることもできよう．もはや人口や経済力の大小に関わらず，大国も小国も経済のグローバル化のもとで自律性を保持することは難しい．その意味で大国と小国の本質的な違いは消滅しつつあり，各国は同様に「小国的」存在としてグローバル化にさらされざるをえない（水島 2001a）．

　このことは，小国に対する視線を一新する結果をもたらす．オランダをはじめとする先進国の小国は，もともと貿易依存度の高さゆえ，世界市場に開かれた経済構造を持つ「開放的小国経済」（small open economy）であり，一国主義的な経済政策は困難であった（Katzenstein 1985）．むしろ世界市場への依存を前提とした上で，国際競争力のある産業への特化，人的資源の開発などの独自の戦略を編み出してきた（Hout and Ho 1997）．「小国化」した現在の大国が直面している状況を，小国は早くから身をもって体験してきたのである．近年，小国の政治や経済に大国から熱い視線が注がれ，「モデル」視されることには以上のような背景があったといえよう．「オランダ・モデル」が隣国ドイツの改革論議でしばしば引き合いに出されるのも理解できる．

　しかも小国の場合，国内政治のアクターが大国に比して少ないことから，国際環境の変化に対応した改革が機敏にできるという点も指摘できる．オランダでは1982年の政労使の有名な合意（ワセナール合意）以降，ワークシェアリングによる失業の吸収や労働市場の柔軟化，福祉改革などが進められており，ドイツのように同様の改革を必要とするにもかかわらず，改革が進まない国々としばしば対比される（本書第3章「ドイツ」も参照）．この背景にはヘメレイク（Anton Hemerijck）らが指摘するように，オランダにはドイ

ツにおける州のような拒否権プレイヤー（veto player）が少なく，相対的に改革への合意を達成しやすいことが挙げられる（Hemerijck et al. 2000）．同様のことは，ここ数年オランダで相次いで実現した安楽死や同性婚，売春の法制化のような，自己決定を最大限尊重する「大胆な」改革についてもあてはまる．そうだとすれば，人口や経済規模の大きな大国よりむしろ小国のほうが，グローバリゼーションの進展と国際環境の変化，価値観の変容といった新しい事態に適応していくうえで，即応性を持っているといえるかもしれない．自己完結的な「国民経済」を想定することが不可能となった「ポスト国民国家」の時代においては，従来の大国と小国の立場は逆転しつつある．それゆえオランダをはじめとする小国の政治を知ることは，大国の政治の今後の展開を考える上でも重要な示唆を与えるといえよう．

2　オランダ政治への視座——コンセンサスデモクラシー

次に，政治学の分野でオランダはどのように論じられてきたのだろうか．オランダはかつてレイプハルト（Arend Lijphart）の考案した多極共存型デモクラシーの典型とされ，近年では「オランダ・モデル」と称されるネオ・コーポラティズム的政策決定システムが注目を集めているように，小国でありながら，比較政治学に多数の理論的材料を提供してきた．しかも多くの場合に共通することは，オランダを何らかの「コンセンサスデモクラシー」としてとらえた上で，オランダ特有の合意形成のあり方が政治的・経済的に良好なパフォーマンスをあげてきたと指摘し，一種の規範的な「モデル」として理論化をとげてきたことである．以下でそれぞれ見ていきたい．

(1)　「多極共存型デモクラシー」論

1960年代末に『妥協の政治』を著したオランダ出身の政治学者レイプハルトは，その著でオランダ政治を念頭に置きつつ「多極共存型デモクラシー（consociational democracy）」という概念を提出し，政治学の世界に大きな影

響を与えた（Lijphart 1968）．彼はオランダにおいて，カトリック・カルヴァン派・自由主義・社会主義の4つの宗教・イデオロギーからなるブロック（オランダ語で柱 zuil と呼ばれる）がそれぞれ強固な凝集力を持ち，社会の分断状況が生じているにもかかわらず，政治的には高度の安定を保ちえていることに注目する．オランダでは19世紀末以降，カトリック・カルヴァン派の両宗派をはじめとして，宗教やイデオロギーに沿った政治・社会組織形成が高度に進んでおり，それぞれの「柱」は政党や労働組合・雇用者団体から福祉団体・余暇団体にいたるまで独自の団体を有して対峙していたとされる．レイプハルトはこれを「内戦の一歩手前」の状況であるという．しかしその状況下で政治的安定が実現したのは，彼によれば所属集団の利害を離れ，デモクラシーの維持のために妥協と協調によって問題の解決を図る，卓越したエリートがそれぞれの「柱」に存在してきたからである．大連合政権の形成や争点の非政治化といった方法をとることで，これらのエリートたちは「柱」集団の衝突を回避し，高度の政治的安定を支えてきたという．これが「多極共存型デモクラシー」であり，彼は1917年に各勢力の妥協のもとで成立した憲法改正を，オランダにおける多極共存型デモクラシー成立の画期と見ている．なお彼はオランダのほか，多極共存型デモクラシーの例としてベルギー，オーストリア，スイスなどのヨーロッパの小国も挙げている．

　「多極共存型デモクラシー」論は，同質的な社会を背景としたアングロサクソン型の二大政党制をモデル視する当時の政治学の「常識」に新鮮な驚きを与え，以後の比較政治学の展開に重大な影響を及ぼした．彼はその後アメリカで長く研究活動を続けるなかで，多極共存型デモクラシーの類型をより一般化する形でモデルを構築していく（Lijphart 1977）．先進国のデモクラシーを，英米をはじめとするウェストミンスター型の多数決デモクラシー（majoritarian democracy）と，ヨーロッパの小国をはじめとして政治集団間の妥協と合意を重視する合意形成型デモクラシー（consensus democracy）に分類し，比較対照を行った研究はよく知られている（Lijphart 1999）．彼はまた南アフリカなど民族・人種をはじめとする社会集団間の対立が根深い国に

おいても，多極共存型，あるいは合意形成型デモクラシーにならった制度設計を行うことで，デモクラシーを根付かせることができると主張した．現実のオランダでは 70 年代以降「柱」が弱体化し，多極共存型デモクラシーの前提である社会集団間の対峙自体が消滅していったものの，実はそれと同時期に，「オランダ発」のコンセンサスデモクラシー論が，先進国のみならず途上国にも応用可能である，包括的な比較政治理論に発展をとげたのである．

(2) コーポラティズムと「オランダ・モデル」論

しかし，オランダにおける「コンセンサスデモクラシー」は，政治エリート相互の協調にとどまるものではない．レイプハルトは政党・政治集団のエリートレベルのコンセンサス形成に特に着目したが，これと並んで，政府と社会団体，あるいは社会団体相互の協調のレベルを重視してコンセンサスデモクラシーを論ずる視点もある．いわばガバナンスに注目する見方である．その代表例が「オランダ・モデル」である．

近年，フィセル（Jelle Visser）とヘメレイクの共著書『オランダの奇跡』を発端として，オランダにおけるマクロ・コーポラティズム的政策決定システムが脚光を浴びている（Visser and Hemerijck 1997）．オランダでは 1980 年代初頭，石油危機後の景気後退によって失業率が 10% を超え，社会保障給付の急増によって財政難も生じていた．70 年代のオランダは北海油田の開発による原油の輸出が財政を潤していたが，輸出の増加によって生じた国際収支の黒字が通貨ギルダーの上昇を招き，却って国際競争力の低下を招いていた．また 70 年代には潤沢な財政を背景に手厚い社会保障制度が整備され，北欧と並ぶ充実した福祉国家が実現されたものの，70 年代後半以降の失業率の上昇に伴う社会保険給付者の激増が福祉給付の大幅な増加を招き，税収の減少により悪化した財政に追い打ちをかけると共に，重い保険料負担が企業収益を圧迫していた．いわゆる「オランダ病（Dutch Disease）」である．

この状況下で 1982 年，キリスト教民主アピール出身のルベルス（Ruud

Lubbers）首相の仲介により経営者団体と労働組合のトップレベルの妥協が成立する．締結地の地名をとってワセナール合意と呼ばれるこの妥協によって，①労組は賃金抑制を容認する一方，②経営者側は労働時間の週40時間から38時間（後に36時間）を実現する，そして③政府も減税を通じてこの合意を財政的に支えていく，とする包括的な合意が成立した．そしてこれ以後，労働コストの削減による企業業績の回復，労働時間短縮に伴う雇用の増加を経てオランダ経済は回復に向かっていく．とりわけ雇用増がパートタイム労働の大幅な増加を通じて実現したところにオランダの特徴があり，フルタイム雇用ではなくパートタイム雇用という形態をとることで，多数の雇用の確保と失業の抑制につながってきたとされる（いわゆるワークシェアリング）．90年代半ば以降のオランダの経済成長は以上のような政労使の協調に基づく改革の成果である．

　フィセルとヘメレイクは以上のように論じ，オランダのコーポラティズムを問題解決のために機敏に対応していく「機動的な（responsive）」コーポラティズムと位置づけた．この英語で書かれた本を重要なきっかけとして，このオランダの改革は「オランダ・モデル」として国際的な知名度をえるに至った．オランダの干拓地の呼称ポルダー（polder）にちなみ，「ポルダー・モデル」と呼ばれることもある．高い失業率を抱える日本でも「オランダ・モデル」は注目の対象となり，雇用の確保を図って地域レベル・企業レベルによるワークシェアリングの試みが進められている（脇坂 2002）．また「連合」などの労組がオランダの例を参考に，ワークシェアリングの前提としてパートタイム労働者の待遇改善を要求し始めたように，オランダの経験はさまざまな形で影響を与えている．

　また，以上のような政労使のマクロ・コーポラティズムと並び，政策領域ごとに各種の社会団体を政策形成に包摂していく，いわゆるメゾ・コーポラティズムの発展も注目されている．オランダでは教育・福祉・医療をはじめとしてさまざまな政策領域において，関連する団体が審議会への参加，政策執行の委任などを通じて政策に深く関与してきた（van Munster et al. 1996）．

審議会の数は1990年代まで各省庁で合計100を超え，豊富なスタッフも配置されて関連団体が積極的に政策形成に影響力を行使してきた．環境政策，開発援助政策など新しい分野でもその傾向が顕著である．また農業政策など一部の分野では，1950年の「公法産業組織法」に基づき，農業団体などの関連団体にメンバーからの賦課金の徴収，命令規定の作成など公的な役割が委託されてきた．メゾ・コーポラティズムを通じ，団体の側は自らに有利に政策を誘導することが可能となり，また政府の側も政策への支持を調達すると共に，関連団体の積極的な協力を得て効率的に政策を実現することが可能となる（Frouws 1993）．マクロレベルの政労使の協調のみならず，これらのメゾレベルの政府－団体間の協調関係を含めて，「オランダ・モデル」と呼ばれることもある（長坂 2000）．

以上のようにオランダでは，「多極共存型デモクラシー」や「オランダ・モデル」で描かれてきたように，政治エリートレベル，そして政府－団体間の双方においてコンセンサスを重視するコンセンサスデモクラシーが形成されてきた[1]．またそれがしばしば「モデル」として比較政治学の理論に応用されたり，他国の現実の政策に示唆を与えるなど，その国際的影響力は今もなお強い．

しかし90年代半ば以降，「オランダ・モデル」が喧伝される一方で，実はこのコンセンサスデモクラシーに重大な変化が進行していた．政治エリートレベル，政府－団体関係の2つのレベルにおいて，従来のコンセンサスデモクラシーを揺るがすような変化が生じていたのである．この点について以下論じてみたい．

3 エリートデモクラシーへの「挑戦」

(1) 「紫連合」政権の成立と政治不信

本節では90年代以降の実際の展開と照応させながら，特に近年生じた新右翼政党の躍進は，意思決定の場から排除されていると考える「一般市民」

の支持を基盤とした，コンセンサスデモクラシーに対する挑戦と理解できることについて説明する．

1994年はオランダ政治の重要な画期となった年だった．この年の下院選挙でそれまで政権の中枢を握っていたキリスト教民主アピールは地すべり的大敗を喫し，実に76年ぶりにキリスト教民主主義政党が政権を離れることになったのである．「柱」を構成していた系列団体のネットワークは90年代にはほぼ解体し，キリスト教民主アピールの集票マシーンとしての機能を喪失していた（Versteegh 1999）．代わって成立したのが労働党を中心とし，自由民主人民党・民主66を加えた「紫連合」と呼ばれる保革連合政権だった．労働党のコック（Wim Kok）を首班とする紫連合政権は2002年まで2期8年継続し，この政権下で休日・夜間営業拡大をはじめとする規制緩和，民営化の推進などの諸改革が進められた．そして失業率の大幅な低下をはじめとする良好な経済パフォーマンスは国際的にも注目を浴びる．

ところが，経済的な繁栄にもかかわらず，紫連合政権下では既成政党に対する信認が大幅に低下していた．1994年までのオランダでは，中道のキリスト教民主主義政党を「かなめ政党」とし，中道−右派あるいは中道−左派のいずれかの連合政権が成立しており，選挙の際に有権者はこの2つのいずれかの連合を事実上の選択肢として投票していた．レイプハルトのモデルは全主要政党による大連合を想定するが，実際のオランダ政治では，「過大規模連合」は恒常的に生じていたものの，右派から左派まですべて含む「大連合」が成立したのは一時期に過ぎず，政権の構成によって中道右派連合と中道左派連合の間に政策的な相違もある程度は存在していた．しかし左右の両主要政党の中道への接近が進み，特に90年前後に労働党が従来のケインズ主義的福祉国家志向を放棄して市場経済の積極的受容に転じたところから，オランダ政治における左派−右派の政策距離は大きく狭まっていく（水島2001b）．そして94年選挙でキリスト教民主アピールが大敗すると，労働党と自由民主人民党は難なく保革連合政権を作ることに合意したのである．この市場原理を重視する紫連合政権下で，キリスト教民主主義政権下では困難

だった改革が進んだものの，保革の政党間の違いは一層薄まり，主要政党の「オール中道化状態」が出現する．このことは有権者の政治的選択肢を奪うものとみなされ，「政治階級」批判を呼び起こした[2]．さらにこの既成政党批判に加えて，ヨーロッパでも相対的にリベラルとされる移民・難民政策への批判が浮上し，2000年前後のオランダでは空前の政治不信が生じていた．

(2) 新右翼の躍進

以上のような政治状況を背景に颯爽と現れ，中途で斃れたのがフォルタイン（Pim Fortuyn）である．社会学の大学教員を経て政治評論家となったフォルタインは，90年代以降，オランダで従来タブー視されてきた移民批判を堂々と行い，イスラムを「時代遅れの」宗教として断罪するなど，歯に衣着せぬ物言いで一定の知名度を得ていた（Fortuyn 2001）．2001年，政治不信の高まりを背景に住民本位を掲げ，既成政党と距離を置く新党「住みよいオランダ（Leefbaar Nederland）」が結成されると，新党執行部は紫連合政権批判を厳しく行っていたフォルタインのアピール力に注目し，彼を2002年選挙の筆頭候補者に選出する．しかしフォルタインは厳格な移民・難民制限を主張したために「住みよいオランダ」執行部と対立し，最終的には「住みよいオランダ」を離党して，2002年2月，下院選挙のわずか3カ月前に個人政党「ピム・フォルタイン・リスト（Lijst Pim Fortuyn）」（いわゆるフォルタイン党）を結成して選挙戦に臨むことになる．フォルタイン党はまたたくまに支持を拡大した（水島 2002）．

フォルタインが多くの有権者の支持を集めたのは，移民や治安といった既成政党が余り触れようとしなかったテーマを正面から訴えたのみならず，紫連合政権下で高まった政治エリート不信を受け止める形で，むしろ従来のオランダのコンセンサスデモクラシーに正面きった批判をぶつけたことによるところが大きい．それまで移民や外国人の排斥を声高に唱える「極右」政党はオランダでも活動していたが，せいぜい2%程度の得票率にとどまり，有力な政治勢力としては存在しなかった[3]．しかしフォルタインは移民問題に

加え，医療・教育など公共セクターの問題など，有権者が不満に感じるさまざまなテーマを訴えると共に，これらの問題の背景として，既成政党の政治家たち，すなわち彼の呼ぶところの「ハーグの寡頭支配階級（Haagsche regentendom）」が政治権力を独占して市民の日常的な感覚からかけ離れてしまっていると主張し，多くの共感を集めたのである（Fortuyn 2002）．彼は各政党や集団間の合意形成を重視するオランダの従来の意思決定方式について，これは実は一握りのエリートによる「裏部屋の取引」に過ぎない，と主張する．オランダのポルダー・モデルは，エリート主導の「温情主義的モデル」であって，一般市民を意思決定から排除して自らの保身を図る時代遅れのシステムにすぎないというのである．

　しかし，下院選を控えた2002年5月6日，フォルタインはオランダ人白人青年によって射殺される．オランダで久しくなかった「政治的殺人」としてこの事件は国内外に大きな驚きを呼び起こした．フォルタインなきフォルタイン党は選挙にそのまま参加し，得票率17％で第二党に躍り出た．以後オランダ政治はめまぐるしい展開を見せる．フォルタイン党はキリスト教民主アピールのバルケネンデ（Jan Peter Balkenende）を首班とする連合政権に参加し，閣僚を出したものの，党内紛争が続いて内閣自体を崩壊させる．2003年1月に再び選挙が行われると，議席は激減し，以後は小野党として存在感を喪っている．

　フォルタイン党は事実上解体した．とはいえ，以上のような一連の出来事の影響は大きかった．移民・難民政策はフォルタイン党の主張と世論の変化を反映して厳格に運用されるようになり，庇護申請の数は激減した．また旧来のエリート支配への正面切った批判が初めて行われ，多くの有権者の支持を得たという事実も衝撃的であり，オランダにおけるコンセンサスデモクラシーのあり方に修正を迫るものだった．

　実際この「フォルタイン現象」以後，それまで「調整型」のエリート主導だった政治文化は変容しつつある．まず政治指導者には，何よりも有権者に対するアピール力が求められるようになった．キリスト教民主アピールでは

バルケネンデ，労働党ではボス（Wouter Bos）といった若手の演説巧みな指導者が頭角を現し，一般市民に直接語りかけるスタイルで人気の回復を図った[4]．特に労働党では，党首選出で初めて一般党員による公選が導入された．また連合政権交渉の過程をガラス張りにし，交渉内容を逐一公開することで，密室政治との批判をかわす試みも行われている．さらに有権者の志向を直接反映することをめざし，比例代表一本だった選挙制度に小選挙区を加味する選挙制度の改革が提案され，一部には単純小選挙区制の導入も主張されるようになった．フォルタインなきあとも「フォルタイン効果」は持続しているようである．

4　ガバナンスの変容

しかも近年，このような政治の表舞台のエリートレベルの変化と並行して，具体的な政策形成の場においても，労使などの団体の特権的な介入を排除する改革が進められつつあり，従来のコーポラティズム的諸制度は戦後最大の変化をこうむっている．

(1)　団体の排除と抵抗

大きな転換点となったのは，やはり1994年の紫連合政権の成立である．この政権は「政治の優位（primaat van de politiek）」を掲げ，キリスト教民主主義政党の長期支配下で広汎に形成されてきた，利益集団の深く関与する政策形成システムからの脱皮を志向した．この改革の背景に，キリスト教民主主義系の利益集団が多数恩恵にあずかるコーポラティズム的制度を改めることで，キリスト教民主主義政党の支持基盤の解体を図ろうとする権力政治的な意図があったことは確かである．しかしこの改革が幅広い支持を受けたのは，従来のような利益集団の関与を前提とするコーポラティズム的制度の負の面があらわになり，根本的な見直しの必要性が一般に認識されていたことによる．その結果，労使をはじめとする団体を包摂する従来の制度の全体

に対し，大胆なメスが入れられた．

　その第1は，オランダの政策過程の最大の特徴であった，審議会制度に大幅な改革が行われたことである（de Ru 1993）．この動きはすでにキリスト教民主主義政権の末期に始まり，第1次紫連合政権下の1997年，「審議会枠組み法」に結実した．この改革は意思決定の迅速化をめざし，従来120ほど存在した各種の審議会を23と大幅に削減する．文化審議会，教育審議会，エネルギー審議会など大まかな分野に沿った審議会を設置し，審議活動を集約させた．また審議会を基本的に専門家中心の，専門的見地からアドヴァイスを行う機関と位置づけ，利益集団の影響力の削減がもくろまれた．審議会は「答申活動」を行う場であって，利益集団と政府の「協議活動」の場ではない，というのがその趣旨であった．各審議会には4年ごとに評価を行い，その結果を報告することも義務付けられた．

　「最高諮問機関」として審議会の中で特別の地位を持つ社会経済協議会（Sociaal-Economische Raad）も，この改革の波を免れることはできなかった．この審議会は政労使15名ずつ，合計45名の委員によって構成され，政府の社会経済政策立法全般について議会提出前に審議を行う機関であり，オランダにおけるマクロ・コーポラティズムの重要な軸であった．紫連合政権の下で，社会経済協議会は組織そのものの改廃にはいたらなかったものの，1995年には社会経済協議会に対する政府の諮問の義務付けが解除され，構成メンバーも45名から33名に縮小された[5]．労使は「拒否権プレイヤー」としての地位を決定的に失ったのである．ただ政労使からなる3者のみの構成自体には変化がなかったことから，消費者団体，環境保護団体の外部団体などからは，依然労使のみを特別扱いする社会経済協議会の構成への不満も残っている．たとえば2002年には，社会経済協議会の労使が一致して消費者保護政策の強化に慎重な対応を見せたことを受けて，消費者団体の代表は労使を産業界の利益を擁護する「同じ穴のむじなに過ぎない」と手厳しく批判し，物議をかもす結果となった（SER 2003a）．

　第2は，福祉国家改革である．コーポラティズム的制度によって労使の特

権的な権限を保証したことが結果的に労使の利益擁護の場となり，政策決定過程をゆがめ，迅速な政策形成の妨げになっているという問題意識は，福祉国家改革の重要な動機の一つでもあった．

オランダでは他の大陸ヨーロッパ諸国の多くと同様，キリスト教民主主義政党の優位のもと，エスピン－アンデルセン（Gøsta Esping-Andersen）が呼ぶところの「保守主義型」福祉国家が成立してきた（Esping-Andersen 1996）．このカテゴリーの福祉国家の場合，労使が職域ごとに保険者として保険組合を構成するなど，社会保険の運営に深く関与することがその特徴のひとつである．オランダでも労使は20世紀前半以来，産業別の産業保険組合を共同で構成し，失業保険や疾病保険，就労不能保険といった被用者保険の運営を一手に担ってきたほか，社会保険全般に関わる政策においても労使が審議会などで重要な影響力を行使してきた（Hertogh 1998）．

しかし70年代後半以降，不況が深刻化する中で，各産業保険組合を構成する労使はそれぞれの思惑から，一致して企業合理化によって過剰となった人員を失業保険や就労不能保険などの対象者として積極的に認定する行動をとる．経営者にとっては解雇に代わる手軽なリストラ手段として，労働者にとっては手厚い給付の保障される離職手段（特に早期退職手段）として，就労不能保険などの被用者保険は労使の自由に利用できる魅力的な方法だったのである[6]．他方では，職業教育などの再就労に向けた手段はほとんど取られることはなかった（Aarts et al 1996）．その結果，保険給付の受給者を抑制するインセンティブが作用しないまま保険給付の受給者は大幅に増え続け，90年代初頭には就労不能保険の受給者だけで100万人に迫る勢いとなった．しかも保険料負担の増加は賃金コストを押し上げ，全体の雇用を抑制する結果をもたらした．しかし労使主体の審議会からは積極的な改革案はなく，個々の労使の「合理的」行動を追認するだけに終わってしまう（Vlek 1997）．福祉制度の運営を担う労使の合意を前提とする限り，労使に不利な改革が進むことは困難であり，労使による経済全体への負担の「外部化」が続く状況が出現してしまったのである．

この手詰まり状況に対して，90年代に入ると特に非キリスト教民主主義系の政党から批判の声が上がり，議会に特別調査委員会が設置されて被用者保険の問題点の包括的検討が行われた．93年に提出された委員会報告書は，現行の制度が労使に都合よく利用された結果，労働市場からの退出を促すのみで再就労の促進に全く作用していないと厳しく断罪し，労使の影響力の排除をはじめとする抜本的な改革を主張する（Handelingen Tweede Kamer 1992-93）．この画期的な報告書を受け，紫連合政権は94年以降被用者保険の改革に乗り出した．最終的に2002年にほぼ決着を見たこの改革によって，労使の構成する産業保険組合は全面的に廃止されたばかりか，被用者保険関連の審議会における労使の地位も大幅に削減された．労使に代わって被用者保険を運営するのは公的機関である独立行政法人であり，労使を特権的なパートナーとしてきた社会保険をめぐるコーポラティズム的制度は大きく変貌した．

　もちろん，労使は手をこまねいてこれらの改革を受け入れたわけではない．改革案が発表されると労使は足並みをそろえて政府に抗議を申し入れ，特に1999年には，労組側は労使を排除する政府案を「国家社会主義」と呼んで厳しく非難する事態となった．しかし一連の事態への外部の見方はむしろ冷淡であり，労使の抵抗は既得権益に固執する行動と一般に受け止められた．ある有力紙は社説で，「公共の事柄」である社会保険の問題を労使の私的利益から判断すべきではないと主張した（de Volkskrant 1999年11月24日付）．結果的に政府案は若干の修正を経て実施され，これにより，1世紀近くにわたって労使を担い手としてきたオランダの被用者保険制度は根本的な変化をとげたのである．

(2) コンセンサスをめぐる「コンセンサス」の必要性？

　以上で見たように，オランダにおける伝統的なコンセンサスデモクラシーは，近年政治エリートレベルの協調にせよ，政府と社会団体間の協調にせよ，重大な転機に差し掛かっている．一般には「オランダ・モデル」に見られる

ようなコンセンサスデモクラシーへの礼賛が目立っているが，現在はむしろコンセンサスデモクラシーの功罪について，バランスのとれた評価を行うべき時なのではないだろうか．

確かにオランダにおけるコンセンサスデモクラシーは，さまざまな政治勢力，社会団体を包摂する政策形成システムを創り出すことによって，諸勢力間の協調を実現して安定的な民主主義を支えるとともに，政策への幅広い支持を確保してきた．関連団体が政策形成から執行に至るまで深く関与することで，実行可能な現実的な政策が立案され，また効率的に実施されてきたのである．また「小国」であるところから，相対的にはコンセンサスに達することは容易であり，「先進的」政策の導入にも成功している．

しかし近年は主要政党が「オール中道化」して政策的対立軸を狭め，有権者に疎外感をあたえているばかりか，コンセンサスに参加する政党や団体自体が成員数を減らし，正統性が大きく低下している．さまざまな改革にさいしては，むしろ関連団体が既得権益を擁護して抵抗する回路としてコーポラティズム的制度が用いられることが目立つ．たとえば「牧畜公害問題」がその典型例の1つとして知られている．代表的産業でもある牧畜業の環境負荷はオランダでは「牧畜公害」と呼ばれ，深刻化が一部で指摘されてきたが，農業団体はこの問題の非争点化を図るとともに，環境規制の導入・強化に粘り強く抵抗してきた．その結果，問題の指摘から本格的な規制の成立まで，実に20年以上を要したのである（Frouws 1993）．コンセンサスデモクラシーは一部の利益のみを代表する政治経済エリート同士の「密室取引」である，との批判が支持を集めるのは不思議ではない．特に労組は現在組織率が3割を切っており，被用者全体に対する「代表性」を疑われている[7]．その限りにおいては，フォルタインのエリート批判には「説得力」があったといえるかもしれない．

脱工業社会の到来により，市民の利益や志向が多様化し，政策形成を取り巻く環境が多元化している．それにもかかわらず，労組や経営者団体，農業団体といった従来の工業社会型の組織が政策形成過程を独占しつづけること

には抵抗感が付きまとう．「オランダ・モデル」が旧来型の政労使という枠組みで成功したように見えるのは，逆説的にそれが賃金交渉と労働条件（労働時間やパートタイム労働者の処遇）という労使のみが直接の当事者である分野（労働市場政策）に関して行われたからである，といえるのではないか．福祉政策や環境政策，消費者保護など，労使以外の団体や専門知識を有する関係者が本来関与すべき分野については，むしろ労使は「拒否権プレイヤー」として既得権益の擁護に走り，必要な改革にブレーキをかける存在となる可能性がある．現代の労働者は同時に消費者でもあり，また住民として地域の環境に関心を持つ．そもそも雇用形態やライフスタイルの多様化により，労働者として一括することも難しくなっている．また既成政党には距離を置く一方で，政策や政党のあり方には厳しい批判を向け，必要に応じて政治社会活動に参加する人も多い．その結果，従来のように諸「主要政党」が合意したり，「包括的組織」と擬制された特定の団体を政策過程に加えることで政策決定への支持を容易に調達できた時代は，過去のものとなりつつある．現代はむしろ，固定化したコンセンサスのあり方を維持するのではなく，コンセンサスのあり方自体に対する「コンセンサス」を新たに築くため，コンセンサスに誰が参加し，どのような権限を持つべきなのか，新たな議論と試みを進めることが必要と思われる．閉鎖的側面の濃い従来のコンセンサスデモクラシーを超えた，開かれたガバナンス構造が模索されている．「小国」の改革の真価が問われているといえよう．

◆註
1) オランダ国内における最近のコンセンサスデモクラシー研究としては，Hendriks and Toonen (1998) などが挙げられる．
2) 比較政治学者のキッチェルト（Herbert Kitschelt）は『西ヨーロッパにおける急進右翼』のなかで次のように新右翼の台頭を説明する．脱工業社会の到来に伴い，既存の左右対立軸が有効性を減少させ，リバタリアン－権威主義という新たな対抗軸が意味を持つようになるが，特に社会民主主義政党が政権参加を優先して中道に接近するなど，既成の右派政党と左派政党が接近して政策距離を狭めた場合には，政治的選択肢を失って取り残された多くの有権者層の受

け皿として，既成政治を批判する新右翼のアピールが成功する可能性がある（Kitschelt 1995）．オランダにおいて紫連合政権の成立によって生じた状況も，まさにこれに当てはまるといえよう．
3) なおドイツなどにみられる「極右」がしばしばネオナチやネオファシズムの流れを汲んでおり，非民主的性格を帯び，暴力行動などに関わることもあるのに対し，フォルタイン党は非民主的潮流との関連はなく，議会制民主主義を前提とした政党であるため，「新右翼」と呼ぶのが適切であろう．むしろ彼らは，人権や法の支配など西洋近代のルールの尊重を明言した上で，返す刀で「近代に背を向け」，男女平等などの人権を認めようとしないイスラムを批判する，という論法を取る．自国優位を強調するナショナリズムの色も薄く，むしろ一般的な「西洋近代」「啓蒙の伝統」を援用することで優位性を訴えるのである．この手法はデンマークやノルウェーにおける新右翼政党と共通している．
4) これに対して調整巧みで，典型的な従来型の政治家である労働党実力者のメルケルト議員団長（Ed Melkert）は，有権者レベルの人気に乏しく，筆頭候補者だった2002年選挙の大敗後は中央政界を退くことを余儀なくされた．
5) またこれと併せて，議会が社会経済協議会に直接諮問を行うことも可能となった．
6) 就労不能保険は病気・災害などを含め，当該被用者が業務外の原因も含めて就労が全面的（あるいは部分的）に不可能となった場合に従前賃金の80％を支給するものであり，業務関連性が問われない点できわめて間口の広い制度となっていた（水島 2003）．しかも73年以降は，いったん就労不能と判定された対象者が労働市場に復帰することが困難であるとする「労働市場配慮」によって，部分的な就労不能となった労働者に対しても満額支給を認める方針が一般化し，受給者数の増加を促した．
7) 最大労組のオランダ労組連盟（FNV）においては，労使交渉がエリート同士の交渉に過ぎないとの批判を受け，一般の組合員の意向を反映させることをめざして，2003年秋，労使中央交渉の協議結果に関するレフェレンダム（全組合員による投票）を初めて実施した（SER 2003b）．結果は賛成票が上回ったものの（56％が賛成），投票率は18％にとどまった．

◆参考文献
日本語文献
井上隆一郎．1986．『開放国家オランダ：戦略と歴史』筑摩書房．
金井利之．1997．「オランダ省庁再編の観察ノート」『東京都立大学法学会雑誌』38(2): 77-122．
栗原福也．1982．『ベネルクス現代史』山川出版社．
小久保康之．1990．「ベネルックス三国：欧州統合と小国外交」百瀬宏編『ヨーロ

ッパ小国の国際政治』東京大学出版会.
下条美智彦. 1998.『ベネルクス三国の行政文化：オランダ・ベルギー・ルクセンブルク』早稲田大学出版部.
田口晃. 1989.「文化変容と政治変動：一九七〇年前後のオランダ」犬童一男ほか編『戦後デモクラシーの安定』岩波書店.
長坂寿久. 2000.『オランダモデル：制度疲労なき成熟社会』日本経済新聞社.
水島治郎. 2000.「オランダ」小川有美編『EU 諸国』自由国民社：337-359.
水島治郎. 2001a.『戦後オランダの政治構造：ネオ・コーポラティズムと所得政策』東京大学出版会.
水島治郎. 2001b.「『分極化戦略』と『行動政党』：オランダ労働党における政権戦略と組織構造の転換」『甲南法学』41(3-4)：289-342.
水島治郎. 2002.「オランダにおける反移民新党の躍進：『ポストモダンの新右翼』の出現？」拓殖大学海外事情研究所『海外事情』50(10)：64-79.
水島治郎. 2003.「オランダにおけるワークフェア改革：『給付所得より就労を』」『海外社会保障研究』144：53-66.
百瀬宏. 1988.『小国：歴史にみる理念と現実』岩波書店.
森田安一. 1998.『スイス・ベネルクス史』山川出版社.
吉田信. 2002.「オランダの憲法事情」『諸外国の憲法事情 2』国立国会図書館調査及び立法考査局：27-52.
脇坂明. 2002.『日本型ワークシェアリング』PHP 研究所.

英語文献

Aarts, Leo J. M., Richard V. Burkhauser, and Philip R. de Jong (eds.). 1996. *Curing the Dutch Disease : An International Perspective on Disability Policy Reform*. Aldershot : Avebury.

Bergeijk, Peter A. G. van, Jarig van Sinderen, and Ben A. Vollaard. 1999. Structural Reform : The Issues. In van Bergeijk et al. (eds.). *Structural Reform in Open Economies : A Road to Success?* Cheltenham and Northampton : Edward Elgar : 1-14.

Esping-Andersen, Gøsta. 1990. *The Three Worlds of Welfare Capitalism*. Polity Press（岡沢憲芙・宮本太郎監訳. 2001.『福祉資本主義の三つの世界：比較福祉国家の理論と動態』ミネルヴァ書房）.

Esping-Andersen, Gøsta. 1996. Welfare States without Work : The Impasse of Labour Shedding and Familialism in Continental European Social Policy. In Gøsta Esping-Andersen (ed.). *Welfare States in Transition : National Adaptations in Global Economies*. London : Sage: 66-87.

Hemerijck, Anton, Philip Manow, and Kees van Kersbergen. 2000. Welfare without Work? : Divergent Experiences of Reform in Germany and the

Netherlands. In Stein Kuhnle (ed.). *Survival of the European Welfare State.* London : Routledge.

Katzenstein, Peter J. 1985. *Small States in World Markets : Industrial Policy in Europe.* Ithaca : Cornell University Press.

Kitschelt, Herbert. 1995. *The Radical Right in Western Europe : A Comparative Analysis.* Ann Arbor : The University of Michigan Press.

Kossmann, E. H. 1978. *The Low Countries 1780-1940.* Oxford : Oxford University Press.

Lijphart, Arend. 1968. *The Politics of Accommodation : Pluralism and Democracy in the Netherlands.* Berkeley : University of California Press.

Lijphart, Arend. 1977. *Democracy in Plural Societies : A Comparative Explanation.* New Haven : Yale University Press（内山秀夫訳．1979．『多元社会のデモクラシー』三一書房）.

Lijphart, Arend. 1999. *Patterns of Democracy : Government Forms and Performance in Thirty-Six Countries.* Yale University Press.

Ploeg, Tymen J. van der, and John W. Sap. 1995. *Rethinking the Balance : Government and Non-governmental Organizations in the Netherlands.* Amsterdam : VU University Press.

Visser, Jelle, and Anton Hemerijck. 1997. *'A Dutch Miracle' : Job Growth, Welfare Reform and Corporatism in the Netherlands.* Amsterdam : Amsterdam University Press.

オランダ語文献

Balkenende, Jan Peter. 2002. *Anders en beter : Pleidooi voor een andere aanpak in de politiek vanuit een Christen-democratische visie op de samenleving, overheid en politiek.* Soeterberg : Aspekt.

Duyvendak, Jan Willem. 1997. *Waar blijft de politiek? : Essays over paarse politiek, maatschappelijk middenveld en sociale cohesie.* Amsterdam : Boom.

Fortuyn, Pim. 2001. *De islamisering van onze cultuur : Nederlandse identiteit als fundament.* Uithoorn en Rotterdam : Karakter Uitgevers en Speakers Academy.

Fortuyn, Pim. 2002. *De puinhopen van acht jaar puurs.* Uithoorn en Rotterdam : Karakter Uitgevers en Speakers Academy.

Frouws, Jaap. 1993. *Mest en macht : Een politiek-sociologische studie naar belangenbehartiging en beleidsvorming inzake de mestproblematiek in Nederland vanaf 1970.* Wageningen : Landbouwuniversiteit Wageningen.

Handelingen Tweede Kamer. 1992-93. *Enquête naar het functioneren van de organen belast met de uitvoering van de sociale verzekeringswetten.*

Hendriks, Frank, and Theo A. J. Toonen (eds.). 1998. *Schikken en plooien : De stroperige staat bij nader inzien*. Assen : Van Gorcum.

Hertogh, Mirjam. 1998. *'Geene wet, maar de heer!' : De confessionele ordening van het Nederlandse sociaalzekerheidsstelsel (1870-1975)*. 's-Gravenhage : VUGA.

Hout, Wil, and Monika Sie Dhian Ho (eds.). 1997. *Aanpassing onder druk?: Nederland en de gevolgen van de internationalisering*. Assen : Van Gorcum.

Munster, O. van, E. J. T. van den Berg, and A. van der Veen. 1996. *De toekomst van het middenveld*.'s-Gravenhage : Delwel Uitgeverij.

Ru, H. J. de. 1993. Het schijngevecht om open of gesloten overlegstelsels. In M. C. P. van Eijk, T. J. van der Ploeg, H. J. de Ru, J. W. Sap and A. Soeteman (eds.). *Gesloten of open overlegstelsel*,'s-Gravenhage : Sdu Juridische & Fiscale Uitgeverij : 47-61.

SER. 2003a. *SER Bulletin* 43(5): 12-13.

SER. 2003b. *SER Bulletin* 43(12): 11-13.

Versteegh, Kees. 1999. *De honden blaffen : Waarom het CDA geen oppositie kan voeren*. Amsterdam : Uitgeverij Bert Bakker.

Vlek, Ruud. 1997. *Inactieven in actie : Belangenstrijd en belangenbehartiging van uitkeringsgerechtigden in de Nederlandse politiek 1974-1994*. Groningen : Wolters-Noordhoff.

第 7 章

スウェーデン

福祉制度改革における「合意」と「対立」

渡 辺 博 明

1 社民型福祉国家

　スウェーデンの政治シーンを見渡したとき，まずわれわれの目を引くのは，社会民主労働党（以下，社民党）の存在であろう．スウェーデンでは，比例代表選挙に基づく多党制でありながら，左右両陣営が対峙する「ブロック政治」の作用もあって[1]，比較的安定した政党政治が展開されてきた（岡沢 1984）．その中で社民党は，1917 年から現在に至るまで議会第一党であり続け，1932 年以降は，合わせて 9 年の期間を除き政権の座にある．

　1889 年の結党時から普通選挙の導入を目標として掲げていた社民党は，自由主義勢力との共闘によってその実現を目指しながら，議会を通じた社会改良路線によって，産業労働者を中心に広く国民の支持を得ていった（Misgeld et al. 1992: xvii-xxv）[2]．

　1920 年代に幾度か短期政権を経験した同党は，30 年代初頭に指導部内の党派争いを克服すると，共産主義勢力を退けて労働組合内での影響力を強め，組織基盤を整備した．そして，深刻な不況下で行なわれた 1932 年選挙で政権に就くと，農業保護政策での譲歩によって農民党の支持をとりつけながら，積極財政による失業対策を展開して成果をあげ，政権党としての地位を固めた（Schüllerqvist 1992）．その後，第 2 次世界大戦時の危機管理体制を経て戦後改革へと至る時期には，国家と労働組合，産業との間に緊密な関係を保

ちながら，完全雇用と社会保障，経済民主主義を掲げた社会設計を示し，自らを「革新者」として位置づけることに成功する（小川 1995）．1950 年代には，「豊かな社会」の到来を前に一度は自由主義勢力によって主導的地位を脅かされるものの，公的付加年金の導入をめぐる激しい論争を勝ち抜き，中間層をも包摂する形で社会保障制度を拡充する道を拓いた（渡辺 2002）．

こうして高度経済成長期には，社民党主導の下，公共部門の大きさと普遍主義的な社会保障によって特徴づけられる独自の福祉国家体制が築かれていった．その経験は，比較政治学における福祉国家研究の中で，「社会民主主義モデル」として注目されることとなる（石田 1989）．

また，その頃から「スウェーデン・モデル」の語を冠した著作が数多く現れるようにもなった．その際の論点は政党制から労使関係，社会政策に関わるものまでさまざまであったが，『ウェスト・ヨーロピアン・ポリティクス』誌の特集号の冒頭で，編者のラーネ（Jan-Erik Lane）は，同モデルの含意を統治のあり方や公共部門の構成に関わる実践的な調整様式の 1 つであると総括した（Lane 1991: 1）．それは，宮本太郎が福祉国家の形成を労働運動勢力の長期的な戦略から分析しようとした際に，「スウェーデン・モデル」をさまざまな制度や政策が相乗的に発展しうるシステムとして整理したことにも通じている（宮本 1999: 37-40）．

こうしたことをふまえ，地域研究としてのスウェーデン政治研究を志向するならば，議会制や政党政治の構造や動態をみていく場合にも，公的施策を通じた社会生活上の諸問題の解決が政治的正統性を高めていく，という福祉国家システムの中に位置づけてとらえる視点は欠かせない．

他方で，1980 年代以降の先進資本主義諸国では，高度成長の終焉による財政条件の悪化に加え，人びとの意識や価値観の変化もあって，男女間の不平等や社会生活への管理・統制的側面が批判されるなど，福祉国家を支えた諸条件が，理論的にも実践的にも問い直されるようになる（渡辺 2000）．また，グローバル化や地方分権の流れの中で，基本的に一国単位の政治経済構造であった福祉国家体制は，さまざまな変化の圧力にさらされている．

このような状況にあって，近年では，スウェーデン独自の社会保障制度やそれと結びついた政治のあり方がどのように維持・再編されるのか，という点に関心が集まっている．「ポスト国民国家」が語られる今日において，同国の動向を探ることは，今後の国民国家の凝集力や社会問題への対応力を推しはかるうえでの手がかりにもなるはずである．

　この小論では，主に社会保障政策の形成過程の分析を通じて，現代スウェーデン政治へのアプローチを試みる．次節以下で，従来の研究動向を概観することによってスウェーデン政治の特徴を素描した後，近年の福祉制度改革に着目して同国政治の特質の一端を明らかにし，合わせて今後の展望についても簡単にふれることにしたい．

2　2つの政治イメージ

(1)　コンセンサス・ポリティクス論

　かつて，アメリカの政治学者ラストウ（Dankwart Rustow）は，スウェーデンの民族的・宗教的・文化的同質性に注目するとともに，政治システムの形成過程を分析し，同国の政治を「妥協の政治」と特徴づけた．その後も多くの論者が，さまざまな観点から，政策形成の際に合意や妥協が重視される点を指摘しており，それらをコンセンサス・ポリティクス論と総称すると，その構成要素は以下のように整理できる．

　①政党政治の伝統：19世紀から20世紀初頭にかけて安定した多数派が存在せず，国防や選挙権などの問題をめぐり，争点ごとに各勢力間での協力が必要な状況が続いたため，そのような慣行が定着した（Rustow 1955）．

　②文化的特質：政治的関心や知識の水準は高いものの従順な一般市民の態度と，使命感が強く，業績志向で能動的な政治エリートの文化との組み合わせが，政党リーダー間の合意形成を通じた問題解決を可能にする（Anton 1969）．

　③独自の制度：国会での本格的な討議に先立ち，問題状況や解決方法を調

査・検討する「審議会」[3]や,関係する団体・機関から意見を聴取する「レミス (remiss)」の手続きが制度化されており,それらを通じて各勢力の利害が調整される (Meijer 1969).

④労使関係：1930年代後半以降,それぞれに集権化された中央組織が自主的な交渉を通じて賃金その他の労働条件を決定してきた.また,50年代からは,労働市場の領域を中心に労使双方が政府機関に代表を送り,政策の決定・実行に関与した（いわゆるネオ・コーポラティズム）(Elder et al. 1988: 25-27).

日本では岡沢憲芙が,コンセンサス・ポリティクスを「合意を優先させる政治的課題解決技法」ととらえ,「徹底した調査・研究活動を通じて事実と論理を積み重ねながら妥協点を模索し,合意形成を目指す」としているが,これも上記③を中心に,各要素が総合的に作用することを指摘したものといえよう（岡沢 1989: 7).

(2) 権力資源動員論

スウェーデンにおける福祉国家の発達を,社民党の強さやそれを支える労働組合の組織力と結びつけて説明したのが権力資源動員論である.

その起源は,スウェーデンの社会学者コルピ (Walter Korpi) が,アメリカの社会運動研究における資源動員論から示唆をえて,マルクス主義的な階級政治論の組み替えをはかったことに求められる.彼は,現代社会における階級関係の重要性を認めながらも,労働者の従属的地位を固定的なものとしてとらえず,さまざまな資源を戦略的に動員することによってそれを変えていくことができると考えた (Korpi 1978).この議論は,スウェーデン政治の長期的展開を,労組と社民党からなる広義の労働運動勢力がその権力を増大させてきた過程として描くことから,「階級権力バランス・モデル」とも呼ばれる.

権力資源動員論によれば,産業社会の到来以降,労働運動は一貫した組織化戦略によって,LO（産業労働者の中央組織）を頂点とした集権的な構造を

つくりあげるとともに，それを支持基盤とした社民党が主導する種々の社会立法を通じて，自らの立場を改善してきたとされる．そこでは，たとえばコーポラティズム的な制度や慣行も，労働側の権力資源の増大がストライキによる闘争路線から交渉路線への転換を可能にしたために生まれたと理解される．また，普遍主義的な社会保障制度の発達は，増大する中間層を受益者として組み込むことにより，自らの権力基盤を強化しようとする戦略が成功したものとして解釈される（Korpi 1983；Esping-Andersen 1985）．この点はその後，スウェーデンを1つの典型として含む類型論として整理され，比較福祉国家研究における有力な理論枠組みとなる．「脱商品化」概念を軸に3つの福祉レジームを区別したエスピン-アンデルセン（Gøsta Esping-Andersen）の議論は広く知られるところとなっている（Esping-Andersen 1990）．

(3) 福祉制度改革の政治過程分析へ

コンセンサス・ポリティクス論が指摘するところの合意形成を促す諸要素や，権力資源動員論が強調する労組や社民党の影響力は，地域研究としてスウェーデンの特徴を考える際に一定の手がかりとなろう．また，趣を異にする2つの議論も，社会的な利害が高度に組織化されて表出し，中央レベルで交渉がもたれるとみる点では共通していることから，そこにスウェーデン政治の特色を見出すこともできるだろう．

しかし他方で，コンセンサス・ポリティクス論が諸勢力間の合意・妥協を，権力資源動員論が対立・競合を基調としてスウェーデン政治を描く点は対照的でもあり，両者の関係をどのようにとらえるべきかということも論点となる．

たとえば，コンセンサス・ポリティクス論は，合意形成を尊重する制度や慣行の存在を強調するが，スウェーデン政治の歴史を振り返れば，第2次大戦後の「計画経済論争」，1950年代の「付加年金論争」，70年代の「産業民主化論争」や「労働者基金論争」など，激しい対立が断続的に起きていることがわかる[4]．さらに，それらの多くが労使ないし左右の政治的対抗に基づ

いていたことは，権力資源動員論の視角や認識とも密接に関わるはずである．われわれがスウェーデン政治を考える際には，合意形成を重視する伝統や制度の存在を認めつつも，それらと激しい対立・論争が起きている現実との間にいかなる関係があるのか，という点に注意したい．

　他方，権力資源動員論に対しては，その後，資本主義経済の構造的制約や経営者側の戦略との関係で労働運動の成果を過大評価しているとの批判が相次いでなされ（Swenson 1991；Pontusson 1992），論争が起きている（O'Connor and Olsen 1998）．中でも，政治過程分析の方法を考えるうえで示唆に富むのは，スウェーデンの政治学者ロートステイン（Bo Rothstein）の議論であろう．彼は，失業保険制度が労働運動の組織化に影響を与えた点や，教育や労働市場に関わる政策の転換が政党の力以上に行政機構の構造に左右された点を指摘し，「歴史的制度論」の立場から，スウェーデン福祉国家の形成における制度の意義を強調した（Rothstein 1990, 1996）．

　権力資源動員論に制度の影響を考慮する視点がなかったわけではないが，国際比較を念頭において労働運動の長期的な展開を説明しようとしたこの議論に比して，個々の政治過程を分析する際には制度論的な視点がより有効となる場合も少なくない．ここで方法論の検討に立ち入ることはできないが，後の事例研究の際には，各アクターの動きを対抗勢力との関係や制度構造との関連の中でとらえ，またそれらを歴史的文脈の中に位置づけるようにしたい．

　以上をふまえ次節では，近年の福祉制度改革の中から，合意重視の側面が強く，コンセンサス・ポリティクス論のイメージに近いと思われる事例と，競合関係の中での社民党の主導的役割が顕著で，権力資源動員論の枠組みで理解しうると思われる事例とを1つずつとりあげ，いかなる状況でそれらの改革が遂行されたのかを検証していこう．

3 2つの福祉制度改革

(1) 年金制度改革:「合意」の政治

1991年11月,この年の選挙で誕生した保守・中道連立政権(保守党・自由党・中央党・キリスト教民主党)は,年金制度改革に向けて本格的な議論に入ることを決め,社会政策担当大臣(自由党)を座長とした審議会を発足させた.その背景には,年金保険料負担の増大を嫌う経営者層と公共部門の拡大に批判的な保守勢力が,拠出建ての要素を強める形での制度改編を望んでいたことがあり,政権交代によって右派が主導権を握った時点で,そのような方向への改革が動き出すこととなった.

従来の年金制度は,定額一律給付の国民年金と所得比例の付加年金からなっており,いわゆる「二階建て」でありながら,全被用者を対象とした単一の枠組みの下で,「再分配方式」(給付建て・賦課方式)によって運営されていた.しかし,90年代に入るまでに,平均寿命の伸び,経済成長率の低下,ベビーブーム世代の受給の接近などにより,財源の不安定化が予測され,抜本的な制度改革の必要性が広く認識されるようになっていた(Klevmarken 2002: 1-3).

このような中で発足した審議会には,政府側が社民党の同意なくして大規模な年金改革は不可能だと考えていたこともあり,野党も含めたすべての党から代表が参加することとなった.社民党の中には付加年金制度の全面的な改革に抵抗する声もあったが,持続可能なシステムを構築するという観点から専門家を交えて検討作業が進められ,92年8月には,①生涯所得に応じた給付,②最低保障年金制度の導入,③経済動向にリンクさせたシステムとすること,などを中心とした新制度の基本構想が示された(Ds 1992: 89).その後,各党はこの時期に緊迫化した経済危機への対応に追われながらもさらなる審議を続け,政府と社民党との間で,全面的な制度改正と新制度への移行措置に関する原案がまとめられた.左翼党と新民主党(右派ポピュリス

ト政党で，91年に議会に進出したが，94年に議席を失い，間もなく解党）の代表が異議を唱えたが，審議会は94年2月にこの案を答申として提出し，これが「5党合意」として，この改革の基礎となった（SOU 1994:20）．

同案によれば，保険料が所得の18.5%で，うち2.5%を個人が投資先を選べる拠出建て年金とし，残りの16%については，賦課方式でありながら現役世代の所得の伸びや経済動向にリンクさせて財源の安定化をはかる「保険料積立方式の特徴をもった再分配方式（概念上の拠出建て）」という新たな方式で運営されることになっていた．

これに対するレミスでは，寄せられた回答の多くが，従来の制度の財源面の不安を認め，早急に改革を進めるべきだとして，原則的な支持を表明していた．ただし，生涯所得を基準とすることや「概念上の拠出建て」方式とすることなど，個々の論点をめぐっては異論も出されていた．主なところでは，LOが給付水準について現状を維持すべきだとした一方，経営者団体の全国組織SAFは，そのさらなる引き下げを主張した．また，生涯所得が受給基準とされる点については，多くの回答がそれを支持したものの，LOが病気や失業で所得が下がる場合の保障を求めた他，事務職員組合の中央組織TCOは，受給資格認定の際に再教育のための就業中断分を特別に配慮するよう求めていた（Prop. 1993/94:250）．

これを受けた政府は，全体的な方向性に関しては支持が得られたとし，4月に法案の提出に踏みきった．国会での審議においては，左翼党が最後まで反対したものの（Bet. 1993/94:SfU 24），6月には新制度の導入が決まり，2001年1月から給付が始まることとなった（Prot. 1993/94:120）．

しかしこの時点で，新制度の実施に向けては，まだ多くの課題が残されており，改めて原案を支持する5党の代表と専門家からなる審議会（「年金改革実施グループ」）が設置され，調査・検討にあたった．同年9月の選挙で政権交代が起こったが，同審議会は，座長を中央党議員から社民党議員（社会相）に代えて活動を続けた．

この審議会は，95年6月に「生涯所得に基づく老齢年金」の詳細に関す

る案をまとめた (Ds 1995: 41). 社民党は内部に反対の声を抱えながらも，執行部が5党合意堅持の姿勢を貫き，98年4月には，最低保障年金制度に関する法案と合わせて，老齢年金関連法案が提出された (Prop. 1997/98: 151, 152). 同年5月に国会の社会保険委員会において主要利益団体や関係機関の代表を招いた審問会が開かれるなどした後 (Bet. 1997/98: SfU 13, Bilaga 5)，6月には本会議での審議を経て法案が可決された（左翼党は自党案を提出して保留，環境党は反対．社民党から反対者3名）(Prot. 1997/98: 120). 所得スライド制の詳細や旧制度の年金基金の扱いなど，若干の問題は残されたが，こうして公的年金制度の全面改正が実現したのである[5]．

　ここで，改めて当時の社会状況をみてみよう．

　1990年秋に銀行の債務超過発覚から金融危機が起こると，翌91年には経済成長率はマイナスを記録し，失業率も急上昇して戦後最悪といわれる不況に突入した (Hadenius 2003: kap. 13, 14). 91年秋に誕生した保守・中道連立政権は，財政支出の抑制に努めるとともに，92年には社民党をも巻き込んで，危機克服のための政策パッケージをまとめようとしていた (Kask 1996: kap. 7).

　こうした中，右派主導で提起された年金制度改革ではあったが，社民党も，経済情勢や人口動態との関係で改革の必要性を認めていたうえに，選挙での敗北もあって，議論の土俵に上らざるを得なかった．また，右派ポピュリストの議会進出も，同党を保守・中道勢力との協調に向かわせた．後述するように，財界や保守系知識人からのイデオロギー的批判にさらされながら党勢の立て直しもままならない時期にあった社民党としては，審議の過程でも，所得保障水準の大幅な低下や労働者に極端に不利な制度となることを避けるのが精一杯であった．

　このような状況で審議会を中心に解決策が模索され，その結果，老齢年金の主要部分に関する「概念上の拠出建て」という新たな方式も生まれた．いくつかの条件が重なったとはいえ，社会保障改革の中でも最大級の難問に対し，独自の制度や慣行に基づく討議を通じて答えを導き出した点は，「コン

センサス・ポリティクス」の名に値しよう．

(2) 保育・就学前教育制度改革：「対立」の政治，社民党のイニシアティブ

1998年の選挙戦の中で，社民党は，自治体によって提供されている保育サービスの利用料に上限を設ける構想を打ち出した．その狙いは，子どもを持つ家庭への支援，特に母親が働きやすい環境を整えることにあり，児童1人当たり月700クローネ（1クローネは約14円）を上限とし，自治体収入の減少分については国庫からの補填を予定していた（SAP 1998：10）．その背景には，自治体間で保育料格差が拡がっていたことや，低所得者や失業者にとっては保育料負担が就業への努力を抑制する方向にはたらくことがあった（Palm 2001：9）．

1999年4月，社民党政府は「全児童向け就学前教育と保育料上限制」について検討する審議会を設置した．教育省と財務省の専門家からなるこの審議会は，99年9月に答申を出し，（希望する）すべての4～5歳児が就学前教育を受けられるようにするとともに，就学前教育および保育（1～5歳）の利用料に上限を設けることを提案した（Ds 1999：53）．

この案へのレミスでは，SAF が財政上の効果や実行可能性に疑念を示した他，いくつかの自治体が財源面の不安を挙げたが，自治体連合を含め，大筋では賛成とする意見が多かった．LO は，人口や財政収入によって自治体ごとに異なるであろう影響について不明な点が多いとした一方で，提案の趣旨については一応の支持を表明していた（Edling 1999）．

政党間の交渉では，環境党が求めていた経済的弱者への配慮に関し（Mot. 1999/2000：A3），上限設定の際に世帯間の収入の違いに応じてより大きな差をつけることで，社民，環境，左翼の3党の間に合意が成立した（Bet. 1999/2000：AU6）．これをふまえ政府は，2000年5月に，1人目の利用料を月収の3％ないし1,140クローネ，2人目を2％ないし760クローネ，3人目を1％ないし380クローネとする法案を提出した（Prop. 1999/2000：129）．

これに対し，保守・自由・中央・キリスト教民主の4党は，児童ケアに特

定の形態を強制するだけでなく，地方自治をも侵害するものであると反発し，合同で対案を提出した（Mot. 1999/2000：Ub43）．その内容は，すべての児童を対象に（既存の児童手当とは別に）アカウントを設け，自治体ではなく両親を直接支援するというもので，それによって，働く時間を増やすか，子どもと過ごす時間を増やすか，という点を含め，親が保育（就学前教育）の形態を自由に選択できるとしていた．その予算規模は，児童1人当たり年額2万クローネを基本としながら，年間支出で政府案とほぼ同額になるよう設定されていた．

2000年秋の国会では，この4党が既出の主張を繰り返し，自案の採択を求めた．中でもキリスト教民主党は，「政府案は財政的にも，再分配上の公正さにおいても重大な問題を含む」として強く反対した（Mot. 2000/01：Ub 243, So 303, Sf 273）．

社民党および閣外協力の2党と保守・中道4党との間で意見が分かれたままであったが，11月に本会議での最終討論を経て採決が行なわれ，170対140で政府案が可決された（Prot. 2000/01：32, 33）．2001年の秋には，国会でこの問題をめぐる論争が再発し，キリスト教民主党を中心とした野党側が自治体の事情や親の声などを根拠に新制度の廃止を求めたが，実施の動きは変わらず（Prot. 2001/02：32），2002年1月に新制度が導入された．

ここでこの改革の背景をふりかえってみると，まず，社民党が構想を表明したのはスウェーデンが深刻な不況を脱し，財政再建にも目処がついた時期であったことがわかる．同党が1994年に政権復帰を果たしてからも緊縮財政を続けた結果，輸出産業の復調もあって経済は回復し，財政収支も数年ぶりにプラスに転じようとしていた（実際，98年から2002年までは黒字が続く）．さらに世論動向をみると，80年代から財界が支援するプロジェクトを通じて福祉国家の非効率や国民の依存体質を批判する言説が盛んに流されていたにもかかわらず（Koch 1999：101-106），実際にはこの時期に至っても，中間層を含め，特に教育や子育て支援に関する公的制度への支持や期待は高いままであった（Svallfors 1996, 1999）．こうしたことからみると，社民党が新た

な改革に踏み出す条件はそろっていたといえよう．

　それ以上に大きな要因となったのは，社民党自身の変化である．90年代になって同党が経済危機克服のために保守派と協調し，労組の賃上げ要求を退け，社会保障給付の一部削減にまで踏み切ったことは，産業労働者や公共部門従事者といった同党の伝統的支持基盤を揺るがし始めていた．景気回復・財政再建という点で成果をあげたにもかかわらず，98年選挙では，左翼党に支持者を奪われたこともあって1920年代以来の低得票率を記録し，左翼・環境両党の閣外協力によって辛うじて政権を維持するにとどまった．その頃までに党内では，長期的な政治目標の再検討が必要であるとの認識が拡がり，綱領改訂を射程に入れた自己改革論議が始まっていた．この改革案は，そのような中で提起されたのである．

　ただし当初は，減税と公共部門縮小を求める保守陣営に対抗する必要に迫られて，十分に戦略が練られないままに公表された面もあった．それは，最初にこの改革が親への支援，すなわち「保育」の問題とされながら，党内論議が進む中で「全児童向け就学前教育」の導入を含む「教育」の問題として位置づけられるようになった点にも表われている[6]．

　これについていえば，この時期の同党は，「平等」概念の再検討を軸に自らの政治目標の再建をはかっており[7]，それに沿った形で，親への就業支援とともに，幼児期における平等で良好な「教育」環境の保障を主張したのである．それらは，女性も含め，就業を通じた国民の自立を重視することや，公共部門による社会問題の解決を重視するという点で，従来からの福祉国家路線をさらに進展させようというものでもあった．

　しかし他方で，こうした内容は，「選択の自由」を主張する保守党や自由党，あるいは家庭内での女性の役割を重視するキリスト教民主党との間で，深刻な対立を引き起こすことになる．それゆえこの問題をめぐっては，社民党政府が設置した審議会も，専門家を中心に当初の構想に沿って実行可能な制度をつくるという性格のものであり，政党間の妥協点を探ろうとするものではなかった．保守・中道勢力が対案を出したため，両者の見解が真っ向か

ら衝突することになったが，社民党は（左翼党・環境党との合意形成に努めたとはいえ）議会における優位にまかせて押し切ることを選んだ．

以上から，この改革については，経済危機と自らの停滞期を乗り切った社民党が，福祉国家下で培った国民の支持を含む「権力資源」を動員して実現させたものと解釈できよう．

4　現代スウェーデン政治の特質

(1) 「合意」の政治と「対立」の政治

筆者は以前，1950年代の付加年金論争の研究をもとに，スウェーデン政治の特質に関する仮説を提示した．それは，社民党と保守中道勢力との対抗を前提に，「高度に発達した民主主義的決定作成システムの下で，普段は現実的な政策論議の中で抑制されている政治理念の対立やイデオロギー的要素が社会変化の節目において間歇的に噴出する」（渡辺 2002：259-260）というものであった．

これに照らしながら，前節でみた2つの制度改革の違いと両者の関係を考えてみよう．

まず，年金制度については，大がかりな改革であったにもかかわらず，すでに一元的で包括的な制度が存在していたことをふまえ，システムの危機への対応を迫られるという状況が（「普段」とはいえないかもしれないが）イデオロギー対立を抑制する方向にはたらいたと考えられる．それゆえに，各勢力は技術的合理性を重視した解決策の追求に向かうこととなった．

これに対し，保育制度改革については，社民党の理念との関連ではある種の連続性が認められるとしても，就学前の児童に対する施策の意味を「保育」から「教育」へと転換することや，利用料の上限を設定したうえで自治体財源を補填することには，それまでにない原理や方法が含まれていた．財政危機が克服された後に新たな政策展開が問われたという点では，「節目」に提起された改革であり，それゆえに基本的な価値観や目標の違いに基づく

対立が表われやすかったと考えられる．

このようにみると，一見対照的な2つの事例についても，上記の仮説を検証する形で統合的に理解することができるのではないだろうか．そうだとすれば，年金改革における合意形成も，保育改革におけるイデオロギー対立と社民党のイニシアティブも，それぞれスウェーデン政治に特有なものであり，さらにはそうした二面性こそが同国の政治的特質の1つだということになる．それは，コンセンサス・ポリティクス論と権力資源動員論がともに指摘したような，社会的な利害が高度に組織化されて表出されるという傾向が，指導者間での交渉による問題解決の可能性を生むと同時に，争点を明確化し，陣営間の対立を激化させる契機になる，ということでもあろう．

社会改革をめぐって過去にさまざまな「合意」と「対立」が繰り返されてきた背後には，こうしたスウェーデン政治特有のメカニズムがあり，それは90年代以降の時代においても一定程度作用していると考えられる．

(2) 社民型福祉国家の今後

社民党が主導した保育制度改革は，働く女性への支援，早期教育の保障によるライフ・チャンスの（平等な）拡大という点で，今日的要請に応えるものであろう．しかし同時に，すでに公共部門の規模で群を抜く同国において，改めて公的施策の枠組みを拡大するものであった点は注目されるべきである．しかも，（この問題が直接争点となったわけではないが）社会福祉に有権者の関心が集まった次の選挙で同党は支持を伸ばしている[8]．

最近の研究には，国民の規範レベルにまで根ざした普遍主義的な社会保障システムの持続力を強調するものが少なくないが (Kuhnle 2000; Lindbom 2001; Timonen 2003)，この事例は，それを証明するものであるといえよう．

しかし他方で，「スウェーデン・モデル」の一部がすでに変貌を遂げていることも指摘されている．同国の福祉国家の基礎に完全雇用の重視があり，それが賃金形成・労働市場政策における労使交渉の制度化によって支えられてきたというのは通説であるが，80年代以降，そのようなコーポラティズ

ムは解体に向かっている (Rothstein och Bergström 1999)。さらに、そうした政策形成過程の枠組みの変容については、それまでの同国の民主主義のあり方や権力構造を根本的に問い直そうとする広範な議論と結びついて展開されている面もある（穴見 2003: 75-79）。同モデルの構成要素のうち、コーポラティズムに変容が認められる一方、普遍主義的社会保障への支持には変化がみられないとする見解もあるが (Premfors 2000: 174)、今後、前者が後者に深刻な影響を与える可能性は否定できない。

また、グローバル化や欧州統合の進展も、スウェーデンの福祉国家体制やそれと結びついた政治のあり方に深刻な影響を与えつつある。

2003年9月に実施されたEMU（経済通貨同盟）加盟をめぐる国民投票は、14％もの大差で反対が賛成を上回る結果となった。2001年の党大会を機にEMU加盟を「持続可能な経済」のための条件として位置づけ (SAP 2001: 33-32)、欧州レベルでの社会的・経済的枠組みづくりに積極的に関わることを表明していた社民党の立場は、現状変革に不安を覚え、高い社会保障水準と良好な環境を守りたいと考える人びとには受け入れられなかった。さらに、反対派をリードしたのが同党と閣外協力の関係にある左翼・環境の両党であったことは、今後、欧州統合問題が政党政治の枠組みをも揺るがしかねないことを意味している。

国民投票の結果は、グローバル化の流れの中で福祉国家が急激に解体される可能性が低いことを示した一方で、社民党には厳しい試練を突きつけるものとなった。2002年から2003年にかけて経済・財政状況が再び悪化しはじめており、欧州市場への依存度が低くないスウェーデン経済をいかに導いていくのかという点を含め、社民党政府の、ひいては同国の政治システムの対応力が問われる新たな局面が訪れている。

◆註
1) 左派に社民党、共産党（90年から左翼党）、右派に自由党、保守党、農民党（57年から中央党）という5党体制が長く続いた。その後88年に環境党が、91

年にキリスト教民主党が参入し，前者は（事実上）左派に，後者は右派に数えられている．
2) 社会民主主義による国民統合が進んだ背景としては，自由教会運動や禁酒運動と並ぶ「国民運動」としての労働運動が，教育・娯楽・自助活動などをも含む「団体生活」を通じて主体的な社会参加の態度を養成していたことも指摘されている（石原1995, 1996）．
3) 呼称，規模，メンバー構成などはさまざまであるが，国会で設置が決められ，所管大臣の諮問を受けて活動するものを，ここでは便宜上，すべて「審議会」と呼ぶ．
4) スウェーデン政治の通史については，Hadenius (2003) およびその邦訳を参照されたい．
5) 新制度の詳細について，邦語文献では井上（2003）を参照されたい．
6) 2000年3月の臨時党大会で，生涯教育の基礎をなすものと位置づけられた後（SAP 2000a : 89），2001年に新綱領とともに採択された活動方針では，将来的に就学前教育を無料化，すなわち小学校以上の教育と同等に扱うようにすると明記された（SAP 2001 : 8）．
7) すでに1960年代から「自由選択社会」を目標に掲げていた社民党は，この時期に，自己実現のための基礎的条件の「平等」を改めて強調した．それは2000年臨時党大会で採択された行動指針（SAP 2000b）が『発展と平等』と題されたことにも表われている．
8) 2002年選挙で有権者が重視した争点（政策分野）は，教育，医療，経済，高齢者ケア，保育，雇用（以下7項目）の順であった．前2回の選挙で経済，雇用が上位にあったことからみると，福祉国家をめぐる争点が再浮上した選挙であったといえる（Dagens nyheter 1994. 9. 19, 1998. 9. 21, 2002. 9. 16）．

◆参考文献

日本語文献

穴見明．2003．「スウェーデンにおける政策過程の制度的枠組みの変容」『大東法学』12(2): 67-129.

石田徹．1989．「福祉国家と社会主義：『社会民主主義モデル』をめぐって」日本政治学会編『転換期の福祉国家と政治学』岩波書店：181-199.

石原俊時．1995．「スウェーデン社会民主主義の歴史的展開」西川正雄・松村高夫・石原俊時『もう一つの選択肢：社会民主主義の苦渋の歴史』平凡社：91-190.

石原俊時．1996．『市民社会と労働者文化：スウェーデン福祉国家の社会的起源』木鐸社．

井上誠一．2003．『高福祉・高負担国家スウェーデンの分析』中央法規出版．

岡沢憲芙．1984．「連合と合意形成：スウェーデンの連合政治」篠原一編『連合政治：デモクラシーの安定をもとめて Ⅰ』岩波書店：57-124．

岡沢憲芙．1989．「《スウェーデン・モデル》の挑戦」日本政治学会編『転換期の福祉国家と政治学』岩波書店：3-20．

岡沢憲芙・奥島孝康編．1994．『スウェーデンの政治：デモクラシーの実験室』早稲田大学出版部．

小川有美．1995．「『計画の政治』と北欧社会民主主義体制の形成」『千葉大学法学論集』10(1)：111-216．

小川有美．2002．「北欧福祉国家の政治：グローバル化・女性化の中の『国民の家』」宮本太郎編『福祉国家再編の政治』ミネルヴァ書房：79-116．

高島昌二．2001．『スウェーデンの社会福祉』ミネルヴァ書房．

ペタション，オロフ．1998．岡沢憲芙監訳，斉藤弥生・木下淑恵訳『北欧の政治』早稲田大学出版部．

宮本太郎．1999．『福祉国家という戦略：スウェーデンモデルの政治経済学』法律文化社．

百瀬宏・熊野聰・村井誠人編．1998．『北欧史』山川出版社．

渡辺博明．2000．「ニュー・ポリティクスとポスト福祉国家の社会福祉」賀来健輔・丸山仁編『ニュー・ポリティクスの政治学』ミネルヴァ書房．

渡辺博明．2002．『スウェーデンの福祉制度改革と政治戦略：付加年金論争における社民党の選択』法律文化社．

英語文献

Anton, Thomas. 1969. Policy-Making and Political Culture in Sweden. *Scandinavian Political Studies* 4 : 88-102.

Elder, Neil, Alastair H. Thomas, and David Artar. 1988. *The Consensual Democracies? The Government and Politics of the Scandinavian States*. Oxford : Basil Blackwell.

Esping-Andersen, Gøsta. 1985. *Politics against Markets : The Social Democratic Road to Power*. Princeton : Princeton University Press.

Esping-Andersen, Gøsta. 1990. *The Three Worlds of Welfare Capitalism*. Cambridge : Polity Press（岡沢憲芙・宮本太郎監訳．2001．『福祉資本主義の三つの世界：比較福祉国家の理論と動態』ミネルヴァ書房）．

Klevmarken, Anders. 2002. *Swedish Pension Reforms in the 1990s*. Uppsala : Uppsala University.

Korpi, Walter. 1978. *The Working Class in Welfare Capitalism : Work, Unions and Politics in Sweden*. London : Routledge & Kegan Paul.

Korpi, Walter. 1983. *The Democratic Class Struggle*. London : Routledge & Kegan Paul.

Kuhnle, Stein. 2000. The Scandinavian Welfare State in the 1990s : Challenged but Viable. *West European Politics* 23(2): 209-228.

Lane, Jan-Erik. 1991. Interpretations of the Swedish Model. *West European Politics* 14(3): 1-7.

Lindbom, Anders. 2001. Dismantling the Social Democratic Welfare Model? : Has the Swedish Welfare State Lost Its Defining Characteristics? *Scandinavian Political Studies* 24(3): 171-193.

Mejer, Hans. 1969. Bureaucracy and Policy Formulation in Sweden. *Scandinavian Political Studies* 4 : 103-116.

Misgeld, Klas, et al. (eds.). 1992. *Creating Social Democracy : A Century of the Social Democratic Labor Party in Sweden*. University Park : Pennsylvania State University Press.

O'Connor, Julia, and Gregg Olsen (eds.). 1998. *Power Resources Theory and the Welfare State*. Toronto : University of Toronto Press.

Pontusson, Jonas. 1992. *The Limits of Social Democracy : Investment Politics in Sweden*. Ithaca : Cornell University Press.

Rothstein, Bo. 1990. Marxism, Institutional Analysis and Working-Class Power : The Swedish Case. *Politics & Society* 18(3): 317-345.

Rothstein, Bo. 1996. *The Social Democratic State : The Swedish Model and the Bureaucratic Problem of Social Reform*. Pittsburgh : University of Pittsburgh Press.

Rustow, Dankwart, 1955. *The Politics of Compromise*. Princeton : Princeton University Press.

Svallfors, Stefan. 1999. The Middle Class and Welfare State Retrenchment : Attitude to Swedish Welfare Policies. In Svallfors and Peter Taylor-Gooby (eds.). *The End of the Welfare States? Responses to State Retrenchment*. London : Routledge.

Swenson, Peter. 1991. Bringing Capital Back In : Employer Power, Cross-Class Alliances, and Centralizations of Industrial Relations in Denmark and Sweden. *World Politics* 43 : 513-544.

Timonen, Virpi. 2003. *Restructuring the Welfare State. Globalization and Policy Reform in Finland and Sweden*. Cheltenham : Edward Elgar.

スウェーデン語文献

Edling, Jan. 1999. *Maxtaxa på dagis : en studie av 206 kommuner*. Stockholm : LO.

Hadenius, Stig. 2003. *Modern svensk politisk historia : konflikt och samförstånd* (sjätte upplagen). Stockholm : Hjalmarson & Högberg（岡沢憲芙監訳，木下

淑恵・秋朝礼恵訳．2000［第4版からの翻訳］．『スウェーデン現代政治史：対立とコンセンサスの20世紀』早稲田大学出版部）．

Kask, Peeter-Jaan. 1996. *Vägen in i och ut ur krisen - ekonomisk politik från Feldt till Persson*. Stockholm : Rabén Prisma.

Koch, Stefan. 1999. *Höger om! En svensk historia 1968-98*. Stockholm : Ordfront.

Palm, Maria. 2001. *Maxtaxa : en studie av nytt avgiftssystem inom den kommunala barnomsorgen*. Göteborg : Göteborgs Universitet.

Premfors, Rune. 2000. *Den starka demokratin*. Stockholm : Atlas.

Rothstein, Bo och Jonas Bergström. 1999. *Korporatismens fall och den svenska modellens kris*. Stockholm : SNS.

SAP (Sveriges socialdemokratiska arbetarparti). 1998. *Med omtanke om framtiden-valmanifest*.

SAP. 2000a. *Protokoll från Socialdemokraternas kongress år 2000*.

SAP. 2000b. *Socialdemokraternas riktlinjer för utveckling och jämlikhet*.

SAP. 2001. *Politiska riktlinjer*.

Schüllerqvist, Bengt. 1992. *Från kosackval till kohandel - SAP:s väg till makten*. Stockholm : Tiden.

Svallfors, Stefan. 1996. *Välfärdsstatens moraliska ekonomi : Välfärdsopinionen i 90-talets Sverige*. Umeå : Boréa.

公文書等

スウェーデン国会記録文書

＊ Prop. は法案，Prot. は議事録，Bet. は委員会審議報告（Bilaga は付録），Mot. は動議．委員会の略号は，A：労働，So：社会，Sf：社会保険，Ub：教育．

Prop. 1993/94：250, Prop. 1997/98：151, 152, Prop. 1999/2000：129.

Mot. 1999/2000：A3, Mot. 1999/2000：Ub 43, Mot. 2000/01：Ub 243, Mot. 2000/01：So 303, Mot. 2000/01：Sf 273.

Prot. 1993/94：120, Prot. 1997/98：120, Prot. 2000/01：32, 33, Prot. 2001/02：32.

Bet. 1993/94：SfU 24, Bet. 1997/98：SfU 13, Bilaga 5, Bet. 1999/2000：AU6.

政府および省庁刊行の報告書

SOU 1994：20. Reformerat pensionssystem.

Ds 1992：89. Ett reformerat pensionssystem - bakgrund, principer, skiss.

Ds 1995：41. Reformerat pensionssystem—Lag om inkomstgrundad ålderspension, m. m.

Ds 1999：53. Maxtaxa och allmän förskola.

新聞

Dagens nyheter 1994. 9. 19, 1998. 9. 21, 2002. 9. 16.

第 8 章

イタリア

欧州化のもとでの「第二共和制」の実像

八十田 博人

1 「移行期」の結論は民主政の危機？

　20世紀末のイタリア政治においては，冷戦終結と1992年からの大汚職事件「タンジェントポリ（賄賂都市）」捜査の進展による政財界の大混乱のなかで，小選挙区優位の新選挙法に基づく1994年の総選挙の前後に戦後40数年にわたり存続してきた主要政党のすべてが解体ないし再編された結果，1948年施行の共和国憲法が存続しながら「第二共和制」への「移行」が喧伝されるようになった．

　「第一共和制」を支えたキリスト教民主党（DC）を中心とする政党システムの破壊を促進したのは，ディ＝ピエトロ（Antonio Di Pietro）検事らの汚職摘発チーム「清潔な手」（mani pulite）の司法官たちと，DCからいち早く離党したセーニ（Mario Segni）のレファレンダム（国民投票）運動による政治改革，そして旧DCの地盤であった北部に支持を拡大したボッシ（Umberto Bossi）率いる分離主義政党の北部同盟（Lega Nord）などであった．しかし，これらの勢力は，北部同盟が中道・右派政権内で一定の発言力を維持しているほかは，今日では影響力を失い，政界の周縁的な位置にある．

　実際に政策決定の中枢で行財政改革を推進したのは，財政危機に際して政府首班を占める者も現れたイタリア銀行幹部などの「非議員実務家」（テクニチ：tecnici）と，彼らの行政手腕を活用した中道・左派の政治家たちであ

る．1996年総選挙に勝利した中道・左派連合「オリーヴの木」政権は，欧州共通通貨ユーロへの第1陣参加に成功し，その財政運営は国際的にも評価され，不安定な政権と汚職に代表される戦後イタリアの「政党支配体制」（partitocrazia）のイメージは払拭されたかに見えた．

　ところが，90年代末には「オリーヴの木」連合解消後の混乱など中道・左派の退潮が顕著になり，2001年に成立した中道・右派政権のもとでイタリアの国内政治はスキャンダラスなゴシップに満ち，民主政が溶解したような，およそ理論的研究が成り立たないような様相を呈している．財界出身で民放テレビ3局の事実上のオーナーであるベルルスコーニ（Silvio Berlusconi）首相は今や官民メディアを独占し，自らが抱える数々の疑惑で法廷の被告席に立つ一方で，両院で十分な多数を握る国会では議員の免責法案を可決させ，司法権による汚職捜査にも介入している（Pepino 2003）．9月11日以後には首相自らが「イスラム文明に対する西洋文明の優位」を語り，改革・分権担当相として入閣した北部同盟の指導者ボッシが移民を侮蔑する発言を繰り返すなど，閣僚の失言，暴言も枚挙に暇がない（村上 2002）．これに対する野党の中道・左派では，復活した「オリーヴの木」連合を率いる穏健改革派の姿勢に飽き足らない左派を中心に「ジーロトンド」（中道・右派政権の介入を受ける国営放送RAIや司法省を人間の鎖で囲むデモ）など議会外の抗議活動のみが活発化し，議会で自由に立法を行う中道・右派との間で奇妙でシンボリックな対立を繰り返している．

　しかし，この10年の「移行」期に進展した政治・経済システムの変化はより大きな欧州統合，グローバル化の流れのもとで生じているのであり，その意味では左右両派ともに適応のための打開策を求められているのである．そこで本章では，「第二共和制」の政治システムを概観した後，政策決定の「欧州化」（Europeanization）に対するイタリアの適応政策を左右両派の相違点を踏まえつつ検討する．欧州各国ではEU基準の影響を受けて，各国制度の「同型化」（isomorphism）が進行しており（Giuliani 2001；村上 2003），時に特異な反応を見せるイタリアもその例外ではないのである．

2 「第二共和制」とは何か

(1) 共和国理念の揺らぎ

　欧州化への対応に迫られる国家としてのイタリアのアイデンティティーは磐石ではなく，むしろ近年とみにイタリア共和制の理念自体が問い直されている．イタリアは国民統合に長い時間を要した（藤澤 1997）が，教会に精神界での地位を認めつつも，「労働に基礎を置く民主的共和国」（憲法第1条）実現のために社会的連帯を説く反ファシズム・レジスタンス精神こそが，戦後の主要政党の共通理解とされてきた．

　しかし，この基本的な認識さえも現在では揺らぎつつある．戦後長く政治過程から疎外されてきたネオ・ファシスト政党「イタリア社会運動」（MSI）を「国民同盟」（Alleanza Nazionale）に再編し保守政党化を進めたフィーニ（Gianfranco Fini）党首は，その政治路線を「ポスト・ファシスト」政党と定義し（Ignazi 1994 ; Tarchi 1997 ; 高橋 1998），アウシュビッツやイスラエルを訪問するなど，ファシストの過去からの決別を図っているが，国民同盟の幹部が知事に就任したラツィオ州では歴史教科書の「内戦」（対英米休戦後のファシスト後継「サロ共和国」とレジスタンス勢力との間の戦闘）に関する記述に対して検定による介入の動きが起こった（石田 2003）．このような歴史修正主義[1]の流れに対して，レジスタンスに参加した最も若い層に属するチャンピ（Carlo Azeglio Ciampi）大統領（1999年就任）は，公式行事の度に共和国の伝統を繰り返し説諭し，世俗モラルの防波堤となっている．しかしその間に，中道・右派政権のもとでサヴォイア王家の当主の一時帰国や，ローマ教皇ヨハネ・パウロ2世のイタリア国会訪問が実現し，それら自体は歴史的和解としてむしろ歓迎すべきことであっても，共和国憲法の前提の幾つかが崩されたことは明らかである．

　DCの退潮に合わせて台頭した北部同盟は，豊かな北部の税金が南部で浪費されているとの論陣を張り，分離主義と連邦主義をない交ぜにした主張を

基調としつつも，近年では移民に対する差別的な言辞でポピュリスト政党の性格を強めている．しかし，この政党の持つより本質的な危険性は，リソルジメント（イタリア国家統一運動）や戦後の共和制による国民統合の成果に真っ向から挑戦的な態度をとることにある．熱烈な共和主義者である政治学者のルスコーニ（Enrico Rusconi）は著書『もしイタリアが一つの国であることをやめるならば』で，北部同盟の影響下にある地域では共和国史が偽史に代替される危険性すらあると警告した（Rusconi 1993；村上 1995）．しかし，このような政党の台頭の背景には，近年脚光を浴びる北東部（ヴェネト州など）の輸出志向の中小企業経営者など，既存のエリート層と異なる実力者たちが台頭してきていることにもある（Diamanti 1996）．

　国民同盟や北部同盟には欧州各国から厳しい視線が寄せられ，欧州議会でもこれらの政党を含む中道・右派政権をフランスの国民戦線やオーストリアの自由党のように警戒する議論が起こった．しかし，北部同盟は北部，国民同盟は南部で中道・右派の勝利に決定的な役割を果たしており，この2つの政党は既に10年以上，イタリア政治の主要なアクターであり続けている（Poli e Tarchi 1999）．それは，かつてDCが支持基盤としていた最大の票田である中道層の一部に両党が深く食い込んでいるからに他ならない．

(2)　「第一共和制」とは何であったか

　戦後のイタリア政治の中心であったDCは，日本の自民党との比較研究も多く，イタリア政治の本質を表象する存在として理解されてきた．北部同盟の批判の対象である，DCに多い南部出身政治家による支持者への利益誘導，「恩顧主義」（clientelism）の傾向などはその典型的なイメージであるが，もともと欧州全体でも社会民主主義に比べてキリスト教民主主義が政治学で長く低い関心しか集めなかったこともあり，特にDCと戦後イタリアの政治・経済構造の関係を理論的に研究する視点は比較的近年のものである（伊藤 1999；水島 2002）．

　サルトーリ（Giovanni Sartori）の政党システム類型論に従えば，戦後のイ

タリアは多くの政党に分かれ，イデオロギー距離の大きい左右両極に政権から疎外された大政党の共産党（PCI）と MSI を配置した「分極的多党制」（polarized pluralism）であり（サルトーリ 2000），ガッリ（Giorgio Galli）に従えば，DC を中心とする連立が常に政権に就き，共産党が 30% 弱の支持を得ながら常に政権から疎外される「不完全な二党制」でもあった（Galli 1966）．

DC は 80 年代に共和党（PRI）のスパドリーニ（Giovanni Spadolini），社会党（PSI）のクラクシ（Bettino Craxi）に首班を譲ったほかは常に政権首班を独占していた優位政党（dominant party）であった．しかし，DC 内部の派閥対立が少なくないほか，他の小党との連立が必要なため，政権の継続期間が短く，しばしば連立内部の内紛で政権の「危機」（crisi），つまり現政権が事実上の不信任に至っているにもかかわらず，後継政権の見通しが立たず，現政権による暫定的な統治が続く状態が長期に及んだ．

憲法上，閣僚の罷免権を持たない「同輩中の首席」でしかない首相は政策決定で十分なリーダーシップを発揮できず，連立を構成する政党，派閥の有力政治家の合意に依存していた．DC は当初，自由党（PLI），共和党，社会民主党（PSDI）など左右の穏健派小政党（選挙での得票率は 3 党合計で 10% 程度）を含む中道政権，1963 年からは社会党（得票率は 10% 前後）をも含む中道・左派政権を構成したが，この連立は進歩的な制度改革にはつながらず，かえって政治的な利益分配，汚職を構造化させた．

この戦後の政党システムは「政党支配体制」と呼ばれる．利益分配はトップが政治的任官で指名される IRI（産業復興公社），ENI（炭化水素公社）などの公企業や，南部公庫（Cassa per il Mezzogiorno）などの補助金スキームを通じても行われた．公企業は民間の大企業が少なく公的部門の役割が大きい「混合経済体制」のなかで，イタリアを代表する企業として経済成長を支えた「経営者たる国家」（Stato imprenditore）としての合理性もあった（伊藤 1999）ものの，社会党の政権参加による時代に逆行した電力民営化など閉鎖的な「国家ブルジョワジー」（borghesia di Stato）を形成する弊害も大

きかった（Scalfari e Turani 1974）。左翼政党もこの体制の一角を占めており，国営放送 RAI のテレビ 3 局がそれぞれ DC，社会党，共産党の影響下にあったことは，これを如実に物語っている．

　戦後の政府と利益集団の関係をネオ・コーポラティズムとしてとらえる視点も重要である．イタリアの場合，財界の頂上団体である産業総同盟（Confindustria）は，戦前のファシズム体制への協力に対する反省もあって，政治への強い介入は避けながら，経営者の自律が制限されるドイツ型の共同決定制度は導入せず，労組を主要な政策決定から排除した．しかし，労働運動が高揚した 1969～1970 年の「熱い秋」以後，イタリア労働総同盟（CGIL，左派系），イタリア労組同盟（CISL，カトリック系），イタリア労働連合（UIL，穏健左派系）の 3 大労組の統一行動が定例化したことで，労組の影響力が高まった．1970 年の労働者憲章法により解雇規制が厳格化され，3 大労組は政府，経営者との交渉で公的地位を保証され，1975 年には賃金の物価スライド制「スカラ・モービレ」も導入された．

　こうした 70 年代の労働運動の成果は，ドイツや北欧のような制度化された協調（concertation）が存在しない条件下で行われる国家と労組間の政治的権力の一部の交換，「政治的交換」（scambio politico）と見られている（Pizzorno 1978；レジーニ 1987；眞柄 1992）．これには，左右の過激派テロに悩まされた「鉛の時代」（銃弾を象徴する表現）であった 70 年代に DC が非常時の統治の正統性を得ることに腐心していた一方，カトリック勢力との「歴史的和解」を提唱したベルリングェル（Enrico Berlinguer）書記長のもとで勢力を拡大していた共産党も協調的態度を示したことが影響している．70 年代末には，共産党の消極的支持を得た「国民的連帯」政権も成立したが，欧州通貨制度（EMS）導入などでは合意に至らず，協力関係は深化しなかった（馬場 1984）．

　世俗化の進行と「新しい社会運動」の広がりは，国民投票制度によって 1970 年代以降に促進された．カトリック教会の意向に反し離婚法と中絶法は維持され，環境問題への関心の高まりから原子力発電所は廃止された．こ

うした流れに DC 以上にうまく対応できたのは社会党であり，特に 1980 年代はクラクシ首相によるスカラ・モービレの上限設定や国家と教会の関係を定めたコンコルダート（政教協定）の改正などの「決断主義」（decisionismo）により国際的な経済自由化の動きにもかなり対応した（馬場 1991；眞柄 1992）．一方で共産党は，1984 年のベルリングェル書記長の急死の後は路線が硬直化し，停滞期に入った．しかし「第二共和制」のもとで，社共両党の消長は明暗が逆転する．

(3) 第二共和制で何が変わったか？

「第二共和制」は，確かに「第一共和制」の政党と政治家を一新したとはいえる．1992 年のミラノの福祉施設をめぐる贈収賄事件「タンジェントポリ」に始まった汚職摘発作戦「清潔な手」では各党の党首級の政治家，IRI などの公企業，民間の有力企業の経営者にまで捜査が及び，クラクシ元首相は検察の訴追許諾を国会で否決させチュニジアに亡命，同地で客死した．この過程で DC は 1993 年に解党し，人民党（PPI）と複数の小政党に分裂，社会党勢力も分散した．すでに共産党は冷戦終結を受け，1991 年に左翼民主党（PDS）に改称していたが，これに反対した最左派が再建共産党（PRC）を結成した．

以後の選挙戦では旧 DC 支持の広大な中道層をいかに取り込むかが各党の課題となった（眞柄 1998）．1993 年の統一地方選では，左翼民主党を中心とする「進歩派」連合が，ローマのルテッリ（Francesco Rutelli，急進党および「緑」出身），ヴェネツィアのカッチャーリ（Massimo Cacciari，元共産党出身），トリエステのイッリ（Riccardo Illy，企業経営者）など党派色の薄い候補を市長に当選させ，その後の政界再編の中核となることが期待された．しかし，実際に中道層の獲得に最も成功したのはメディア王ベルルスコーニがその財力を活かし，無から作ったフォルツァ・イタリア（Forza Italia）である．フォルツァ・イタリアは政治的には旧 DC，旧自由党など中道・右派の広範な勢力を糾合しつつも，思想的にはキリスト教民主主義を直接継承して

おらず，経済政策では新自由主義を掲げることに特徴がある．その後の10年でフォルツァ・イタリアは中道・右派のなかで支配的な地位を占める第1党になったが，左翼民主党は中道・左派の第1党でありながら，1998年に左派系諸派を含む連合政党「左翼民主主義者」(DS) に改組した後も党勢は拡大しておらず，総選挙の統一首相候補はプローディ (Romano Prodi, 1996年)，ルテッリ (2001年) ら中道派に譲り，自らは副首相候補に甘んじている．

1993年に国民投票で支持され成立した新選挙法は，独裁を嫌った戦後イタリアの伝統である比例代表制を廃し，上下両院とも小選挙区議席を75%としたが，残り25%の比例区議席の配分は小選挙区での勝者への配分を一定割合で抑制することで，各党の得票率に議席配分を若干近づける工夫がなされている．この方向性が不明瞭な比例区を廃止する選挙法改正も1999年に国民投票にかけられたが，賛成多数ながら南部選挙民の無関心が影響して投票率が50%を割り無効となった結果，選挙法改正に集中していた政治改革の動きも止まった．しかし，この複雑な選挙法は現在のイタリアの政党システムに大きな影響を与えている．

2001年の総選挙は，フォルツァ・イタリアを中心とする中道・右派連合「自由の家」が上下両院で中道・左派連合「オリーヴの木」に圧勝し，1993年の新選挙法施行以来初めて両院共通の多数派が一元的に選択されただけでなく，実に普通選挙導入以前の1876年の選挙以来初めて，明確な形で政権交代がなされたという意味で歴史的な選挙であった．新選挙法のもとでの3回の選挙を経て，左右の2大連合の得票率合計は89.7%，議席数合計は97.6%に達し，ほとんど2つの政治勢力に収斂しているように見える．しかし，この数値をもってしてもイタリア政治が本格的な二党制に向かっていると見るのには大いに疑問がある (D'Alimonte e Bartolini 2002)．

全国得票率4%の阻止条項がある下院の比例区では大政党は単独リストで闘うため，小政党は小選挙区で2大連合のいずれかの統一候補となるか，比例区で勝算の少ない小政党同士の小連合を組むしかない．このため，連合は

比較的容易に形成されるが，連合に加われば小政党でも生き延び，連合内でその主張を無視できない存在となるため，選挙後の連合内の政策決定は容易でなくなるのである．新選挙法はイタリアの国内政治を 2 大連合間の競争に再編したものの，連合が政党に取って代わることはなく，政党の断片化を凍結したまま，かなりの程度まで「小選挙区の比例代表制化」を招いている (D'Alimonte e Bartolini 2002)．「第二共和制」への「移行」終了を唱えにくい原因はここにある．

　その結果，近代以降のイタリア政治史に広く見られる，政権交代を経ずに保守派が漸次的に進歩派の吸収および無力化を進める「トラスフォルミズモ (変異主義)」(trasformismo) は，今日の連合構成政党の組み替えにまでアナロジーが働く．1994 年総選挙では，中道・右派は下院で圧勝したが，上院では過半数に及ばず，第 3 極の中道勢力の一部を取り込んだが，北部同盟の離反により第 1 次ベルルスコーニ内閣は 7 カ月で崩壊した．1996 年総選挙では，勝利した中道・左派連合「オリーヴの木」が再建共産党の閣外協力を得て政権に就いたが，同党の離反でプローディ内閣は下院でわずか 1 票差で不信任された．中道・左派は中道・右派の一部を取り込み 2001 年まで政権を維持したものの，選挙によらない連立の組み替えは野党に格好の攻撃材料を与えただけでなく，連合内も内紛にまみれた．

　このような政党システムの再編期に，特に 1990 年代前半には汚職捜査により既存政党が政策決定から一時的に排除された空白を埋める形で政策決定に携わることとなったのは，イタリア銀行や政府機関出身者を中心とする「非議員実務家（テクニチ）」である．これには，財政危機や欧州通貨統合に対応する専門知識を有した人材が必要であったことも大きい．マーストリヒト条約による加盟国マクロ経済の収斂基準は，加盟国政府から財政赤字や自国通貨の切り下げという国内景気の調整手段を奪い，行政の効率化，民営化，補助金廃止などにより国際的なスタンダードに調和させるための制度改革を促すものであった．戦後の連立政権が一つの利権構造を形成していたイタリアは特に既得権益保護の傾向が強く，各国の監視のもと，いわば「外圧」

（vincolo esterno：外からの拘束）により厳しい改革が求められることとなった（八十田 2002；村上 2003）．

　特にイタリア銀行はこの課題に対応できる最良の人材供給源であり，1993年就任のチャンピ（イタリア銀行総裁），1995年就任のディーニ（Lamberto Dini, 同専務理事）の2人の非議員首班を生んでいる．1992年および2000年就任のアマート（Giuliano Amato, 旧社会党），1996年就任のプローディ（旧DC左派，元IRI総裁）は議席は有していた（アマートも2000年当時は非議員）ものの，憲法学と産業政策の専門家としての性格も強い．彼らは連立政党（もしくは政権支持政党）全体に支持された人物であり，国民との接点は少なく，政策執行にかなりの自由度を確保し，欧州統合への対応を理由に与党に対しても優位に立った．（Felsen 1999；Fabbrini 1999）．これらの元首相全員が最終的には中道・左派政権に加わったように，今日の中道・左派と官僚エリート層の親和性は高い．

　このような政策決定者が，その正統性の担保のため主たる対話相手としたのは，社会アクター，特に労組であった．特に90年代の前半においては国民に負担を強いる財政緊縮政策の実行のために，諸利益の仲介機能を失った政党に代わり，労組の相対的重要性が高まった．さらに政策実行を確実にするために，産業総同盟を頂点とする経営者団体の参加を得て，政・労・使間の合意を「社会協約」（patto sociale）という形で文書化し，3者間，特に政・労間の協議を公式化する傾向が強まった．年金制度改革など労組の抵抗が強い部門では改革に遅れも見られるが，欧州通貨統合という「外圧」により，さらには中道・左派政権の成立により，傾向的には労組がかなり協調的な態度を示すようになったといえる（Ferrara e Guardini 1999）．もっとも，汚職捜査が一段落し，ユーロ参加を達成した90年代末には政党側の巻き返しも目立つようになっており，以下で述べるように中道・右派政権は財界の支持を受けつつも，労組との関係は微妙である．

3　欧州化への適応——新自由主義的政策の難航

欧州化がイタリアに適応を求める「外圧」は，通貨統合の収斂基準（特に単年度財政赤字の対GDP比3％以下という基準）のように，EUの厳しい監視が入るものと，労働市場改革のように強制力が小さく目標達成の手段を問わない（オープン・メソッド）ものに分かれる．この2つの課題に対する対応は，中道・左派と中道・右派の間で大きく異なっている．

（1）辻褄合わせの財政運営

1996年の総選挙は，欧州統合が国内政治の主要な争点の1つであり得た唯一の選挙であった（Fossati 1999）．プローディ元・産業復興公社（IRI）総裁（現欧州委員長）を首相候補に掲げた中道・左派連合「オリーヴの木」は，マーストリヒト条約の収斂基準の遵守を掲げ，通貨統合開始時期の延期に引き続き期待していた中道・右派連合「自由の極」に勝利した．プローディ政権は「ユーロ税」などの財政臨時措置により1997年の財政赤字をGDP比2.7％に下げることでユーロ導入第1陣への参加を達成した（Spaventa e Chiorazzo 2000）．しかし，中道・左派政権のもとで増税と緊縮政策により財政は健全化したものの，国内投資と経済成長に関しては，90年代の平均成長率が1.7％と他のEU諸国と比較しても低い水準に留まった（Brunetta 2001）．プローディ政権が最左派の再建共産党の閣外協力を失った理由の1つが南部の失業対策の遅れであったように，中道・左派の経済政策は国内の経済成長への具体的なイメージを欠いていた（Rossi 2002）．

成長重視を掲げて中道・左派に勝利した中道・右派政権も，原則的には経済通貨統合の収斂基準を遵守する姿勢を示している．しかし，その財政運営は2001年9月11日以後の国際情勢の不安定化やイタリア経済の後退によって難航し，収斂基準達成のためにかなりの「禁じ手」も用いている．

中道・右派政権で財政・経済政策を一手に握ったトレモンティ（Giulio

Tremonti)経済・財務相は,所得税,法人税の大規模な減税を軸とする,かつてのレーガン(Ronald Reagan)米政権のような教科書通りの新自由主義的経済政策の展開を図った.まず,企業利潤の税控除などを定めた「トレモンティ2」法を提出したが,同時期に提出された2002～2006年DPEF(経済・財政計画書)とともに具体的な財源がないとして会計検査院から改善勧告を受けた.その後のDPEFにも同様の改善勧告が出されており,ここに現政権が既存の官僚エリートを説得する行政的な洗練を欠くことが露呈されている(Ariemma e Menichini 2002).

2001年に採択された2002～2006年DPEFでは,5年間に国民負担率を43%から37%に,失業率を10%から7%までに低下,就業率を54%から62%に上昇させることを目標とするなど野心的な数字を掲げていた.中道・左派政権と一線を画すべく減税重視に政策転換し,一方でメッシーナ海峡大橋など大規模な公共事業を計画し,福祉予算の削減にも慎重なため,財源は大幅な民営化に頼らざるを得ない図式になっている.

例えば,その一環として,経済・財務省の全額出資で国有財産株式会社とインフラストラクチャー株式会社が設立された.前者は国有財産を売却,商業化することで収益を公共事業予算に回し,後者は前者の管理する国有財産を担保に債券を発行しインフラ建設を推進していくというものである.しかし,これには,債務を国家予算から外し,財政赤字を見かけ上削減するねらいがあると観測された.コロッセオなどの文化財までもが売却されるのではとの危惧が広がり,チャンピ大統領からも改善勧告が出されたため,ベルルスコーニ首相が文化財は売却の対象としないこと,インフラ会社の債券は国家が直接保証し,国有財産を担保とはしないことを言明した.EU統計局(ユーロスタット)は2002年7月に,国有不動産証券化や国営宝くじの収益を算入したイタリアの予算会計処理を認めず,2001年のイタリアの財政赤字が対GDP比1.6%ではなく,実際には2.1～2.2%に相当すると判定している.

さらに,2002年8月には減税措置や自己申告制の導入で2002年上半期に

大幅な歳入不足があることが明らかになり，2003～2006年DPEFの計画数値は修正され，新たに200億ユーロの財源確保が必要となった結果，80年代までに見られたイタリア財政の悪癖である一連の「財政恩赦」(condono fiscale) 措置が復活した．これは脱税などの違法行為をした者にその累積額の一部を支払わせることで責任を免除し，政府予算の緊急の必要に当てるもので，モラル・ハザードや資金洗浄防止の面からも問題があり，中道・右派政権の信頼を失墜させた．大幅な支出削減が必要となるなかで，中道・右派政権は重要公約である法人税引き下げや年金最低額（100万リラ）は維持しようとしている．そのため，教育・保健予算の一部削減が検討され，影響が予想される地方政府の首長からも批判を集めた（Ariemma e Menichini 2003）．

トレモンティは欧州委員会主導の財政均衡よりもECOFIN（経済・財務相理事会）でのEU安定・成長協定の柔軟な運用に期待を述べて，協定見直しの急先鋒とも見なされた．トレモンティのもとでイタリアは様々な財政特別措置を利用した上で財政赤字が対GDP比2%台で推移するという，いわば薄氷を踏む財政運営を続け，仏独両国の財政悪化によりEUの目指していた2004年の各国予算の均衡が先送りされたことで救われたにもかかわらず，2002年にポルトガル，ドイツ，フランスが3%を超えEUの早期警戒対象となることが明らかになると，基準達成を求める諸国の呼びかけに加わるという矛盾した態度をとったため，国際的信用を大いに損ねた．2004年6月の欧州議会選挙ではフォルツァ・イタリアが大敗（他の与党は堅調）したため，連立与党からも批判を受けていたトレモンティは経済・財務相は辞任した．代わって経済・財務相を兼任したベルルスコーニ首相がECOFINに出席して，欧州委員会が提案したイタリアへの早期警戒対象措置の発動をかろうじて「要観察」に留めさせた．

(2) 政・労・使「協調」の綻び：労働市場改革

欧州化は労働分野でも国内システムの再編を促し，労働法制の現代化を迫っている（大内 2003）．90年代の基調となる，政・労・使「協調」路線を支

えた社会協約は，1992年7月31日の協定，および1993年7月23日の賃金の物価スライド制（スカラ・モービレ）を廃止する協定など，当初はむしろマクロ経済運営のための協力を求めたものであり，雇用政策への取り組みは1996年9月の「労働のための協定」，および1998年12月の「成長と雇用のための社会協約」，通称「クリスマス協約」まで待たねばならなかった(Contarino 2000)．その後，中道・左派政権は「トレウ改革」で派遣労働の解禁などの成果を上げてきたが，その内容は他のEU諸国に比べればまだ限定的で，職業斡旋業の自由化や契約雇用の拡大では規制緩和はあまり進んでいなかった．

　しかし，2000年3月のリスボン欧州理事会でEU全体の雇用率の目標が2010年までに70％（女性は60％）に設定されたため，雇用率が全般的に低いイタリアは労働市場の柔軟化が急務となっている．労働市場改革の鍵となるのは，労働者憲章法（1970年5月20日法律300号）第18条の改正である．同条は労働者が正当な事由なく解雇されたと裁判で認定された場合に復職および復職までの期間の金銭的補償を義務づけており，解雇を厳しく規制し労働市場の柔軟化を妨げているとして産業総連盟が年金制度改革と並んで中道・右派政権支持の条件としていたものである[2]．

　このような流れに呼応して，中道・右派政権は2001年10月に労働・社会政策省が発表した『労働市場白書』で労働者憲章法の改正を目指す姿勢を明確にした．この白書の作成代表者の1人であるビアージ（Marco Biagi）教授は，中道・左派政権時代から政府に助言し，欧州統合に対応した労働市場の柔軟化を説いていたが，中道・右派政権はその見解を政治的に利用し，自らこそ欧州派であるという理論武装をした[3]．

　戦後の労働運動の象徴的な成果である労働者憲章法の改正に激しい抵抗が予想されたにもかかわらず，政府は労働関連法規を議会審議を省略し，賛否のみを問う委任立法で処理する意向を表したため，左派系のCGILを中心とする労組の猛反発を受けた．CGILのコッフェラーティ（Sergio Cofferati）書記長（当時）は，ベルルスコーニ政権批判の急先鋒となり，その指導

力のもとで2002年4月，18年ぶりに3大労組によるゼネストが実施されたが，カトリック系のCISLと穏健左派系のUILはストの拡大には消極的であり，政府と労組による包括的な協議がスタートした．協議は労働市場，税制改革，闇労働，南部対策の4つのテーマに分けられたが，このうち労働市場に関する協議にCGILは参加しなかった．この協議は，CGILを除いて政府と産業総同盟，CISL，UILなど39の経済団体・労組が同年7月に「イタリアのための協約」に署名することで終了した．

この協約は，前文でEUの雇用率目標を明記し，政労使3者共通の認識としてイタリアが最も就業率の低い国であることを確認している．焦点の労働者憲章法第18条については妥協が成立し，条文そのものは改正されることなく，3年間の実験的措置として従業員15人以上の企業にのみ解雇制限が緩和されるという小幅の改正に留まった．

新たな社会協約が結ばれたものの，実際には最大の労組のCGILが署名していないので，「協調」体制の基礎は危うくなっている．むしろ，連立与党や協定に署名した労組がこの協約を遵守するという姿勢を示すことで，国内統治のギリギリの基礎となっているのである．中道・右派政権は2003年2月に非正規雇用の拡大を含む包括的な労働市場改革関連法を議会で可決している．

4 「福祉のマーストリヒト」を求める国内状況

現在の政策論議の中心は年金制度改革である．これもEU，財界，イタリア銀行などから改善を求められている問題であり，これまでの寛大な支給のため年金関連支出は既にGDPの約15％に達しており，1995年の「ディーニ改革」により，現在の57歳（納付35年）まで徐々に引き上げられてきた年金受給開始最低年齢はさらなる引き上げが不可避である（Monorchio 2000）．中道・右派政権はこれを2008年までに男性65歳，女性60歳（納付40年）まで引き上げることを提案したが，ここに至って労働者憲章法をめぐ

って意見が分かれていた左翼系のCGILとカトリック系のCISLが政府案への反対で団結し，既に複数回のゼネストが決行されている．イタリア銀行のファツィオ（Antonio Fazio）総裁は現状のままでは長期的な維持ができないとして年金制度の速やかな改革を求めているが，現在の財政状況では有効な対策は打ちにくく，政府・労組間の協議も進展していない．ベルルスコーニは抵抗の多い年金制度改革には欧州の協力が必要であるとして「福祉のマーストリヒト」を各国に提唱したが，もとよりEUにおいても制度的な調和を図ることが難しい分野である上に，信頼を欠く政権への各国の反応は少なかった．

　財政政策以外でも中道・右派政権の信頼は損なわれつつある．親欧州，親アラブのイタリア外交の伝統に反した極端な親米，親イスラエルの外交姿勢も，今後のイラク情勢の展開によっては，遅くとも2006年には実施される総選挙と大統領選挙（国会議員と地方代表による投票）への影響が予想される．一方，野党の中道・左派も，議会外活動を盛んに行う左派とそれに慎重な中道勢力の間で微妙な対立があり，大胆な代案を示せないまま，プローディ欧州委員長の国内政治復帰を期待する声が高まっている．次期政権が中道・左派政権になる場合にも，中道・右派による財政の混乱の修復とともに，労働市場改革と年金制度改革という共通の課題が引き続き残されているのである．

◆註
1) 歴史家ガッリ＝デッラ＝ロッジャの著書『祖国の死』（Galli della Loggia 1996）の刊行以後右派を中心にレジスタンスの評価を相対化させる動きがある．
2) 急進党が提案した第18条改正の是非を問う2000年5月の国民投票で産業総同盟は同条廃止のキャンペーンを打った．結果は賛成33.4％，反対66.6％と労働者側の強い反対の意志が示されたが，投票率が過半数を割ったため，賛否の票数にかかわらず不成立であった．
3) ビアージはイギリスのブレア政権の「働くための福祉」政策，オランダのワークシェアリングやスペインの2001年の政労使協定を高く評価するなど，イタリアでは珍しい労働分野での明確な欧州統合推進派である．2002年3月にビアージが新「赤い旅団」と思われる極左テロにより殺害され，国際的信用を欠

く中道・右派政権が自らの労働市場改革を「ビアージ改革」と呼んでいるのは，二重の意味で悲劇的である．

◆参考文献
日本語文献

石田憲．2003．「イタリアにおける戦争の記憶」『千葉大学法学論集』17(4): 137-136.

伊藤武．1999．「『政党支配』再考：キリスト教民主党の優位の形成過程 1949-1956」『国家学会雑誌』112 (9/10): 162-222.

大内伸哉．2003．『イタリアの労働と法：伝統と改革のハーモニー』日本労働研究機構．

サルトーリ, ジョヴァンニ．2000．岡沢憲芙・川野秀之訳『現代政党学：政党システム論の分析枠組み』早稲田大学出版部．

高橋進．1998．「イタリア極右の穏健化戦略：イタリア社会運動から国民同盟へ」山口定・高橋進編『ヨーロッパ新右翼』朝日新聞社：133-177．

馬場康雄．1984．「『歴史的妥協』か『権力掌握』か」篠原一編『連合政治』II, 岩波書店．

馬場康雄．1991．「遅れてきた『豊かな社会』の政治変容：1980 年代のイタリア」東京大学社会科学研究所編『現代日本社会2 国際比較』東京大学出版会．

藤澤房俊．1997．『大理石の祖国：近代イタリアの国民形成』筑摩書房．

眞柄秀子．1992．『西欧デモクラシーの挑戦：政治と経済の間で』早稲田大学出版部．

眞柄秀子．1998．『体制移行の政治学：イタリアと日本の政治経済変容』早稲田大学出版部．

水島治郎．2002．「西欧キリスト民主主義：その栄光と挫折」日本比較政治学会編『現代の宗教と政党 比較のなかのイスラーム』早稲田大学出版部：31-63．

村上信一郎．1995．「もしイタリアが一つの国であることをやめるならば：デモクラシーと市民社会の危機の表現としての民族／地域主義運動」西川長夫ほか編『ヨーロッパ統合と文化・民族問題』人文書院：207-233．

村上信一郎．2002．「イタリアの移民問題と新右翼：北部同盟の反イスラム移民論を中心に」『海外事情』（拓殖大学）50(10): 35-47.

村上信一郎．2003．「EU 統合と政治改革：イタリアの『長い過渡期』」日本比較政治学会編『EU のなかの国民国家：デモクラシーの変容』早稲田大学出版部：99-120．

レジーニ, マリノ．1987．稲上毅ほか訳「政治的交換の条件：イギリスとイタリアにおける協調的提携の出現と崩壊」J. H. ゴールドソープ編『収斂の終焉：現代西欧社会のコーポラティズムとデュアリズム』有信堂：118-147．

八十田博人．2002.「イタリアの欧州統合への対応：1992〜2001　移行期におけるテクノクラート，政党，社会アクター」『ヨーロッパ研究』（東京大学）1: 137-160.

英語文献

Brunetta, Renato. 2001. Italy's Other Left. *Deadalus* 130-3 (summer 2001). Italy : Resilient and Vulnerable, vol. 2 : Politics and Society : 25-45.

Giuliani, Marco. 2001. Europeanization and Italy : A Bottom-up Process? In Kevin Featherstone and George Kazamias (eds.). *Europeanization and the Southern Periphery*. Frank Cass, London : 47-72.

Monorchio, Andrea. 2000. Reform: Pension System. *International Journal of Public Administration* 23-2/3 (Special Issue "Public Administration Reform in Italy : Changes in Organization, Personnel, Procedures, and New Approaches to the Delivery of Public Services") : 293-314.

Pizzorno, Alessandro. 1978. Political Exchange and Collective Identity in Industrial Conflict. In Colin Crouch and Alessandro Pizzorno (eds.). *The Resurgence of Class Conflict in Western Europe since 1968*. London : Macmillan.

イタリア語文献

Ariemma, Iginio e Stefano Menichini (a cura di). 2002. *Un anno in rosso : Perché fallisce la politica economica e sociale del governo Berlusconi*. Roma : Riuniti.

Ariemma, Iginio e Sefano Menichini (a cura di). 2003. *Alla deriva. Il fallimento della politica economica del governo Berlusconi*. Rome : Riuniti.

Contarino, Michael. 2000. Il ⟪Patto sociale per lo sviluppo e l'occupazione⟫ del dicembre 1998 : verso una nuova politica economica per un ⟪paese normale⟫? In *Politica in Italia : I fatti dell'anno e le interpretazioni*, Edizione 2000, Bologna : il Mulino : 183-199.

D'Alimonte, Roberto e Stefano Bartolini, (a cura di). 2002. *Maggioritario finalmente? La transizione elettorale 1994-2001*. Bologna : il Mulino.

Diamanti, Ilvo. 1996. *Il male del Nord, Lega, localismo, secessione*. Roma : Donselli.

Fabbrini, Sergio. 1999. Dal governo Prodi al governo D'Alema : continuità o discontinuità. In *Politica in Italia : I fatti dell'anno e le interpretazioni*, Edizione 99. Bologna : il Mulino : 139-159.

Felsen, David. 1999. La riforma del ⟪regime di bilancio⟫. In *Politica in Italia : I fatti dell'anno e le interpretazioni*, Edizione 99. Bologna : il Mulino : 181-200.

Ferrara, Maurizio e Elisabetta Guardini. 1999. *Salvati dall'Europa?* Bologna : il Mulino.

Fossati, Fabio. 1999. *Economia e politica estera in Italia*. Milano : Franco Angeli.
Galli, Giorgio. 1966. *Il bipartitismo imperfetto. Comunisti e democristiani in Italia*. Bologna, Il Mulino.
Galli della Loggia, Ernesto. 1996. *La morte della Patria*. Roma-Bari : Laterza.
Ignazi, Piero. 1994. *Postfascisti? Dal Movimento sociale italiano ad Alleanza nazionale*. Bologna : il Mulino.
ITANES. 2001. *Perché ha vinto il centro-destra*. Bologna : il Mulino.
Pasquino, Gianfranco. 2000. *La transizione a parole*. Bologna : Il Mulino.
Pepino, Livio (a cura di). 2003. *Attacco ai diritti : Giustizia, lavoro, cittadinanza sotto il governo Berlusconi*. Roma-Bari : Laterza.
Poli, Emanuela e Marco Tarchi. 1999. I partiti del Polo : uniti per cosa? In *Politica in Italia : I fatti dell'anno e le interpretazioni*, Edizione 99. Bologna : il Mulino : 79-100.
Rossi, Nicola. 2002. *Riformisti per forza : La sinistra italiana tra 1996 e 2006*. Bologna : Il Mulino.
Rusconi, Gian Enrico. 1993. *Se cessiamo di essere una nazione : Tra etnodemocrazie regionali e cittadinanza europea*. Bologna : il Mulino.
Scalfari, Eugenio e Giuseppe Turani. 1974. *Razza padrona : Storia della Borghesia di Stato e del capitalismo italiano 1962-1974*. Milano : Feltrinelli.
Spaventa, Luigi e Vincenzo Chiorazzo. 2000. *Astuzia o Virtù? : Come accade che l'Italia fu ammessa all'Unione monetaria*. Roma : Donzelli.
Tarchi, Marco. 1997. *Dal Msi ad An*. Bologna : il Mulino.
Vacca, Giuseppe. 2003. Il primo anno del (secondo) governo Berlusconi. In Giuseppe Vacca (a cura di). *L'unità dell'Europa : Rapporto 2003 sull'integrazione europea*. Bari : Dedalo.

ホームページ(いずれも2004年7月時点で接続も確認)
(政府機関)
首相府 [http://www.palazzochigi.it]
首相府欧州政策局 [http://www.politichecomunitarie.it]
経済・財務省 [http://www.tesoro.it] DPEF (経済・財政計画書) はここからダウンロードできる.
内務省 [http://www.inteno.it] 国政選挙, 地方選挙の公式データはここにある.
労働・社会政策省 [http://www.welfare.gov.it] 公的文書のほか, マルコ・ビアージの論文も読むことができる.
国家統計局 [http://www.istat.it] 経済統計を含む各種統計にアクセス可能.
憲法裁判所 [http://www.cortecostituzionale.it] EU法と国内法の関係についての判断や, レファレンダム (国民投票) の発議の合憲性の審査などで近年重要

性を増している機関である．
(利益団体)
産業総連盟 [http://www.confindustria.it]
イタリア労働総同盟 (CGIL) [http://www.cgil.it]
イタリア労組同盟 (CISL) [http://www.cisl.it]
(議会)
上院 [http://www.senato.it]
下院 [http://www.camera.it]
(有力政党・政党連合)
「自由の家」(中道・右派連合) [http://www.casadelleliberta.net]
フォルツァ・イタリア [http://www.forza-italia.it]
国民同盟 [http://www.alleanzanazionale.it]
北部同盟 [http://www.leganord.org]
「オリーヴの木」(中道・左派連合) [http://www 2.ulivo.it]
左翼民主主義者 (DS) [http://www.dsonline.it]
マルゲリータ (中道 3 党連合) [http://www.margheritaonline.it]
(有力メディア)
『レプッブリカ』[http://www.repubblica.it] 広範な左翼ミリューに向けて 1976 年に創刊された，主要紙で唯一中道・右派政権に批判的な新聞．
『コッリエーレ・デッラ・セーラ』[http://www.corriere.it] 伝統あるミラーノの主要紙，中道的．

第9章

スペイン・ポルトガル

国家コーポラティズムから社会的協調へ

横 田 正 顕

1 「イベリア政治」と比較政治

(1) 「イベリア政治」学の貢献

　大陸ヨーロッパの西端で長い国境線（1,292 km）を介して隣接するスペインとポルトガルは，レコンキスタや「地理上の発見」の他にも多くの歴史的経験を共有する．20世紀の政治に関しては，両大戦間期に起源を持つ権威主義体制の長期支配，1970年代における権威主義体制からデモクラシーへの同時的な体制移行，民主化とECへの同時加盟（1986年1月1日）による「ヨーロッパ回帰」等がそれに当たる．また，政治社会の人的・組織的つながりを特徴づけるクライエンテリズムや，政治変動に際しての軍の役割等，政治構造を規定する共通の要素にも事欠かない．このように「イベリア政治」とも言うべき顕著な同質性を持ったスペイン・ポルトガルの同時代的観察は，権威主義体制論（Linz 2000），コーポラティズム論（Wiarda 1977; Schmitter 1999, cap. 3）等，現代政治学の発展を語る上で不可欠の概念や分析枠組みを生み出した．

　1970年代のスペイン・ポルトガルの民主化は，その後の世界的民主化ブーム（いわゆる民主化の「第三の波」）の発火点として注目を集めた．スペインでは，フランコ（Francisco Franco Bahmonde）の死（1975年11月）に先立って近代化路線をめぐる政治エリートの間の亀裂が生じていたが，政治エ

リート間の交渉と妥協はこの亀裂を吸収し，旧体制との政治的連続性の中で変革が成し遂げられた．このことは凄惨な内戦（1936～1939年）の経験とのドラマチックな対比からも多くの注目を集め，民主化ブームの波及を通じて，「スペイン・モデル」と呼ばれる交渉と妥協の政治ゲームが体制移行を理解・実践する上での支配的モデルとなった（Colomer 1998）．

(2) 「イベリア政治」学の課題

しかし，「イベリア政治」発の輝かしい政治学的革新は，皮肉なことに現在の「イベリア政治」学の発展を阻害する要因でもある．第1に，これらの理論や分析枠組みは主として非西欧地域の政治現象の解明に貢献してきたが，それはかえって西欧内部における「イベリア政治」の特異性を際立たせ，他の西欧諸国との比較可能性を排除する意味を持っていた．すなわち，「イベリア政治」の非西欧的過去と西欧的現在とを全く別の歴史的段階と捉える立場が，2つの段階を論理的に関連づける試みを大幅に遅らせている．第2に，それらの理論や概念は，そもそも近似的システムであるスペイン・ポルトガルの政治を体系的に比較する上で有効でない．現代政治学の沃土をなしたイベリア半島は，スペイン・ポルトガルの相互比較に関して見るべき成果に恵まれないという逆説を抱えている．

現代「イベリア政治」学の鍵は，スペイン・ポルトガルの政治に見られる有意な差異に着目しながら，それぞれの「過去」と「現在」を架橋することである．体制移行の様式（もしくは体制移行期における政治的配置）の問題は，これらの鍵の中心に位置する．ポルトガルではまずクーデタで旧体制が瓦解し（「カーネーション革命」Revolução dos Cravos），移行局面の革命的急進化を経てデモクラシーが樹立された．スペインの経験をパラダイム的事例とする体制移行論では，ポルトガル革命は例外や逸脱と位置づけられる以外になかった[1]．しかし，いずれのデモクラシーも十分に定着した現在では，もはや改革（連続）と革命（断絶）のどちらがより典型的（かつ望ましい）かではなく，移行様式の違いがデモクラシーの作動をどう規定した（規定し続けて

いる)かを問う方がはるかに生産的である．

　また，スペインとポルトガルのデモクラシーが異なる制度体系に支えられていることは重要である．例えば，ポルトガルでは一院制議会と大統領制が統治機構の核であるが，スペインでは二院制議会を持つ議院内閣制が採用された．また，ポルトガルでは伝統的な単一制国家の構造が維持されたのに対し，スペインでは歴史的地方（バスク，カタルーニャ，ガリシア）の自治憲章の採択を契機として，17の自治州からなる「自治州国家」(Estado de las autonomías) への移行が生じた[2]．政治過程に対する制度的影響の考察は現代政治学の常套的な手法であり，この点でスペインとポルトガルが比較分析の恰好のペアを提供していることは確かであろう．

　スペイン・ポルトガルの政治に見られるいまひとつの共通現象は，民主化後の政労使の「社会的協調（共同歩調）」(social concertation) の枠組みの成立である．後に述べるように，グローバル化とヨーロッパ化の時代において，社会的パートナーの参加を伴うマクロ政策決定の再生は，ヨーロッパ共通の傾向として関心を集めている．しかし，「イベリア政治」の文脈で重要なことは，政党（システム）と利益団体（システム）が移行期の産物であり，社会的協調の出現もまた，デモクラシーの固定化局面と大きく重なる点である．本章では，「イベリア政治」学における近接比較の実験的試みとして，スペイン・ポルトガルの体制移行が，社会的協調の制度化のレベル，交渉・協調のパターン，政策合意の射程にどのような影響を与えたかについて考察したいと考える．

2　ヨーロッパの再「コーポラティズム」化と「イベリア政治」

(1)　ネオ・コーポラティズムの衰退と新しい「コーポラティズム」

　第2次世界大戦後のヨーロッパでは，政府と労使の代表からなる公共政策形成の枠組み（コーポラティズム）が広く観察された．政治的デモクラシーとの共存を前提とする戦後のコーポラティズムは，後に「ネオ・コーポラテ

ィズム」と呼ばれて権威主義体制下のコーポラティズムと区別された．その最盛期（1950～1970年代）には完全雇用・福祉給付の充実を見返りとする賃金上昇の抑制が一般化し，第1次オイルショックの直後には，コーポラティズム型調整機構の発達と経済危機への対応能力との関連性に高い関心が寄せられた．しかし，この分野の研究が本格化する1980年代には，コーポラティズム自体の衰退に関する予測が現れ始めていた．

その背景には，経済成長の鈍化，財政赤字の昂進，国際競争の激化と資本の国際的流動性の高まり，脱工業化と技術革新に伴う労働力の再編といった内外の変化が挙げられる．これらの変化は労使間の妥協の余地を狭めるとともに，労使の内部でも利害対立を顕在化させ，さらにはコーポラティズムの制度的基盤である利益団体の組織力の低下と，労使交渉の分権化・分散化を促すと考えられた．1980年代のスウェーデンで社会民主労働党（SAP）のヘゲモニーが弛緩し，労働総同盟（LO）と経営者団体連盟（SAF）との協調関係に基づく集権的賃金交渉の枠組みが事実上破綻したことは，コーポラティズム衰退の象徴と見られるようになった．

しかし，先進諸国を通じて資本主義の「脱組織化」(disorganization) の傾向が同じでないことは (Hall and Soskice 2001)，1990年代以降のヨーロッパでコーポラティズム型調整が依然としてマクロ政策過程の一部として生き残り（ノルウェー，フィンランド，オーストリア，オランダ，ベルギー），あるいは新たに政府と労使間の関係形態として「社会的協調」が定着しつつある（アイルランド，イタリア，ギリシア，スペイン，ポルトガル）ことにも明らかである (Fajertag and Pochet 1997, 2000; Grote and Schmitter 2003)．ただし，高度成長期とは政治経済的文脈を異にする今日の「コーポラティズム」は，政策目標の点でも組織構造の点でも，かつての（ネオ）コーポラティズムとは大きく異なる．

(2) 「サプライサイド／競争的コーポラティズム」と「社会的協調」

グローバル市場における競争力の向上が追求される今日，先進諸国では一

般に労働市場の流動化や賃金コストの抑制が重要な課題である．しかし，政策領域の相互依存性が上昇し，競争力の追求自体が福祉・教育・税制等の幅広い領域にわたる調整を必要とすることが，新たな「コーポラティズム」化を促す．市場統合と通貨統合の過程で，インフレ抑制と通貨安定の手段として所得政策の重要性が再認識されたことも，ヨーロッパの再「コーポラティズム」化の重要な契機であった（Pochet 1999）．しかし，賃金水準の決定をめぐる中央交渉は，単独の議題としてではなく，しばしば雇用や福祉の問題と密接に関わる．国家単位の通貨政策が消滅し，「安定成長協定」（Stability and Growth Pact）の下で財政政策にも制限を受ける今日のEMU諸国では，この傾向がいっそう強まっている．

今日の政治経済学で「サプライサイド・コーポラティズム」（Traxler 1995）や「競争的コーポラティズム」（Rhodes 2001）と呼ばれる現象の特徴は，競争力の強化と表裏の関係にある社会政策にまで交渉・合意の範囲が及ぶことである．ネオ・コーポラティズムの焦点が経済成長下における生産性向上の成果の配分であったのに対し，サプライサイド／競争的コーポラティズムは，「雇用・労働条件の弾力性と社会保障の両立」を表す造語「フレキシキュリティ」（flexicurity＝flexibility＋security）が示すように，恒常的な緊縮圧力と高水準の失業の下での「平等」と「効率」，あるいは「連帯」と「流動性」との均衡をめぐって展開する．

今日の「コーポラティズム」がネオ・コーポラティズムの十分な組織的条件（頂上組織による代表の独占，組織の強さ・包括性，組織活動の影響範囲の大きさ）を欠くことは，社会的協調の例に特に顕著である[3]．この「弱さ」に関連して，第1に，交渉過程における政府の役割（労使への情報提供，アジェンダ設定や合意内容の正統化，社会的パートナーの参加促進等）の飛躍的高まりが注目される．また第2に，利益団体（特に労働組合）にとって，国家の重要な決定への関与が組織の弱体化を政治的に補う意味を持つ．第3に，強力な社会民主主義政党の存在と強く相関すると考えられた（ネオ）コーポラティズムとは異なり，政治によって担保される「弱いコーポラティズム」は，

利益団体と政党との関係により繊細に反応し，必ずしも中道左派政権下で有効に作動するわけではない．

　利益団体の分裂を抱えたスペイン・ポルトガルにもこれらのことが同様かつ顕著に当てはまる．もっとも，資本主義の「脱組織化」以前に，ヨーロッパ先進諸国へのキャッチアップや社会経済構造の近代化が課題であるスペイン・ポルトガルにおいて，社会的協調に関わる利益団体のあり方は，その「弱さ」も含めて移行期の政治に大きく規定されていた．社会的協調の初期条件の形成期として体制移行を捉え直し，その条件の変化を追って行けば，「イベリア政治」における利益団体政治の全体像をより正確に理解することができる．

(3) 体制移行と「コーポラティズム」：利益団体と政治の相互依存

　「イベリア政治」に社会的協調の萌芽が現れた1970年代末〜1980年代前半は，スペイン・ポルトガルの民主化の最終局面（固定化）と重なる．体制移行論の開拓者の1人であるシュミッター（Philippe Schmitter）は，政党と並んで利益団体のあり方がデモクラシーの運用に重大な影響を及ぼすとし，利益団体システムの構造化を体制の固定化の中心要素の1つと考えた．長期にわたって権威主義体制の下にあったスペイン・ポルトガルでは，政治的デモクラシーに対応した自由な社会的結合自体が新しい現象であったが，そこでの利益団体（システム）の形成は，抑圧から解放された文字通りの自律的社会組織の成立ではなく，あくまでも体制移行の政治的軌道に沿った「市民社会の復興」を意味したのである．

　スペイン・ポルトガルでは政党が体制移行の過程で利益団体に浸透し，組織間・組織内部に政治的亀裂がもたらされた（Schmitter 1999: 410-411）．その結果，スペインではUGT（労働者総同盟，以下UGT-E）とCCOO（労働者委員会連合），ポルトガルではUGT（労働者総同盟，以下UGT-P）とCGTP-IN（労働者総連合＝全国労働組合会議，以下CGTP）の並立状況が生まれた．CCOO（1958年の団体協約法以降，新しい運動体として発展）と

CGTP（1970年にその前身＝労働組合会議 Intersindical が発足）は，ともに旧体制下で国家コーポラティズム型組織への労働運動の浸透から発達し，政治的には共産党（スペインのPCE，ポルトガルのPCP）の影響下に置かれた．これに対して両国のUGTは，社会党（スペインのPSOE［社会労働党］，ポルトガルのPS）とのつながりを持つ．

　雇用者（資本家）団体の組織状況については，90％以上の企業を包摂するスペインの産業横断的組織CEOE（スペイン経営者団体連合会）と，ポルトガルにおけるCIP（ポルトガル工業連合会，工業部門の75％の私企業を包摂），CCP（ポルトガル商業連合会），CAP（ポルトガル農業連合会）の鼎立[4]に見られる明らかな違いがある．両国に共通するのは，①これらの組織が労働運動への対抗動員を目的として生まれ，②規制緩和や反革命といった政治的動機を持ちながら，特定の政党と恒久的関係を結ばず，③旧体制下における業種・職種・地域による分断や対立を受け継いでいる点である．ポルトガルではこの分断が包括的組織の不在の形で表れたが，1983年に政府のイニシアチブで成立した「社会的協調常設委員会」（Conselho Permanente de Concertação Social：CPCS）が，3団体が以前から構想してきた連合体に代わる調整機構の役割を果たす．

　このように，スペイン・ポルトガルでは，利益団体の政治への依存や利益団体への政治的介入の度合いが，資本と労働の組織にそれぞれ異なる影響を与えているが，一般に利益団体の政治的分断は，個々の団体の組織力や資金力を制約する．しかも，労働組合の組織率の低さは，国家コーポラティズム体制下での「強制」に対する反動の表れでもあった[5]．国家からの解放と表裏の関係をなす「弱さ」は，皮肉にも国庫補助金を始めとする国家への新たな依存によって補われるが，依存的であるのは利益団体だけではなかった．

　すなわち利益団体に対する直接的浸透の試みは，脆弱な党員組織しか持たない政党の不完全な「大衆政党」化の努力の表れである．社会的協調ないし「コーポラティズム」は，議会内外での抵抗を抑えて福祉改革等の重要課題を遂行する上で有効に働くことがあり，政権党にとっても補助的な枠組みと

して十分魅力的である．他方，不確かな政治市場の中で「包括政党」化を目指すことも，共産党と地域主義政党を除く主要政党の合理的戦略の1つである．しかし，スペインの社会労働党の例に見られるように，政党が得票の最大化を意図してプラグマティズムに傾斜することは，利益団体との間の信頼関係を掘り崩すことにもなる．社会的協調の成否が政治的文脈に依存しやすい原因は，各利益団体に連なる政党の戦略的・組織的な揺らぎと大きく関連している．

3 「社会的協調」の形成と展開──スペイン・ポルトガルの場合

(1) 多元的労働運動と社会的協調の可能性
① 「投票者の労働組合主義」：スペイン

前項で述べた労働運動の共通性の中にも，注意深く見れば重要な違いがある．スペインでは，「ユーロコミュニズム」路線をめぐる内紛を抱え，選挙での敗退を重ねる共産党とCCOOとの政治的関係が徐々に弱まる一方，19世紀に起源を持つUGT-Eと社会労働党の間の歴史的絆は比較的強固であった．また，2大労組の他にも様々なイデオロギー的・地域的断層に沿った組織が新設・再建された（アナルコサンディカリズム系のCNT［労働全国連合］，カトリック系のUSO［労働組合同盟］，ELA-STV［バスク労働者の連帯］，INTG［ガリシア労働組合連合会］等）．こうした運動と組織の多元性は，①複数の潮流の競争的な併存が旧体制に打撃を与えた事実，②現行法制の改廃と組織の合法化を段階的に行ったスアレス（Adolfo Suárez）政権の政治手法，③国家コーポラティズムの人的・組織的遺産をめぐる争奪戦の複合的産物である（Linz 1981: 396-397; Schmitter 1999: 413）．

ではこのような状況において，UGT-EとCCOOが「2大労組」である根拠は何か．労組の組織率が極端に低い（9～15%）スペインでは，未組織労働者も参加する職場委員選挙＝「組合選挙」が組織の「弱さ」の補完要因となる（Lucio 1998: 434-436）．労働運動の多元性を前提とするこの制度の下で，

2大労組は60〜70％の委員を選出し，末端での影響力を確保する．一方，1978年の労働憲章は，全国で10％（またはある自治州で15％以上）を得票した労組にのみ国レベルの交渉権を与える．この「投票者の労働組合主義」（voters' trade unionism）は，社会的協調（および社会協定）に正統性を与えると同時に，2大労組が共同歩調に関与すべきかどうかの戦術的・戦略的判断を左右する．CCOOが1982年のANE（雇用全国協定）への署名に初めて踏み切った背景にも，同年の組合選挙での不振に伴う路線転換（穏健化）があったとされている（Royo 2000：79-82）．

② 2大労組の非対称な競争関係：ポルトガル

一方，多様な反対運動が展開される前に旧体制の崩壊を迎えた労働組合会議（CGTP）は，移行局面の急進化の過程で出現した無数の運動や組織との対抗関係を通じて共産党との一体化を強め，革命後の運動の主導権を得るために組織の「単一性」に固執した．その反動から第2の頂上団体UGT-Pが生まれた（1978年）．UGT-Pには社会党のみならず，社会民主党（PSD）系の組織も加わり，社会党と社会民主党の対等原則による執行体制が敷かれた．原理的対立（ソ連型社会主義と西欧型社会民主主義）を含むポルトガル2大労組の政治的亀裂は，「労働運動への影響力」（CGTPは産業労働者を中心に組織労働者の7割を傘下に含む）と「選挙での優位」（社会党・社会民主党の合計議席占有率は平均90％以上）を2つの軸とする非対称な対抗関係により，さらに拡げられた．

ポルトガルでは革命の熱気の中で叢生した労働者委員会と組合代表の二元的制度が憲法で規定されているが（2001年版憲法第54条），前者の多くは現在機能せず，しばしば労働組合に従属する．団体交渉は圧倒的にセクター・レベルに集中し（全件数の90％），その適用範囲は組織労働者の6割を超える（Pires de Lima 2000：302-304）．共産党系のCGTPはこのレベルで圧倒的な当事者能力を維持するが，革命的（敵対的）関係が労使交渉の基調である限り，経済近代化を始めとする喫緊の課題に対応することが難しい．その中でUGT-Pが協調路線を掲げるのは，単にイデオロギー的理由からではな

く，CGTPに対する劣勢を政治的に補う意図からであり，また政府と雇用者団体にとっては，UGT-Pの参加がCGTPの牽制や懐柔の材料となり得るからである．

(2) スペインの場合
①「基本協定」から「運営協定」へ
　民主化後のスペインにおける「協調」の原型は，体制移行の途上で結ばれた1977年10月の「モンクロア協定」に求められる．モンクロア協定には，短期・長期の社会経済目標が含まれていたが，その主眼はむしろ，フランコ体制との関係を十分に清算していないスアレス政権の下で，憲法制定の前に政治的デモクラシーへの合意を確認・強化することであった．政党間でのみ協議・締結された協定に不満を抱く2大労組も事実上これを承認し，その後も民主中道連合（UCD）政権の下で，1979年のABI（団体間基本合意：CEOE＋UGT-E），1980年のAMI（団体間枠組み合意：CEOE＋UGT-E＋USO），1982年のANE（雇用国民合意：UCD＋CEOE＋UGT-E＋CCOO）といった重要な協定が次々に成立した．

　これらの協定を「協定主義」の発展形と捉える見方がある（Encarnación 2003：66-69）が，体制建設に関わる政治的「基本協定」（foundational pact）は，本質的な社会経済改革を遅らせる場合がある（Bermeo 1999：197）．利益団体を中心とする「運営協定」（managerial pact）の形成は，「基本協定」とは別の過程であり，利益団体が「基本協定」に間接的にしか関与しなかったスペインでは，両者の乖離が顕著であった．モンクロア協定後の団体間交渉は，UGT-Eと経営者団体（CEOE）との関係を軸に，政府とCCOOを除く部分的協定として発展しつつあった．これに対して，内容の点でも参加主体の点でも包括的なANEは，過去の協定の単純な発展形ではなく，1981年2月の「テヘロ・ショック」（テヘロ大佐のクーデタ未遂事件）に促された「恐怖の協定」である．この尖鋭な体制危機を通じて，「運営協定」は「基本協定」と連動し，社会的協調へと収斂しつつあった．

初期の協定に参加した利益団体の組織基盤は確実に強まった（Pérez-Díaz 1993：225-226）．特に社会労働党系労組のUGT-Eは，1978～1982年の組合選挙で委員数を着実に増やし（21.7%から36.4%），自らの方針への確信を深めていた．しかし，1982年末に発足した社会労働党政権の下では，政労使関係の高度な発展ではなく，逆にその停滞と中断が生じた．背景としては2大労組間の政治的対抗関係が考えられるが，CCOOの内部では，組合選挙での不本意な「敗北」にまつわる路線対立が絶えず，1983年のAI（団体間合意）への署名に見られるように，協定に対する態度は両義的であった．また，安定したデモクラシーの下で「協定主義」が不要になったとする見方があるが，これでは1990年代後半に協調路線が復活した理由を説明できない（Powell 2001：429）．1980年代における社会的協調の中断は，むしろ社会労働党と労組（UGT-E）との歴史的絆の動揺と解体によって引き起こされた．

②所得政策と労働市場改革

　1979年の社会労働党臨時党大会で，マルクス主義の位置づけを「分析手段の1つ」に変えてしまったゴンサーレス（Felipe Gonzalez）は，首相就任とともに慢性的なインフレ（1982年で14.4%）と深刻な失業問題（同15.1%）に直面し，同時にEC加盟準備を進めつつ国際競争力を強化する必要があった．しかし，産業再編に伴う失業の深刻化と，インフレ対策（賃金抑制）の要請が政府と労組（UGT-E）との関係に緊張をもたらし，1984年の政労使交渉は一時中断せざるを得なかった．UGT-Eは賃金水準とインフレとの間に政府の想定するような強い関係がないと考えたが，政府は賃上げと失業解消を両立し得ないという経営者団体（CEOE）の主張にも耳を傾けざるを得なかった．CEOEは，社会労働党の政策転換を狙って，交渉の場に政府を引き込むことに積極的であった．「変化」（el Cambio）を唱えて選挙戦を戦った社会労働党は，再度自らの変化を迫られる立場に置かれた（Boix 2001；Maravall 1995）．

　政府は1984年中に交渉再開に踏み切ったが，その成果であるAES（社会経済合意：1985～1986年）は，社会労働党と労組（UGT-E）の決裂の引き金

となった．政府がこの協定を機に労働市場改革への意思を鮮明にし始めたからである．EC 加盟を目前に控えたゴンサーレス政権は，フランコ時代の複雑な雇用・解雇規則に拘束された労働市場の改革に取り組もうとしたが，共産党系の CCOO は非定型雇用の拡大という事項ですでに態度を硬化させ，AES の交渉過程から離脱した．CCOO の離脱は，政府の緊縮予算や福祉削減にも同調を強いられる UGT-E に動揺を与えた．1986 年は総選挙と組合選挙の年であったが，ともに勝者となった社会労働党と UGT-E との間には深い亀裂が生じ始め，ついに両者の歴史的関係に終止符が打たれることになった（Royo 2000 : 88-96）．

UGT-E は，財政収入増を AES の合意内容（失業給付を 86 年までに失業者の 48％ に拡大）の履行に向けるように求めたが，政府はこれを拒否し，財政赤字の削減を優先させた．このことも社会労働党と労組との対立を深める要因であった．EC 加盟効果で景気拡大局面に入った 1980 年代後半，政府は労組にいっそう強い姿勢で賃金抑制を求めながら労働市場改革の推進を志向したが，その間実質賃金は低下し，失業問題も解消しなかった．さらに 1986 年には共産党が事実上崩壊して IU（統一左翼党）が生まれ，88 年には CCOO の執行部も刷新されて，その政党的脱色が決定的となった．2 大労組は戦略的提携の下で政府の圧力に抵抗し，協調路線を放棄してスト攻勢を強化した（1987 年，88 年の労働損失日数はそれぞれ 5,025 日，6,843 日）．

1992 年，協調路線の中断したスペインを欧州通貨危機が直撃し，わずか 1 年間に失業者が 75 万人増加し，失業率が 23％，非定型雇用の比率が 35％ にも達した．社会労働党は，1993 年選挙で決定的な敗北を避けようとして，所得政策を年金改革・労働市場改革に結びつける新しい包括的協定を公約に掲げた．だが，この選挙で 1982 年以来初めて過半数を割り込み，カタルーニャ地域主義政党 CiU（集中と同盟）との議会連合を余儀なくされた社会労働党[6]は，マーストリヒト条約の収斂基準（単一通貨導入の基準）を前に，選挙後には協定の具体化にいっそう前向きになった．協定交渉における政労使間の争点は依然として賃金抑制と労働市場改革であったが，地域政党との複

雑な交渉（とりわけCiU）が新たに加わったことで，協定の成立は困難を極めた．

協定に失敗した政府は，見習い契約の導入と解雇条件の緩和を含むパッケージ政策を一方的に実施した．これに対しては，1994年1月のゼネストを含む労組側の激しい反発が生じたが，結果的に法案は議会を通過し，新たな協定が提案されることはなかった．翌1995年，スペイン議会では主要政党の間で年金・社会保障改革の包括的指針を定めた「トレド協定」が採択された（Lachoz 1997）．モンクロア協定に連なる政党間合意の伝統の利用は，年金支給額の削減問題（基礎年金の算定方式の変更）に関する労組との交渉を回避する意味を持っていた．

③社会的協調の発展的再生

社会労働党が1996年選挙で下野すると，経済の回復基調を背景に，人民党（国民党：PP）アスナール（José María Aznar）政権の下で社会的協調の復活が観察され始めた（Oliet Palá 2004：514-524）．アスナール政権は，1996年7月のASEC（労働争議の司法外的解決に関する合意）を手始めに，職場の安全性，農村雇用支援，職業訓練・継続教育に関する部分合意を矢継ぎ早に成立させた．さらに重要なものとしては，同年10月の「社会保障体系の強化と合理化に関する合意」が挙げられる．ゴンサーレス政権下での交渉に連なるこれらの協定に加え，1997年にはAIEE（雇用安定のための団体間合意）を始めとする3つの協定が成立した．

1994年の労働法改革をめぐる政府との非妥協的対決は，労組にとって事実上の敗北であり，アスナール政権下でのより幅広い問題に関する労使間交渉の再開は，それへの反動であった．またアスナールは，政権末期のゴンサーレスとは対照的に，「社会的対話」への取り組みをアピールするなど，右派政権のイメージ払拭に余念がなかった．通貨統合の実現を目前に控えて，EMUの収斂基準の問題が，政労使それぞれの課題を浮き彫りにしていたことも，交渉再開の契機としては重要であろう．こうして，人民党が再び第1党の座を獲得した2000年選挙の際には継続教育に関する新たな合意が主要

団体間で取り交わされ，2001年2月にはASECIIが成立した．

　1990年代以降の社会的協調には，1980年代とは異なる次のような特徴が見られた．第1に，福祉改革を明示的に労働市場改革や所得政策と結びつける包括協定が志向されなくなった．2大労組は，1980年代の経験から，包括的な賃金水準の一律の設定や，賃金問題と福祉国家改革との連動を回避し，これを団体交渉の手段に利用しようとする．このことによって，逆に社会協定の交渉が円滑化し，賃金協定が合意の中に含まれないにもかかわらず，セクター間の調整を通じて結果的には合理的な賃金抑制が行われている．第2に，労使関係の分野と福祉国家改革の分野では，合意調達の形が異なり，前者では一定の制度化と労使間の立場の収斂が見られるのに対し，後者ではCEOEから支持されない政労間の合意が一般的である（Pérez 2000：358-359）．このことが，社会協定の多様なバリエーションや複雑な形成パターンを生んでいるのである．

　しかし，こうして新しい形の社会的協調路線を定着させてきたアスナール政権は，2001年の初頭に臨時雇用の削減を目的とする新たな合意に失敗した．改革案を一方的に組合側に提示した政府に対し，UGT-Eは強い拒否反応を示し，ゼネストさえ示唆した．しかし，この衝突は新たな交渉を妨げることなく，2001年4月にはCEOEとCCOOの間でトレド協定の延長線上にある年金・社会保障関連の合意が成立した（ただしUGT-Eは合意せず）．2002年6月20日には，労働市場流動化と失業給付の受給資格引き上げに関する新たな法案をめぐり，1,000万人規模（全労働者の80％以上）のゼネストが決行された．失業率はゴンサーレス政権期に比べて低下したとはいえ，労働市場改革に対しては労働側からの強い抵抗が依然として示されている．全ての提案を撤回せざるを得なくなった政府は，再び利益団体との共同歩調に引き戻された．

(3) ポルトガルの場合

①「革命」と「協定」

革命的移行過程を経たポルトガルには，モンクロア協定に相当するようなデモクラシーの創設に関わる基本協定が存在せず[7]，植民地からの復員兵や引揚者の受け入れや，資本逃避に伴う経済活動の深刻な停滞に伴う社会経済的混乱は，スペイン以上であった．革命政権は基幹産業の国有化（1975年春～）に着手し，失業保険の導入（1974年）や無拠出制年金（1974年）の導入を始めとする社会保障制度の整備によってこれに対応しようとしたが，1976年以降の政府は革命期の「遺産」を段階的に清算することで経済構造を合理化し，EC加盟問題の決着を急ぐ傍ら，非定型雇用の制度化を進めて雇用水準を維持することに腐心した．失業率は革命後に急上昇したとはいえ，この点においてだけはスペインに比べて低い水準に留まっていた（1973年：2.2%→1980年：8%→1984年：8.3%）[8]．

しかし，1976～1982年には5つもの短命政権が続き，中・長期的な展望を持った経済政策の展開が著しく困難となっていた．第2次オイルショックに伴うインフレの昂進（1984年に29.3%），GDPのマイナス成長，投資の減少，個人消費の減少（各−1.6%，−18%，−3.0%）等のマクロ指標の悪化に加えて，1980年代前半には給与遅配や雇用の不安定化の問題も深刻化しつつあった．1983年に成立した社会党と社会民主党連立政権（いわゆる「中道ブロック」政権）は，IMFのスタンドバイ・クレジットを受け入れる条件として，国際収支赤字・対外債務の縮減とインフレの収束を目的とする緊縮政策パッケージ（増税・公共支出の削減と公共部門への投資の凍結・通貨切り下げ等）の実施を迫られた．革命の余韻を残す社会環境の下で，これらを実施することには多大の抵抗が予想された．

②中道右派政権と社会的協調

そこで「中道ブロック」政権は，主要利益団体の協調を通じて政治的流動化と経済的混乱に歯止めをかけ，産業構造の再編や民間資本の呼び戻しを図った．この呼びかけに応じたのは，3つの経営者団体の他，「中道ブロック」

の政治的影響下にある UGT-P のみである．共産党系の CGTP は政府の試みを国家コーポラティズムになぞらえて激しく攻撃し，構造調整に対する世論の風当たりは，政府の顔であるソアレシュ（Mário Soares）首相（社会党）に集中した．こうして社会党の内部でも経済政策をめぐる内部対立が生じたことは，結果的に連立与党の社会民主党を利する形となり，1985 年に社会民主党の単独政権への道を開いた．財政・経済問題の専門家であるカヴァコ・シルヴァ（Aníbal Cavaco Silva）を新党首に迎えた社会民主党は，イデオロギー的にはネオリベラルに大きく傾斜して社会党との距離を拡げたが，社会的協調を積極的に活用し，これを常設の 3 者協議機関（CPCS）として拡充しようとしたのは，むしろ社会民主党である．

　その理由は，第 1 に，カヴァコ・シルヴァ政権が少数派政権として発足したことである．ポルトガル憲法にはスペインの「建設的不信任制度」のような政権安定化の補助装置がなく，少数派政権が倒壊する危険性が極めて高い．カヴァコ・シルヴァ政権は，政府提出法案を通じて構造改革案（EC 加盟経過期間中の大胆な自由化と民営化）を具体化することができず，最終的には議会で政策方針の拒否を突きつけられた．第 2 に，1986 年の大統領選で辛勝したソアレシュ大統領が，憲法裁判所を介して法案拒否権を発動する可能性があった．第 3 に，UGT-P は，共産党系の CGTP に対する劣勢を補う意味で CPCS への参加動機を持ち続けた．手始めとして，カヴァコ・シルヴァは，EC 加盟効果による経済回復が軌道に乗り始めた 1986 年に，CPCS を通じてインフレ抑制策に関する合意形成を図った．

　社会民主党が単独多数を制した後（1987～1995 年），CPCS の政治的意味はさらに大きくなった．ソアレシュ大統領の存在（Frain 1998 : 200-201）は，依然として政策過程の阻害要因であり，逆に社会党と共産党（および CGTP）は，CPCS に政府の牽制の場を求めたからである．しかし，1987 年の「構造政策」（労働市場流動化を意図した労働パッケージ法案と憲法改正を伴う民営化案を含む）は，労使対立ばかりか UGT-P 内部の政治的亀裂をも顕在化させた．1988 年 5 月 28 日にはこれらの対立の累積結果として，2 大労

組によるゼネストが組織されたが，この展開は2つの教訓を残した．第1に，政府単独の法案提出は大統領の拒否権発動とゼネストによる反撃を受け，第2に，ゼネスト自体は法案の成立を妨げることができなかった（1989年4月に修正労働パッケージ法が成立）ということである．民営化の推進は労組の牙城を大きく切り崩し，その組織力（1980年代後半に労働組合組織率は約50%から30%に低下）と資金力に打撃を与えることによって，社会的協調への回帰を余儀なくさせた．

実際に，CPCSを舞台とする協調路線の中断は一時的なものに終わった．ゼネスト戦術の事実上の失敗を受け，UGT-Pは労働時間の短縮を含む様々な論点を議題に盛り込み始めた．2大労組は長期間の共同作業を通じて具体的項目に関する歩み寄りを認識するようになり，CPCSは労使間協議の場としても広く活用され始めた．1990年のAES（社会経済合意）は，このような協調的交渉の日常的拡大の帰結であるが，同時にそれは，所得政策，財政政策，労働政策，福祉政策などの幅広い政策領域にまたがる包括的な社会的協調への転換点を意味していた（Pires de Lima 2000 : 321-322）．労働市場の流動化を初めて社会協定のテーマに設定した点でも，AESは画期的であった（Correia 2004 : 73-75）．その後欧州通貨危機の渦中に陥ったポルトガルでは，AESに続く社会協定が不可能となったが，社会的協調自体が終焉したのではなく，水面下では次の飛躍が準備されていた[9]．

③「連帯」と「流動性」

1995年総選挙におけるグテーレシュ（António Guterres）政権の成立は，社会党の単独政権としては1978年以来であり，新憲法下で初めて「コアビタシオン（保革共存）」を解消した．もっとも，グテーレシュ政権はわずかに過半数に達しない少数派政権であり，政権運営においては社会党自身の党内規律が大きな問題であった．EC/EUを財源としか理解しなかった党内の古参活動家には，欧州統合が社会政策の刷新を必要とするという主張は奇異に映った．EMUへの先行加盟の実現を最優先課題に掲げたグテーレシュは，同時に「連帯」（solidariedade）の旗印の下にグローバル化の負の影響に備

えようとしたが，政権基盤の弱さと追求する政策目標の大きさとの乖離は，社会的協調への依存を政権存続の不可避の条件とした．

政府は1995年中に主要利益団体の参加を得てACSCP（短期的社会対話）の交渉を急いだ．ACSCPには労働時間の短縮とともに「多価性」（polivalência）（＝内部労働市場の流動性）に関する合意が含まれていた．また政府は，積極的労働市場政策，社会保障制度改革，所得水準の適正化等の均衡を意図して，ACE（戦略的協調に関する合意）の締結を急いだ．CGTPはACSCPにもACEにも署名せず，協定遵守の監視が骨抜きになる可能性があった．しかし，1995年にはUGTとCGTPが初めて公務員給与に関する合意に達したことがCGTPの積極的参加を促し，2001年には「雇用政策・職業訓練に関する合意」と「労働条件，職場の衛生・安全，労働災害防止に関する合意」の2つが初めてCGTPの参加を得て成立した．これによって，ACEの一部を実質的に有効化することが可能となったが，その成功の一因は，AES交渉以来の包括的交渉という形をとりながら，個々の内容を分離して署名に持ち込む90年代スペインの社会的協定に近い方式がとられた点にある．

しかし，議会政治における多数派工作の引き換えとして行われた2度のレファレンダム（人工妊娠中絶問題と州制度導入問題）の失敗（政府案の事実上の否決）が災いして，1999年の選挙でも社会党は単独少数派に留まった．グテーレシュは「連帯」戦略に対する党内左派の抵抗に遭いながら，2000年前半期にEU議長国首相としてヨーロッパの雇用問題を議題化し，自国の内政上の課題とヨーロッパ的課題とを連動させようと試みた（いわゆる「リスボン戦略」の成立）．確かにこのことは，グテーレシュの対外的評価を高めたが，2001年以降の景気後退と財政状態の悪化が社会党政権の足元を揺るがし，地方選挙での大敗をきっかけとして，2期目を全うする前（2001年12月）にグテーレシュ自ら退陣せざるを得なかった．2002年4月に発足した社会民主党と社会民主中道党（CDS）の連立政権は，財政安定化協定の維持を盾に「最低所得保証制度」（Rendimento Mínimo Garantido）（1997年）に

代表される「連帯」戦略を白紙に戻すべく邁進した．

4 「イベリア政治」のヨーロッパ化と社会的協調

(1) 「ヨーロッパ化」と分権化の狭間で

「多層的ガバナンス」の議論に言われるように，今日のヨーロッパでは，欧州統合の文脈で利益団体システムが超国家化と分権化の2つの方向で発達を遂げつつある．スペイン・ポルトガルでは，2002年6月20日の大規模な両国同時ストにも示されるように，利益団体間の横の連絡が強化され，縦方向でもUNICE（欧州私企業使用者連盟），CEEP（欧州公的部門使用者連盟），ETUC（欧州労働組合連合）と各関連団体との連携も深まっている．しかし，シュミッターらが予想するヨーロッパ・レベルでの利益団体システム（Schmitter and Traxler 1995）は，労使間でのアプローチの違いから今のところ不均等な形でしか発達していない．市場・通貨統合とは異なり，社会政策分野は国家単位のヴァリエーションが顕著であって，近未来に国家単位のマクロ調整機構が超国家レベルに完全に吸収される可能性は少ないであろう．

下位国家レベルでは，スペインで「自治州国家」の構造に対応するCES（Consejo Economico y Social：経済社会委員会）がカスティーリャ＝レオン，ガリシア，ムルシア，バレンシア等で稼働し始めた点が注目される（Magone 2001：251-252）．地域レベルでの団体交渉は特にバスクとカタルーニャで活発化しているが，一方で地域的賃金格差の拡大への懸念から，2大労組は国レベル交渉の重要性を訴え，またCEOEも，地域レベル交渉が労組への過剰な譲歩を許すことを恐れる（Pérez and Pochet 1999：154）．一方のポルトガルでは，社会的協調は国家の頂上レベルでの合意形成に留まっている．この枠組みは福祉・労働市場改革に関しては成果を挙げ得るが，現場での労働慣行の適法性のチェック等については監視能力を欠く（Dornelas 2003：144-145）．CGTPの参加しない協定においてはこの傾向が顕著であるが，社会政策に踏み込んだ協定が成立するようになった1990年代以降には，

形式的な集権化と実質的な分権化の乖離は深刻な制約となり得る．

(2) 移行期の遺産：連続と変化

現在の利益団体システムに対する体制移行の影響については，スペインとポルトガルとの間で大きな差がある．ポルトガルでは，政党と利益団体の関係が依然強く，CGTP の懐疑的・批判的態度や 2 大労組間の対抗関係に大きな変化がない（Royo 2002 : 246）．ドゥラン・バローゾ（José Manuel Durão Barroso）政権は，財政赤字の拡大を阻止するために包括的安定化政策を強行し，労組との関係にひびを入れた．財政指標には明らかな改善が見られたが，失業率の上昇と反比例して内閣支持率は低下した．2003 年には最低所得保証制度の廃止や労働法改正で，憲法裁判所の違憲判断が相次いだ．政府においても共同歩調の必要性が再び痛感されているが，その成否にはCGTP の選択が大きく関わる．もっとも，共産党が議会内で消滅しかけている時に，CGTP もまた無傷ではいられまい．いずれにしても，次期の大統領選挙・総選挙で政権構成が変われば，社会的協調の政治的位置づけは再び変化せざるを得ない（ドゥラン・バローゾの欧州委員長への転身が決定したことで，2004 年 7 月現在，政局の流動化が懸念されている）．

一方，スペインでは 2 大労組の脱政治化が進み，両者の戦略的接近が見られた．このことは 1990 年代後半における柔軟な協調路線の活性化の一因であるが，2000 年以降に社会労働党と UGT-E との関係が修復し，2 大労組の競争が再び激化する兆候も見られた（Royo 2002 : 249）．しかし，①社会労働党と UGT-E との関係はもはや古典的支配＝従属ではなく，②サパテーロ（José Luis Rodríguez Zapatero）書記長が「新しい道」（Nueva Vía）を掲げてフレキシキュリティの追求を積極的に主張している点は，1980 年代の社会労働党との大きな違いである．③ 2004 年 3 月の総選挙で前与党（人民党）との議席差が比較的小さかった社会労働党は，連立政権に甘んじた．④この政権交代を促した 3 月 11 日の列車爆破テロの衝撃は，一時的にせよ社会的結集を促進するであろう．以上のことから，社会的強調は，依然として

政策形成の重要な補助装置であり続けると考えられる．

(3) スペイン・ポルトガルにおける社会的協調の射程

制度化の点で顕著な違いを見せるスペイン・ポルトガルの社会的協調は，そのアウトプットの性格についても異なる展開をたどった（Rhodes 2001: 189-191）．ポルトガルではデモクラシーの安定自体が遅れ，EC加盟後の景気回復と並行して緩慢かつ労働者保護的な経済再編が実施された．その結果，分配と生産性の両面にわたる合意が形成され，失業率の抑止と労働コストの低下が同時にもたらされた．ポルトガルでは，社会的協定が当初から競争的コーポラティズム型の合意形成に重要な役割を果たしたが，グテーレシュ政権期はその絶頂であり，社会協定のカバー範囲は，インサイダーの利害をはるかに越えて職業訓練や社会的排除の問題にまで及んだ．しかし，1990年代初頭の欧州通貨危機やユーロ・ショックの際に見られたような急激な経済後退や財政指標の悪化が生じる時には，政治への依存度が高い社会的協調の構造的脆弱性が露呈し，危機を乗り越える装置として十分に機能しない．

一方，スペインでは労働市場のインサイダーの権利擁護に基づく協定が先行し，経済指標の全体的悪化の中で労働者に犠牲を強いるような経済再編が進められた．ポルトガルで雇用問題と社会政策に関する合意が拡大しつつあった1980年代後半-1990年代に，スペインでは労働市場の2極化が昂進し，ついには社会的協調の断絶に至った．1994年のトレド協定は，政党間協定であるとはいえ，後続の労働市場改革や年金改革，労働時間の短縮等に関する取り決めを促進した点で画期的である．1997年4月の労働市場改革は広範にわたり，2大労組は仮契約で労働者の不安を軽減する代わりに余剰労働者補償金の減額に合意し，初めてアウトサイダーに対する大幅な譲歩を示した．アスナール政権下での社会的協調の再生は，交渉方式の柔軟化だけでなく，ネオ・コーポラティズム型労使妥協から競争的コーポラティズムへの質的転換が志向された点に本質的な特徴があった．

◆註

1) ポルトガルでは，革命暫定政権後の最初の選挙（1976年4月25日）の後も不安定な政治状況の中で憲法修正が重ねられた結果，政治体制の移行が体制の固定化と並行的に進み，同時に完成した（Linz and Stepan 1996 : chap. 7）．こうした変則的遅延の原因は革命的移行の特殊性に求められるが，スペインの事例においても，労働運動を中心とする大衆動員の圧力が，移行期の政治的選択の幅を決定する上で重要であったと言われる（Durán Muñoz 2000）．

2) ポルトガルの大統領制は当初「半大統領制」として機能していたが，1982年の改正で大統領の政治的比重が低下し，実質的に議院内閣制に近づいた．ただし，大統領の法案拒否権の影響力は依然として小さくない．また，「連邦制」の自己規定の代わりに祖国の不可分性（1978年憲法第5条）を前提とするスペイン国家は，中央＝地方の権限関係に本質的な曖昧さを抱えた「準連邦制」である．また「第三の波」の事例群の中でも例外的なスペイン王室の復活については，王室固有の正統性よりも，体制移行におけるカルロス国王（Juan Carlos I）の「水先案内人」的役割が王室を正統化したことが重視される（Linz and Stepan 1996 : 89 ; Powell 2001 : 133-135）．

3) 「社会的協調」はそもそも組織構造上の特徴ではなく，政策形成パターンに着目した概念である．近年の社会的協調に特徴的な「社会協定」（social pact）は，制度的コーポラティズムの下でも成立する（フィンランド）が，これをスウェーデンに見られたような高度に発達した（ネオ）コーポラティズムの助走段階として捉えることは難しい．また，ILOによれば「社会的対話」（social dialogue）は労使間の情報交換からコーポラティズム型の政労使協議（さらには「3者プラス」の枠組み）まで幅広く含む概念であり，3者または2者間の準制度化された「対話」の枠組みである社会的協調も，レパートリーの1つに位置づけられる．

4) 1974年以降に新設されたこれらの団体の他に，サラザール（António de Oliveira Salazar）体制下で存続を容認されたAIP（ポルトガル工業連盟），AIP（ポルト工業連盟＝現AEP［ポルトガル企業連盟］），ACL（リスボン商業連盟）等もそのまま生き残った．

5) スペイン憲法第28条1項には，労働者の諸権利の1つとして，組合への加入を強制されない権利が明記され，ポルトガル憲法第55条2項C（2001年版）にも「組合員登録の自由」（組合費の強制的支払いの禁止）が規定されている．

6) スペイン憲法には，建設的不信任の制度（第113条2項）を始めとする，少数派政権といえども簡単には崩壊させない政権強化の補助的メカニズムが備わっている．

7) 主要政党とMFA（国軍運動）との間で交わされた2つの協定（1975年4月，1976年2月）は重要であるが，これらはその時々の政軍関係の均衡点を示す協

定であり，軍の政治的後見（MFA議会や革命評議会）を制度化したという意味で，文民主導のデモクラシーの確立を阻害する要因でさえあった．
8) スペインとは対照的に，ポルトガルでは政府の立法措置や労使関係をめぐる企業への圧力が顕著であり，雇用創出については，革命後の公共部門の拡大によるところも大きかった（Corkill 1999：177）．
9) 1991年には福祉団体・環境保護団体・大学などの代表をも含み，幅広い社会経済問題を扱う常設機関CES（Conselho Económico e Social：社会経済委員会）が設置された．CPCSはその一部に組み込まれ，ますます広範な役割を期待される枠組みに再編成された（Mozzicafreddo 2000：cap. 3）．もっとも，労使の間には，多様な目的を持つCESへの組み込みが，かえってCPCSの特権性を損なうことへの不満もあった．

◈参考文献

日本語文献

金七紀男．2003．『ポルトガル史 増補版』彩流社．
立石博高・中塚次郎編．2002．『スペインにおける国家と地域：ナショナリズムの相克』国際書院．
戸門一衛．1994．『スペインの実験：社会労働党政権の12年』朝日新聞社．
野上和裕．2001．「スペイン社会労働党政権の政治経済学ノート：新自由主義批判の批判的検討」『スペイン史研究』15：16-26．
横田正顕．1999．「スペイン・ポルトガル」小川有美編『EU諸国』自由国民社：433-472．
横田正顕．2003．「現代ポルトガル政治における『ヨーロッパ化』のジレンマ：ガヴァナンスの変容と民主主義の『二重の赤字』」日本比較政治学会編『EUのなかの国民国家』早稲田大学出版部：47-71．
若松隆．1992．『スペイン現代史』岩波書店．

英語文献

Barreto, José, and Richard Nauman. 1998. Portugal: Industrial Relations under Democracy. In Anthony Ferner and Richard Hyman (eds.). *Changing Industrial Relations in Europe*. London. Blackwell. 395-425.
Boix, Carles. 2001. Managing the Spanish Economy within Europe. In Kevin Featherstone and George Kazamias (eds.). *Europeanization and the Southern Periphery*. London: Frank Cass: 165-190.
Corkill, David. 1999. *The Development of the Portuguese Economy: A Case of Europeanisation*. London: Routledge.
Dornelas, António. 2003. Industrial Relations in Portugal: Continuity or Controlled Change? In Fátima Monteiro et al. (eds.). *Portugal: Strategic*

Options in a European Context. Lanham : Lexington Books : 129-152.

Encarnación, Omar G. 2003. *The Myth of Civil Society : Social Capital and Democratic Consolidation in Spain and Brazil*. New York : Palgrave Macmillan.

Fajertag, Giuseppe, and Philippe Pochet (eds.). 1997. *Social Pacts in Europe*. Brussels : ETUI.

Fajertag, Giuseppe, and Philippe Pochet (eds.). 2000. *Social Pacts in Europe-New Dynamics*. Brussels : ETUI.

Grote, Jürgen, and Philippe Schmitter. 2003. The Renaissance of National Corporatism : Unintended Side-Effect of European Economic and Monetary Union, or Calculated Response to the Absence of European Policy? In Franz van Waarden and Gerhard Lehmbruch (eds.). *Renegotiating the Welfare State : Flexible Adjustment through Corporatist Concertation*. London and New York : Routledge : 279-302.

Hall, Peter A., and David Soskice (eds.). 2001. *Varieties of Capitalism : The Institutional Foundations of Comparative Advantage*. Oxford and New York : Oxford University Press.

Linz, Juan J. 1981. A century of politics and interests in Spain. In Suzanne Berger (ed.). *Organizing Interests in Western Europe*. Cambridge : Cambridge University Press : 365-415.

Linz, Juan J. 2000. *Totalitarian and Authoritarian Regimes*. Boulder and London : Lynn Rienner.

Linz, Juan J., and Alfred Stepan. 1996. *Problems of Democratic Transition and Consolidation : Southern Europe, South America, and Post-Communist Europe*. Baltimore and London : Johns Hopkins University Press.

Lucio, Miguel Martínez. 1998. Spain : Regulating Employment and Social Fragmentation. In Anthony Ferner and Richard Hyman (eds.). *Changing Industrial Relations in Eruope*. London : Blackwell : 447-458.

Magone, José. 2001. *Iberian Trade Unionism : Democratization under the Impact of the European Union*. New Brunswick and London : Transaction.

Pérez, Sofía A. 2000. Social Pacts in Spain. In Giuseppe Faietag and Philippe Pochet (eds.). *Social Pacts in Europe-New Dynamics*. Brussels : ETUI : 243-263.

Pérez, Sofía A., and Philippe Pochet. 1999. Monetary Union and Collective Bargening in Spain. In Philippe Pochet (ed.). *Monetary Union and Collective Bargaining in Europe*. Brussells : P.I.E.-Peter Lang : 121-159.

Pérez-Díaz, Víctor M. 1993. *The Return of Civil Society : The Emergence of*

Democratic Spain. Cambridge and London : Harvard University Press.
Pochet, Philippe. 1999. Monetary Union and Collective Bargaining in Europe : An Overview. In Philippe Pochet(ed.). *Monetary Union and Collective Bargaining in Europe*. Brussells : P.I.E.-Peter Lang : 11-40.
Rhodes, Martin. 2001. The Political Economy of Social Pacts : 'Competitive Corporatism' and European Welfare Reform. In Paul Pearson (ed.). *The New Politics of the Welfare State*. Oxford : Oxford University Press : 165-94.
Royo, Sebastián. 2000. *From Social Democracy to Neoliberalism : The Consequences of Party Hegemony in Spain, 1982-1996*. New York : St. Martin's Press.
Royo, Sebastián. 2002. *"A New Century of Corporatism?" Corporatism in Southern Europe-Spain and Portugal in Comparative Perspective*. Westport and London : Praeger.
Schmitter, Philippe C., and Franz Traxler. 1995. The Emerging Euro-Polity and Organized Interests. *European Journal of International Relations* 1 : 191-218.
Traxler, Franz. 1995. Farewell to Labour Market Associations? Organized versus Disorganized Organization. In Colin Crouch and Franz Traxler (eds.). *Organized Industrial Relations : What Future*? Avebury : Adelshot : 3-19.
Wiarda, Howard J. 1977. *Corporatism and Development : The Portuguese Experience*. Amherst : University of Massachusetts Press.

スペイン語・ポルトガル語文献

Bermeo, Nancy. 1999. *A teoria da democracia e as realidades da Europa do Sul*. Algés : DIFEL.
Colomer, Josep M. 1998. *La transición a la democracia : el modelo español*. Barcelona : Anagrama.
Correia, António Damasceno. 2003. *A concertação social em Portugal*. Lisboa : Vega.
Durán Muñoz, Rafael. 2000. *Contención y transgresión : las movilizaciones sociales y el estado en las transiciones española y portuguesa*. Madrid : Centro de Estudios Políticos y Constitucionales.
Frain, Maritheresa. 1998. *PPD/PSD e a consolidação do regime democrático*. Lisboa : Notícias.
Lachoz, José Francisco Blasco. 1997. *La reforma de la seguridad social : el pacto de Toledo y su desarrollo*. Valencia : Tirant lo Blanch.
Maravall, José María. 1995. *Los resutlados de la democracia : un estudio del sur y del este de Europa*. Madrid : Alianza.
Mozzicafreddo, Juan. 2000. *Estado-providência e cidadania em Portugal*, 2.[a]

edição. Oeiras : Celta.

Oliet Palá, Alberto. 2004. *La concertación social en la democracia española : crónica de un difícil intercambio*. Valencia : Tirant Lo Blanch.

Pérez, José Luís Monereo. 1999. *Concertación y diálogo social*. Valladolid : Lex Nova.

Pires de Lima, Marinús. 2000. Reflexões sobre a negociação colectiva e concertação social em Portugal. In António Dornelas, e José Madureira Pinto, coords. *A reforma do pacto social*. Lisboa : INCM : 301-374.

Powell, Charles. 2001. *España en democracia, 1975-2000*, 2.ª edición. Barcelona : Plaza & Janés.

Schmitter, Philippe C. 1999. *Portugal : do autoritarismo à democracia*. Lisboa : ICS.

第 10 章

ポーランド
「ポスト社会主義国」から「欧州の一員」へ？

仙 石　学

1　円卓会議から EU 加盟まで——「区切り」としての 15 年

　ポーランドは 1994 年の EU への加盟申請以後，約 9 年にわたる EU との交渉，および国内の制度改革を経て，2003 年 4 月に EU 加盟条約に調印した．そしてその後の国民投票（2003 年 6 月）において EU 加盟条約批准が賛成多数で同意されたこと（投票率 58.85%，加盟賛成 77.45%）を受けて，2004 年 5 月には EU の正式な加盟国となった．EU への加盟に際しては，現在では政治的基準（民主主義，法の支配，人権および少数民族の尊重と保護を保証する安定した諸制度を有すること），経済的基準（市場経済が機能しており EU 域内での競争力と市場力に対応するだけの能力を有すること）およびアキ・コミュノテールの受容（政治的目標ならびに経済通貨同盟を含む，加盟国としての義務を負う能力を有すること）という 3 つの条件（いわゆる「コペンハーゲン基準」）を満たす必要があるとされる[1]．そうであるならば，ポーランドが EU への加盟を認められたということは，1989 年のいわゆる円卓会議に端を発するポーランドの政治システムの変化が，コペンハーゲン基準を満たすレベル（の少なくとも最低限のレベル）にまで達したと判断されていると解釈してよいであろう．
　もちろん現時点でポーランドの政治システム，特にその民主主義的基盤が「安定」もしくは「定着」したと考えるのは時期尚早であるという見方もあ

る．例えばミラード（Frances Millard）は，民主主義的な価値がまだ世代を超えて継承されていないことや民主主義システムの継続性を担保する文化的前提が欠けていることを理由に，現在のポーランドはまだ脆弱な部分を残す「新しい民主主義国（New democracy）」の段階にとどまっていると指摘している（Millard 1999: 178）．だがそれでも 1989 年以降のポーランドに関しては，「少なくとも 2 回以上の選挙が実施されているとか，定期的な間隔で政府の交代が行われ，少なくともその中の 1 回はそれまでの野党が政権に就いているといった，民主主義の定着に関する形式的な基準はすべて充足している．またポーランドの 1989 年以降の政治については，権力と政策に関わる問題に関しては諸勢力の間でのバーゲニングと妥協が行われているという点で，手続きに関する要求も満たされていると特徴づけられる」（Castle and Taras 2002: xviii）ことについては疑う余地はない．ひとまず今回の EU 加盟をもって，ポーランドの政治システムの変化は一応の「区切り」を迎えたと考えてよいであろう．

　そこで本章においては，1989 年から 2004 年までの 15 年のポーランドの政治システムに関する主要な研究を取り上げて，その大まかな傾向を整理することを試みたい．その際ここでは基本的に，特定のイシューを題材とした事例研究を軸とするのではなく，（比較研究を含む）ポーランドに関する政治学的な地域研究の現状を概観するという形をとることとする．この点については，現時点では政治学的な視点でのポーランド研究に関する導入的な文献がほとんどないことや，本書が比較政治学的な視点での地域研究への導入という性格を有していることを考慮している．残念なことだが，本書が想定する読者の大半はおそらくポーランドについて具体的な知識やイメージは有していないであろう．そうであるとするなら，ここではポーランドを含む中東欧諸国の地域研究にまず関心を向けてもらえるように，できるだけ広い領域のポーランド（および中東欧諸国の比較）研究に関する文献を整理・紹介するという方針をとることとしたい．

　なお本章で取り上げる研究については政治学の視点に基づく研究に限定し，

同様の問題について論じているものでも経済学の視点を軸とする研究は対象外としている.また対象とする時期は1989年以降の政治システムの転換期に限定し,社会主義体制とその解体を論じた研究については89年以降との関連を論じているものをのぞいて対象外としている.これらは紙幅の制約による[2].一方でここで紹介する研究にはポーランド一国に関する研究のみでなく,ポーランドを対象の一つとする比較研究も多数含めている.これにはポーランド政治の特質を把握するためには比較の視点が不可欠であるという当然の理由もあるが,同時に本章がポーランドのみでなく,ポスト社会主義の中東欧諸国の比較政治学的な研究に関する導入としても利用できるようにすることも考慮している.

本章では以下,ポーランド(を含む中東欧のポスト社会主義諸国)の政治システム変動の分析における「移行」論から「転換」論,そして「欧州化」論へというこれまでの全般的な議論の展開を示した上で(第2節),特に研究の蓄積が現れている分野として政党システムに関する分析(第3節),および政治・社会関連の制度改革に関する分析(第4節)を取り上げて,それぞれの研究動向を概観していく.

2 政治システム分析の基本的な傾向
——「EU加盟」は新しい理論的視座を与えるか?

ポスト共産主義国の複合的な移行を,特定の要因や単一の分析枠組みで説明することはできない.(中略)現在の変化は迷宮の中にいるようなものであり,その中ではさまざまな論埋が交錯している.変化に伴って現れるそれぞれの側面ごとに異なる概念,あるいは理論を用いて分析を行う必要がある.ある特定のアプローチを用いれば,変化や制度形成の一定の部分を説明することができるか,そうでなければ個別事例についての認識を深めることはできる.だがそこからそれぞれの国が経験した変化の経路を全体として理解するためには,広い範囲での折衷主義が望ましいというこ

とになる．単一のアプローチでは，現状を十分に説明することはできない．これまでになされた中期的な予測のほとんどはその誤りが明らかになっているか，そうでなければ（これまでのところ予測そのものが）時期尚早なものにすぎないかのいずれかでしかない（Millard 1999 : 165）．

上の引用はポスト社会主義国の政治分析全般に関する言及であるが，ポーランドの政治分析もほぼ同様の状況にあった．これまでの現状に関する理論的な分析は，現実を適切に説明できていないか，あるいは公刊された時点で内容や情報が現実とあわなくなっているものが大半であった．そのような中で，現在でも取り上げられることの多い既存の主な研究を整理してみると，大まかな傾向として変化のプロセス，およびそこにおけるアクターの行動・選択に着目する議論と，社会主義期（あるいはそれ以前）からの歴史・社会構造の影響，もしくは制度的制約に着目する議論とに分類することができる．前者の系統に属する議論としては「移行（transition）」論や「民主化」論，後者の系統に属するものとしては「転換（transformation）」論や国家・行政制度の継続性に関わる議論などがある．これらに加えて最近では，ポーランドの EU 加盟に伴う欧州からの作用と国内政治との連関——いわゆる「欧州化（Europeanization）」について議論する研究も現れはじめている．ここではそれぞれの議論について，簡単にその特徴を整理しておくこととしたい．

(1)　「移行」視点からの研究

ポーランドを含む中東欧諸国の政治的変化に関わる議論として，初期には南欧やラテンアメリカ諸国の政治システムの変化の分析に対して用いられた，民主主義体制への「移行」および民主主義体制の「定着」の議論（これらは移行学（transitology）もしくは定着学（consolidology）と称されることもある）を，中東欧諸国の事例に適用したものが散見された．移行論とは政治的変化の過程におけるアクター，特に旧体制側と反体制側それぞれの指導部が果たした役割に着目し，エリート間での交渉と妥協のプロセスとして体制の移行

を説明することを試みるものである．そしてポーランドの事例についてこの議論を当てはめた場合，以下のようにそのプロセスを整理できる．まず移行が始まる前提として，社会主義体制における経済危機の発生があり，これが体制内部での改革派と保守派の分断，および体制外部での危機的な状況への対処を求める社会運動の拡大に結びつく．そしてその後危機克服のために体制内改革派と社会運動側の指導部が円卓会議を通して妥協を行うことで，旧体制の解体と民主主義体制への移行が進んでいく．ただしひとたび移行が開始されると，今度は社会運動の側でそれまで抑圧されていた多様な利益が表面化するため，それまでの反体制派の指導部が運動の統一性を保持することが難しくなり，これが民主主義体制の定着を困難なものとする可能性が高い．移行論に基づく政治的変化の説明の骨子は，およそこのように整理できるであろう（cf. Przeworski 1991 ; Schmitter with Karl 1994）．

　上のようなエリート中心的な議論に対して，移行論の中には社会の側（いわゆる「市民社会」）の役割に焦点を当てる研究もいくつか存在している．例えば民主化の比較分析において移行論をポーランドの事例に適用することを試みたリンス（Juan J. Linz）とステパン（Alfred Stepan）は，エリートの役割とともに社会の側が民主主義体制への移行に際して果たしたとされる役割を重視している（Linz and Stepan 1996）．彼らはまずポーランドにおける民主主義の移行は，ブラジルやチリと同様の「協定による移行（Pacted transition）」であることを指摘した上で，ポーランドにおいて協定による平和的な移行が可能になった理由として，社会主義期においても教会や自主管理労働組合「連帯」といった国家のコントロールが及ばない社会組織が存在し，かつ一定の影響力を保持していたことなどにみられるように，限定的ながら社会の自律性および多元性が存在していたこと，およびそのような社会独自の（国家のコントロールを受けない）関係を形成できるほど，当時の社会主義体制のコントロールが他の中東欧諸国に比べてポーランドでは緩やかなものであった（いわゆる「権威主義体制」であった）ことをあげている．つまりポーランドでは社会主義期から「強い」市民社会が存在していて，それが体制

側との交渉，および妥協を可能とする（ひいては「協定」による移行を可能とする）条件となったという議論を展開している．ただし市民社会論は多くの場合規範的・理念的な議論と結びついてきたこともあり，分析道具としての市民社会という概念については必ずしも研究者の間で合意があるわけではないという問題も考慮する必要がある（cf. Grugel 2002）[3]．

　移行論は特に，1990 年代前半のポーランド政治分析において多用される分析枠組みの 1 つとなっていた．これには「先行研究」となる南欧やラテンアメリカ諸国を題材とした移行研究は，ポーランドを含む中東欧諸国でもそのまま利用可能であると当初は考えられていたことも 1 つの理由としてある[4]．加えてポスト社会主義国では旧体制への信頼が低かった分過去の制度の拘束も弱く，社会主義の制度が除去されれば民主主義と市場経済が自動的に機能するようになるといった楽観的な見方が初期には広まっていたことも影響している．社会主義体制の解体が既成事実となると，その後に問題となるのは政治・経済の新しいシステムの構築（いわゆる民主化と市場化の「二重の移行」）に関わる問題であり，そのプロセスではどの移行国も同じような問題，状況に直面するはずだと考えられていた（cf. Ekiert 2003：293）．

　だがポーランドを含むポスト社会主義国での政治システムの現実の変化が進展するにつれて，移行論のようにプロセスとアクターに焦点を当てる分析手法のみでは，現状を適切に分析できないという指摘が現れはじめた．移行論においては，旧体制の解体から民主主義体制の定着に至るまでには，先に整理したような一定の経路があることが想定されていた．だがポスト社会主義国の変化に関する実証研究が進むにつれて，現実の変化は直線的かつ単一の経路に従って進んでいるわけではなく，制度化も必ずしも段階的に進んでいるわけではないこと，および各国ごとの経路や結果として導入された制度には違いがあること（さらにポスト社会主義国の場合，必ずしも民主主義体制が最終的な帰結となるとは限らないこと）が，次第に認識されるようになってきた．そこから移行論に関しては，想定されていた望ましいと考えられる経路や選択肢が現実には選択されなかった理由が説明できないという問題点が指

摘されるようになった．そして中には移行論という方法論そのものについて，地域固有の政治文化や国際環境の影響などを考慮しない一面的な視点により現実の理解をゆがめているとして，その有効性に疑問をなげかける論者も現れはじめた（Bunce 1995a, 1995b ; Wiarda 2002）．このような議論の展開を通して，変化の分析に際してより歴史的・構造的な要因を重視する議論が現れてくることになる．

(2)　「転換」視点からの研究

「転換」論は単一の経路と一定の帰結を前提とする移行論とは異なり，政治システムの全体的な変化を各事例の歴史的経路との関連（経路依存性），特に既存の制度が転換のプロセスに与える影響を中軸に分析することを試みる議論であり，比較政治学におけるいわゆる新制度論（特に歴史的制度論）の影響も受けているとされる（cf. Goralczyk 2000 : 283-4）．

コックス（Terry Cox）とメイソン（Bob Mason）はポーランドとチェコ，ハンガリーの社会・経済制度の変化についてこの転換の視点から比較分析を行い，次のような議論を提示している（Cox and Mason 1999）．彼らはまず移行論について，資本主義・民主主義の「単一モデル」の存在を前提としていることで各国の歴史的経路に依拠する相違を説明できない，あるいはエリートの動向が分析の主体となっていて，社会アクターの影響力が軽視されているといった問題があることを整理している．その上で各国の現在の社会・経済制度の形成について社会主義期以降の歴史的なプロセスから分析を行い，そこから既存の制度的な拘束と各国の社会利益の対立の形式の相違が，ポスト社会主義期の民営化（所有構造の転換）や経済システムの自由化の形式に影響したことを提示している．そしてポーランドに関しては，1980年代以降の統一労働者党（PZPR：社会主義期の支配政党で，他の社会主義国の共産党に相当する）対自主管理労組「連帯」（NSZZ Solidarność）という政治的対立が体制転換後の政治・社会制度の枠組みの形成にも作用したこと，特に同じ利害を有する労働者・経営者が転換後にそれぞれ両陣営に分かれたために，

民営化の促進や三者協議の枠組みの形成などで障害が生じたことを整理している．

経路依存性を重視する転換論の出現は，同時に移行論では軽視されていた既存の国家・制度とその変容に目を向けさせる契機ともなった．現時点ではこの国家の作用に関する見方については，大きく2つの視点がある．一方ではグリュゲル（Jean Grugel）のように，社会主義国家は「強かった」が「効率的ではなかった」（あるいは「国家の強さ」を「能力」に転換できなかった）ために体制を維持できなかったのみならず，現在に至っても政治・経済システムの改革の遂行にネガティブな影響を与えているという議論がある（Grugel 2002）．他方ではエキェルト（Grzegorz Ekiert）のように，少なくともポーランドに関しては1989年以降中央政府の行政機構や地方政府制度が整備され，予算・人員ともに拡充が行われ，政策遂行能力にたけた国家機構が整備されてきたとする見方もある（Ekiert 2003）．ちなみにエキェルトはポーランドが国家機構の改革に成功した理由として，以下の3点をあげている．①主要な政治勢力の間で，基本的な構造改革の必要という点でのコンセンサスが存在していた．②政治的な対立や不安定は存在したが，そのことが逆に各勢力の合意を通した制度改革を実現させる必要性を生み，そこから制度形成には時間がかかったものの実効力のある制度が形成された．③EU加盟の可能性が，制度整備へのインセンティヴとなった．

転換論のような経路依存的な視点については，これまでのところ歴史の選択的記述とアドホックな事例ごとの説明にとどまり，変数間の関係や仮説の提示が十分に行われていない（歴史的文脈が制度理論の中に適切に組み込まれていない）という問題が指摘されている．また歴史制度的な視点は長期的な歴史過程の中での費用構造の変化（制度を変化することに対する機会費用の増大）を前提とするもので，まだ「転換」途上にある（そのため制度変更に対する機会費用が必ずしも大きくない）東欧諸国に関してこの議論を利用するのは時期尚早という見方も存在する（cf. Beyer and Wielgohs 2002）．さらに例えば年金制度改革のケースのように，同じポスト社会主義国でもチェコやスロ

ヴェニアなど旧制度の枠組みが残っている事例と，ポーランドやハンガリーのように大幅な改革が行われた事例とがあることから，いかなる場合に旧制度の影響が残り，いかなる場合にそれが克服されるのかについてもより体系的に考える必要があるという問題も残されている（仙石 2001）．転換論は移行論の批判には成功しているものの，その実証分析への適用に際してはさらなる理論の精緻化が必要とされている[5]．

(3) EU 加盟と「欧州化」の作用

1990 年代の後半以降，ポーランドの EU 加盟が現実の問題として認識されるようになると，少しずつではあるが EU ファクターがポーランドの政治システムに与える影響について，検討を試みる研究が現れはじめている．ここでこれらの研究において特徴的なこととして，ポーランドを含む中東欧諸国に関しては「民主主義の安定」に関連する問題が議論されることが比較的少ないということがある．スペイン・ポルトガルの EU 加盟申請以後新たに民主化した国が EU に加盟申請を行う場合には，当該国がいわゆる民主主義コンディショナリティを満たしているかどうかが焦点のひとつとなっていた（cf. Featherstone and Kazamias 2001 所収の各論文）．だが現在の中東欧諸国に関しては，少数民族問題など一部の案件をのぞいて民主主義コンディショナリティが EU 加盟に際しての障害とみなされた事例ははとんど存在していない（cf. Pridham 2002）．むしろ現在の中東欧諸国については，EU 加盟に伴う具体的な制度改革とその改革のプロセスにおける欧州委員会の作用——いわゆる「欧州化」に関連する問題の方に，研究関心が集中しているという状況にある．

中東欧諸国の EU 加盟に伴う欧州化の作用に関しては，グラッベ（Heather Grabbe）やディミトロヴァ（Antoaneta Dimitrova）などが基本的な傾向を整理している（Grabbe 2001；Dimitrova 2002）．彼らによれば，中東欧諸国は EU の現加盟国に比べて欧州化の影響を受けやすいように見えるが，実際には EU が各国の制度形成に直接的な作用を及ぼす可能性は低いと考え

られる．確かに加盟交渉の過程において中東欧諸国は，制度形成に関するEU側からの各種の要求を遵守する必要があったことに加えて，EU加盟前の中東欧諸国とEUとの関係は対等なものではなく（加盟候補国がEUの要求基準を満たすという一方的な関係になっていた），交渉によって加盟候補国が自らの立場を受け入れさせる余地がほとんどないことから，一般的には欧州化の影響を受ける可能性が高いと考えられていた．だがその一方でEUが「基準」として示すものに関しては，具体的な中身や操作的な定義が欠けているものが多い．実際1996年以降，EUは加盟候補国に対して必要とされる「行政能力（administrative capacity）」を具体的に提示する試みを進めてきたが，これも具体的な成果をあげていないとされる（Dimitrova 2002）．さらにEU加盟に向けた改革そのものが国内的なコンセンサスがなければ実施困難な上に，EU加盟のもたらすインパクトは国・時期により違いがあることもあり，現実にはEU加盟に伴う制度変革においても国内要因が重要な役割を果たす可能性が高い（欧州化の作用はそれほど強くはない）という見方も現れている（cf. Anioł 2003）．

　現在のところポーランドのEU加盟と政治システムの転換を全般的な視点で議論したものはまだ存在していないが（加盟までの経緯などはTaras 2004を参照），個別のイシューにおいてEU加盟と国内政治・制度の変化との関連を論じたものはすでに現れはじめている．これらの研究については，以下の個別研究に関する紹介の中でそのいくつかを取り上げていく．

3　政党システムの展開をめぐる議論
　　　——新たな対抗軸としての「ヨーロッパ」？

(1)　政党システムをめぐる議論

　かつてポーランドの政治社会学者ヴィアトル（Jerzy J. Wiatr）は，統一労働者党以外の政党が存在することは許容されているものの，それらの政党が統一労働者党と対抗することが制度的にできなかった社会主義期のポーランドの政党システムを「ヘゲモニー政党制」と称した（Wiatr 1967）．そしてこ

の分類はサルトーリ（Giovanni Sartori）によって「発見」されることで，メキシコなどポーランド以外の事例にも適用される政党システムの一類型としての位置づけを与えられるまでになった．だが1989年以降のポーランドの政党システム研究の中で，このように比較政治学の理論研究，もしくは他地域との比較研究に利用可能な有効な分析道具や手法を提示したものは，これまでのところ存在していない．確かに政党システム分析（および関連する政党分析や選挙分析）は1989年以降のポーランド政治研究において主要な対象となった分野の1つであるが，そこでは理論提起や既存の理論に関する検証作業よりも，現在のポーランドの政党システムの特殊性，特に政党組織の弱さとそれに伴う政党システムの確立の遅れを分析することの方に重点がおかれていた．

　ポーランドにおいて政党組織，および政党システムの確立が遅れた点については，当初は独立労組「連帯」に関与していた反体制派エリートが1989年以降分裂したことで社会勢力の側に混乱が生じ，そのために組織的な基盤を持つ政党の形成が困難になっていたといった要因が強調されていた（例えばGebethner 1996）．その後1993年の選挙で統一労働者党の後継政党となる民主左派同盟（SLD）が，1997年の選挙で連帯選挙行動（AWS）がそれぞれ勝利し交代で政権を担当すると，今度はこの両党を軸としていわゆる「穏健な多党制」の政党システムがポーランドにおいて現れつつあるという議論が見られるようになった（Herbut 1999；Millard 1999など）．だが2001年の選挙において連帯選挙行動が分裂の影響もあり議会での議席を失い，他方で議席を獲得することは困難とされていた農民中心のポピュリスト的な政党であるポーランド共和国-自衛（Samoobrona-RP，以下「自衛」と略），およびナショナリスト的で反EU傾向の強いカトリック政党のポーランド家族連盟（LPR）という強力な異議申し立て政党が議席を獲得したことで，今度は穏健な多党制論では現状が説明できなくなるという事態が生じた．この2001年選挙前後の政党システムの変化に関しては，ポーランドの政党間競争の基本的な構造が現在では経済管理や腐敗防止といった一般的な問題を巡る対立

になっていて，そのために政党がより広い範囲の支持を得ようとするようになっている（「包括政党」化している）ために政党組織の確立が困難な状態にあり，そこから政党システムの確立も遅れていることを指摘する議論（Szczerbiak 2003）や，ポーランドの政党システムの基本的な構造はある程度安定しているものの，保守・教会系の勢力が組織を確立することに失敗しているため表面的には不安定なようにみえるとする議論（仙石 2002a ; Sitter 2002）などがある．

(2) EU 加盟と政党システムの変容

2001年の選挙を契機として，EU加盟と政党システムとの関連を議論する研究も現れはじめた．EU加盟と政党システムとの関連についてのこれまでの研究では，EUについてはエリートの合意があり政治的な対抗軸となる可能性は低いこと，および反EU勢力についてもカトリック勢力などを中心にまとまる方向性はあるもののこのグループが多数派の支持を獲得する可能性は低いことから，EUファクターが政党システムに与える影響については限定的であると考えられていた（Herbut 2000）．だが先に示した自衛およびポーランド家族連盟は，いずれもEU加盟に不安をもつ層の支持をもとに議席を獲得したこともあり，EU加盟問題と政党システムの変化との関連も現在では議論の対象となりはじめている．

EUファクターと政党システムの関連については，いくつかの見方が現時点では存在している．例えばシッター（Nick Sitter）はEUが加盟国に要求する政治的・経済的拘束のために，各国の政党が提示できる政策の範囲がそもそも市場に対する規制や福祉政策など古典的な左右軸に関わる政策領域に限定されていて，環境分野などの新しい領域で独自の政策を提起することは困難となっていることから，EU加盟が新たな対立軸となる可能性は低いことを指摘している（Sitter 2002）．これに対してインネス（Abby Innes）は，同じように各国の政党の実質的な政策選択肢は限定されるという前提に依拠しつつも，そこから各国の政党は生き残りのために広範な支持基盤を獲得し

ようとして政策よりもあいまいなイメージに依拠する戦略をとるようになり，結果としてどの政党も似たような政策を提示する包括政党となり，政党間の対抗軸も不明確となっているという議論を提示している（Innes 2002）．

　また近年の欧州懐疑派（Eurosceptic）の政党の出現については，EU 加盟との関連で詳細な議論が現れはじめている．例えばタッガルト（Paul Taggart）とシュチェルビャク（Alex Szczerbiak）は，EU 現加盟国と中東欧諸国それぞれにおける欧州懐疑派の政党を取り上げて比較を行っている（Taggart and Szczerbiak 2002）．両者は各国の政党システムの中での欧州懐疑派の位置の違いをもとに，欧州懐疑派の政党については統合そのものに反対する「ハードな欧州懐疑派政党」と統合そのものは支持しつつも特定の政策領域での修正や自国利益の維持を求める「ソフトな欧州懐疑派政党」とが存在すること，欧州懐疑派の政党はどこの国にも現れるものの基本的にはその影響力は限定的で，その中でも議会で実質的な影響力を有しているのはソフトな欧州懐疑派であることを整理している．この欧州懐疑派政党にも相違があるという論点については，コペツキ（Petr. Kopecky）とムッド（Cas Mudde）のように，「統合という考え方そのものへの態度」と「現在の統合の進展に対する態度」の2つの軸を基準として，4つのタイプに類型化することを提唱するものもある（Kopecky and Mudde 2002）[6]．またこれらの中央の政党に着目する議論に対して，他方では少数派ながら地方レベルに着目して欧州懐疑論を検討する研究も現れはじめている．例えばヒューズ（James Hughes）は，国家レベルでの EU 加盟推進に向けた動きと世論における欧州への懐疑的な態度の広がりとのギャップに着目し，特に交渉過程で「蚊帳の外」におかれた地域レベルのエリートが欧州懐疑論の温床となりえることを提示している（Hughes et al. 2002）．

　ポーランドの政党システムの今後の動向については，EU 加盟後の最初の議会選挙（任期満了の場合 2005 年に予定．ただし早期解散の可能性もある）の結果が大きく影響すると考えられる．この点はさらに分析を進めていく必要があろう．

4 制度改革分析の新たな潮流
——政治制度の再構築から社会制度の改革をめぐる議論へ

ポーランドの制度改革に関しては，当初の円卓会議から1997年の新憲法制定に至るまでの時期には，新しい民主主義を機能させるための基本的な政治制度の形成が分析の主たる対象となっていた．その後は特に1998年のいわゆる「4大改革（行政制度改革・教育制度改革・年金制度改革・医療保険制度改革）」やポーランドのEU加盟に関わる制度改革の流れを受ける形で，各種の社会制度の改革に関する分析が現れるようになってきている．ここでこの系統に属する主な研究を簡単に整理しておく．

(1) 新しい政治制度の形成

ポーランドでは社会主義期の反省もあり，権限を主要な機関の間で分担させることと多様な政治勢力を政治の枠組みに取り込むことを主な目的とした政治制度——執政に関する権限の首相と大統領との分担，二院制の議会，そして比例代表方式を採用した議会下院（セイム Sejm）の選挙など——を当初は導入した．だがこれらの制度は現実の場面において，大統領と首相との間の対立，議会と執政部（特に大統領）との間の対立，および議会における小党分裂と議会内会派間の対立をもたらし，90年代前半における政治的不安定の原因となっていた．このように機能障害が生じる可能性が高い制度がポーランドで導入された理由についてコロマー（Josep M. Colomer）は，主要なアクターの生き残り戦略の結果という議論を提示している（Colomer 1995）．コロマーはまず中東欧諸国における制度選択に関して，「現体制（旧共産党側）と反対派（社会勢力）のどちらが現状で支配的な立場にあるか」，および「選挙で現体制と反対派のどちらが勝つ可能性が高いか」という2つの基準を提示し，現体制側が支配的でありかつ選挙でも勝つ可能性が高い場合は権力を一元化した制度（議院内閣制・一院制・多数決制の選挙制度）が導

入される可能性があるが,それ以外の場合は権力の分担を前提とした制度（大統領と議会の二重権力制・二院制・比例代表制の選挙制度）が導入されやすいという原則を提示している．その上でポーランドのケースについては,強力な反対派が存在しかつ最初の自由選挙でそのグループが勝利した結果として,上に示したような権力分担が可能となる反面各種の対立による機能障害の可能性も高くなるシステムが導入されたとする．またベルンハード（Michael Bernhard）はこの時期のポーランドの政治制度形成のプロセスをいわゆる経路依存（Path dependence）の視点から検討し,ある制度（例えば議院内閣制）が望ましいと考えられているとしてもそれが直ちに各国において受け入れられるわけではないこと,および制度形成のプロセスでは旧体制からの脱却の経路,カリスマ的リーダーの存在,そして主要な政治勢力の「弱さ」という3つの要素が影響する可能性が高いことを指摘している（Bernhard 1997）．その上でポーランドの例に関しては,円卓会議の合意という脱却の経路に関わる要因と主要な政治勢力の弱さという要因が,二院制議会や比例代表制という枠組みの導入につながったこと,およびカリスマ的なリーダーの存在が大統領の権限をある程度強化し,大統領と首相の二重権力制に近い制度の導入をもたらしたことを示している．

　だが1997年に制定された新しい憲法では大統領の権限は大幅に縮小され,実質的に議院内閣制に近い政治制度が導入されることとなった．この点に関してヤシェヴィッツ（Krzysztof Jasiewicz）は,当時の議会の主要勢力と,1995年以降大統領の職にあるクファシニィエフスキ（Alexander Kwaśniewski）が,ワウェンサ（Lech Wałęsa）のように自己の権力拡大を追求する大統領がでてくることを危惧したために,大統領の権限を抑制する方向での制度整備を進めたことが背景にあることを指摘している（Jasiewicz 1997）．またサンフォード（George Sanford）は,新憲法作成の過程における民主左派同盟の大幅な譲歩によりそれまで対立的だったエリートの間で歴史的な対立を克服する妥協が行われ,それが大統領の役割を抑制しかつ制度の役割と制度間関係を明確にした憲法の制定を可能としたとしている（Sanford 2002）．

これらの国内要因に着目する議論に対してヤブロンスキ（Andrzej Jablonski）は，ポーランドが新憲法において大統領と首相の二重権力制から首相の権限を強化した議院内閣制に近い制度へと移行した背景には，EUが安定的・効率的なガバナンスが実現できる行政制度の確立を求めていたことも影響していると指摘している（Jablonski 2000；仙石 2004近刊も参照）．

(2) 地方政府改革に関わる議論

地方政府に関する制度の整備・改革については，ポーランドを含む中東欧諸国における「広域地方政府」の導入を題材とした分析が増えてきている．その背景には，広域地方政府についてはEUが強い関心を有していて，その分欧州化の作用を受ける可能性が高いと考えられたということがある．EUが広域地方政府の形成に関与しようとするのは，この枠組みが構造基金や結束基金などEUからの資金投入に関わる問題と結びついているということがある．EUは自らが投入する資金が有効かつ効率的に利用されることを求め，そこから新規加盟国に対しても地域・地方レベルで資金の管理，運営能力のある制度の導入を強く要求するようになり，それが中東欧諸国の制度の改革に関する議論にも影響すると考えられていた．

ただしこれまでのところ，現実にはEUの影響は限定的であることを，多くの研究は指摘している．例えばブルシス（Michael Brusis）はEUが中東欧諸国の地域再編に与えた影響について分析し，EUは各国の政府を改革に取りくませるという点では影響力が大きかったものの，具体的な制度の採用に関するEUの与えた影響は限定的であり，基本的には各国ごとに異なる制度が導入されたことを示している（Brusis 2002）．EUの制度改革の要求は抽象的，間接的な指摘にとどめられていて，そのために各国ごとの歴史遺産や政策アプローチの方が大きく作用したことがその背景にあるとされる．またバーン（Michael Baun）はチェコとポーランドの地域政策を比較した議論を行っている（Baun 2002）．両国はともに社会主義期以前を含めて歴史的に分権化の経験を有しておらず，また体制転換後の新しいエリートは全国の一体

性を保持しかつ地方選挙を通して旧共産党エリートが復活することを防ぐために分権化を回避してきたために，両国においては地方レベルでの制度的な枠組みの整備が後回しにされてきたことを示した上で，EUがこの従来の閉塞状態を打破し地方制度整備の圧力となる可能性について議論している．ただしバーンは別の論文では，EUの要求は地方レベルでの自治と中央による効率的な監督（特にEU資金の効率的利用）という矛盾した要求を提示しているために中身があいまいになり，結果としてその影響力を弱めているという指摘も行っている（Marek and Baun 2002）．

基本的にはこれまでの研究においては，中東欧諸国の地方政府制度の改革に対してはEUからの作用も重要であるもののそれはあくまでも影響要因の1つでしかなく，基本的には国内要因が重要な要素となることが論じられている（cf. 仙石 2002b; Ferry 2003）．

(3) 社会保障制度改革に関する議論

年金制度を中心とする社会保障制度の改革も，近年の制度改革に関する議論で取り上げられることが多くなっている．ただこれまでの議論では，この領域は地方制度の改革以上に各国の国内要因の作用が大きく，EUからの影響は（これまでのところ）限定的であるとしているものがほとんどである．確かにEUは社会保障制度に関しても枠組みの整備を要求しているものの，そこで対象となるのは労働力の自由移動や男女の取り扱いの平等といった雇用の基本原則に関わる枠組みの整備であり，特定の社会保障制度の導入を要求しているわけではない．さらにEUでは現加盟国の間でも社会保障の全体的なシステムの共通性が低いことや，近年議論される「欧州社会モデル」も特定の「ひな形」を加盟候補国に対して準備するものではないことも，制度形成面でのEUの影響力を弱める要素となっている（cf. Aniol 2003; Sengoku 2004）．

むしろ東中欧諸国の社会保障制度に関しては，EU以外のファクターを重視する見方が強い．一例としてポーランドの年金改革をチェコ，ハンガリー

との比較で検討したミュラー（Katharina Müller）は，各国の年金制度改革には国際的な要因の影響が大きいことを指摘しているものの，そこで影響力を有しているのはEUよりも，IMFや世界銀行といった国際経済組織であると指摘している（Müller 1999）．その上でミュラーは，ポーランドが基金方式の第2段階を含む新しい多層制の年金制度を導入することができた理由として国内の政治的要因とともに，対外債務の問題からポーランドは世界銀行やIMFの勧告を受け入れる必要があったという国際的な要因も作用したことを整理している．ただしこのミュラーの視点に対しては，実際には年金改革には地方制度改革以上に国内の各種の社会アクターの影響が強くなること，および国内アクターの媒介なくして国際的な要因が制度改革に作用することは難しいことから国際組織などの影響も限定的なものとならざるをえず，国内の政治・制度要因の方が社会保障制度の改革には決定的な影響を及ぼしているという逆の見方を提示している研究もある（Nelson 2001 ; Sengoku 2004）．

　EUとポーランドの制度改革との関連については，ポーランドがEUの正式加盟国となったことに伴う具体的な交流の進展や制度の変革を通して，新たな分析の材料や分析視角が現れる可能性が高い．この点でポーランドに関する比較政治研究，および地域研究には，まだかなりの「参入」の余地があると考えられる．本章が中東欧諸国の比較政治研究を促進するきっかけ（捨て石？）となれば幸いである．

◆註
1) コペンハーゲン基準に関連する日本語表記は，ここでは欧州連合駐日欧州委員会代表部のホームページ（http://jpn.cec.eu.int/）における記述を参照している．
2) 経済的視点での研究については概説として田口（2003）の他，体制転換後のポーランドの財務大臣を経験したBalcerowicz（1995）とKołodko（2000）の異なる立場の両者による研究を，また社会主義体制の解体については，その制度的機能不全との関連でシステムの解体を論じたKamiński（1991），Bunce（1999），仙石（1998）の整理を参照のこと．

3) 市民社会と中東欧諸国の政治体制の変化（社会主義体制の解体，および民主主義体制の定着）との関連についてはさまざまな議論が存在しているが，政治学的な「分析」の視点からこの問題を取り上げたものは多くない．ひとまずポーランドを含む中東欧諸国の市民社会論についての既存研究の概観は，「分析道具」という視点からこれを整理することを試みた平田（1999）の議論を参照のこと．
4) 移行研究の中東欧諸国への適応可能性に関する肯定的な視点と否定的な視点の対立については，多少感情的な応酬の部分もあるがひとまずシュミッターおよびカールとブンスの間の論争を参照のこと（Schmitter with Karl 1994 ; Karl and Schmitter 1995 ; Bunce 1995a, 1995b）．
5) このような中でケイン（Michael Cain）とスルダイ（Aleksander Surdej）は，移行分析と構造的分析の「複合的利用」という視点を掲げてポーランドの年金改革について検討した（Cain and Surdej 1999）．そしてそこでは，年金制度改革の必要性は市場化改革と関連している点で移行期の問題だが，その必要が生じたのは社会主義期の特定職種優遇という制度的遺産も作用していること，および過去に「制度的に」優遇されていた勢力が新しい環境の中で従来の利益を保持しようとする「合理的な」行動をとることでポーランドでは年金制度の改革が困難となっていたことが整理されている．このような「折衷」的な手法の有効性については，今後さらに検討する必要があろう．
6) コペツキらはまず「欧州統合の理念」について「統合支持」か「統合反対」か，「現在の統合」について「現状に満足」か「現状に不満」かをわけ，欧州統合に対する立場について次の4つの分類カテゴリーを提示している．
   a) Euroenthusiasts—統合理念を支持し，現在の統合について満足
   b) Eurosceptics—統合理念は支持するが，現在の統合については不満
   c) Europragmatists—統合理念には反対だが，現在の統合は一応容認
   d) Eurorejects—統合理念にも，現在の統合にも反対

◆参考文献
日本語文献
仙石学. 1998.「社会主義における国家と開発」恒川惠市編『岩波講座・開発と文化6 開発と政治』岩波書店：79-101.
仙石学. 2001.「ポーランドの年金制度改革：『体制転換』のもとでの『制度改革』の分析」佐藤幸人編『新興民主主義国の経済・社会政策』アジア経済研究所：91-128.
仙石学. 2002a.「ポスト社会主義ポーランドの政党システム：アンバランスな『三つの民主主義』」日本政治学会編『三つのデモクラシー』岩波書店：89-107.
仙石学. 2002b.「EU拡大とポーランド：加盟候補国の政治・制度と『欧州化』は

どう関連するか?」『欧州中堅国の対 EU 政策』日本国際問題研究所:58-75.

仙石学.2004(近刊予定).「ポーランドにおける執政の変容:権力分担のシステムから効率的統治のシステムへ」『法学論集(西南学院大学)』37(1).

田口雅弘.2003.「移行期ポーランドにおける政治変動と経済変動の相互依存」『立命館国際研究』15(3): 455-478.

平田武.1999.「中東欧民主化と市民社会論の射程:近代ハンガリー史への視座を交えて」『法学(東北大学)』63(3): 311-344.

英語文献

Balcerowicz, Leszek. 1995. *Socialism, Capitalism, Transformation*. Budapest: Central European University Press(家本博一・田口雅弘訳.2000.『社会主義・資本主義・体制転換』多賀出版).

Baun, Michael. 2002. EU Regional Policy and the Candidate States: Poland and the Czech Republic. *European Integration* 24(3): 261-280.

Bernhard, Michael. 1997. Semipresidentialism, Charisma, and Democratic Institutions in Poland. In Kurt von Mettenheim(ed.). *Presidential Institutions and Democratic Politics: Comparing Regional and National Contexts*. Baltimore: Johns Hopkins University Press.

Beyer, Jurgen, and Jan Wielgohs. 2002. On the Limits of Path Dependency Approaches for Explaining Postsocialist Institution Building: In Critical Response to David Stark. *East European Politics and Society* 15(2): 356-388.

Brusis, Michael. 2002. Between EU Requirements, Competitive Politics, and National Traditions: Re-creating Regions in the Accession Countries of Central and Eastern Europe. *Governance* 15(4): 531-559.

Bunce, Valerie. 1995a. Should Transitologists be Grounded? *Slavic Review* 54(1): 111-127.

Bunce, Valerie. 1995b. Paper Curtains and Paper Tigers. *Slavic Review* 54(4): 979-987.

Bunce, Valerie. 1999. *Subversive institutions : The Design and the Destruction of Socialism and the State*. Cambridge: Cambridge University Press.

Cain, Michael J. G., and Aleksander Surdej. 1999. Transitional Politics or Public Choice?: Evaluating Stalled Pension Reforms in Poland. In Linda J. Cook, Mitchell A. Orenstein and Marilyn Rueschemeyer (eds.). *Left Parties and Social Policy in Postcommunist Europe*. Boulder: Westview Press.

Castle, Marjorie, and Ray Taras. 2002. *Democracy in Poland*. second edition. Boulder: Westview Press.

Colomer, Josep Maria. 1995. Strategies and Outcomes in Eastern Europe. *Journal of Democracy* 6(2): 74-85.

Cox, Terry, and Bob Mason. 1999. *Social and Economic Transformation in East Central Europe : Institutions, Property Relations and Social Interests*. Cheltenham : Edward Elgar.

Dimitrova, Antoaneta. 2002. Enlargement, Institution-building and the EU's Administrative Capacity Requirement. *West European Politics* 25(4): 171-190.

Ekiert, Grzegorz. 2003. The State after State Socialism : Poland in Comparative Perspective. In T. V. Paul, G. John Ikenberry and John A. Hall (eds.). *The Nation-state in Question*. Princeton: Princeton University Press.

Featherstone, Kevin, and George Kazamias (eds.). 2001. *Europeanization and the Southern Periphery*. London : Frank Cass.

Ferry, Martin. 2003. The EU and Recent Regional Reform in Poland. *Europe-Asia Studies* 55(7): 1097-1116.

Gebethner, Stanislaw. 1996. Parliamentary and Electoral Parties in Poland. In Paul G. Lewis (ed.). *Party Structure and Organization in East-Central Europe*. Cheltenham : Edward Elgar.

Goralczyk, Bogdan J. 2000. The Post-communist World: A Conceptual Framework. In Wojciech Kostecki, Katarzyna Zukrowska and Bogdan J. Goralczyk (eds.). *Transformations of Post-Communist States*. Basingstoke : Macmillan Press.

Grabbe, Heather. 2001. How does Europeanization Affect CEE Governance?: Conditionality, Diffusion and Diversity. *Journal of European Public Policy* 8(6): 1013-1031.

Grugel, Jean. 2002. *Democratization : A Critical Introduction*. Basingstoke : Palgrave.

Herbut, Ryszard. 2000. Parties and the Polish Party System : The Process of Structuring the Political Space. In Karl Cordell (ed.). *Poland and the European Union*. London : Routledge.

Hughes, James, Gwendolyn Sasse, and C. Gordon. 2002. Saying 'Maybe' to the 'Return to Europe'. *European Union Politics* 3(3): 327-355.

Innes, Abby. 2002. Party Competition in Postcommunist Europe : The Great Electoral Lottery. *Comparative Politics* 35(1): 85-104.

Jablonski, Andrzej W. 2000. The Europeanization of Government in Poland in the 1990s. In Karl Cordell (ed.). *Poland and the European Union*. London : Routledge.

Jasiewicz, Krzysztof. 1997. Poland : Wałęsa's Legacy to the Presidency. In Ray Taras (ed.). *Postcommunist Presidents*. Cambridge : Cambridge University Press.

Karl, Terry Lynn, and Philippe C. Schmitter. 1995. From an Iron Curtain to a Paper Curtain: Grounding Transitologists or Students of Postcommunism? *Slavic Review* 54(4): 965-978.

Kamiński, Bartlomiej. 1991. *The Collapse of State Socialism: The Case of Poland*. Princeton: Princeton University Press.

Kołodko, Grzegorz. W. 2000. *From Shock to Therapy: The Political Economy of Postsocialist Transformation*. Oxford: Oxford University Press.

Kopecky, Petr., and Cas Mudde. 2002. The Two Sides of Eurosceptisicm. *European Union Politics* 3(3): 297-326.

Linz, Juan J., and Alfred Stepan. 1996. *Problems of Democratic Transition and Consolidation: Southern Europe, South America and Post-Communist Europe*. Baltimore: Johns Hopkins University Press.

Marek, David, and Michael Baun. 2002. The EU as a Regional Actor: The Case of the Czech Republic. *Journal of Common Market Studies* 40(5): 895-919.

Millard, Frances. 1999. *Polish Politics and Society*. London: Routledge.

Millard, Frances. 2003. Poland. In Stephen White, Judy Batt and Paul G. Lewis (eds.). *Development in Central and East European Politics 3*. Basingstoke: Palgrave Macmillan.

Müller, Katharina. 1999. *The Political Economy of Pension Reform in Central-Eastern Europe*. Cheltenham: Edward Elgar.

Nelson, Joan M. 2001. The Politics of Pension and Health-care Reforms in Hungary and Poland. In Janos Kornai, Stephan Haggard and Robert R. Kaufman (eds.). *Reforming the State: Fiscal and Welfare Reform in Post-Socialist Countries*. Cambridge: Cambridge University Press.

Pridham, Geoffrey. 2002. EU Enlargement and Consolidating Democracy in Post-Communist States: Formality and Reality. *Journal of Common Market Studies* 40(2): 953-973.

Przeworski, Adam. 1991. *Democracy and the Market: Political and Economic Reforms in Eastern Europe and Latin America*. Cambridge: Cambridge University Press.

Sanford, George. 2002. *Democratic Government in Poland: Constitutional Politics since 1989*. Basingstoke: Palgrave Macmillan.

Schmitter, Philippe C. with Terry Lynn Karl. 1994. The Conceptual Travels of Transitologists and Consolidologists: How Far to the East Should They Attempt to Go? *Slavic Review* 53(1): 173-185.

Sengoku, Manabu. 2004. Emerging Eastern European Welfare States: A Variant of the 'European' Welfare Model? In Sinichiro Tabata and Akihiro Iwashita (eds.). *Slavic Eurasia's Integration into the World Economy and Community (21st century COE program, Slavic Eurasian Studies, No. 2)*. Sapporo : Slavic Research Centre (Hokkaido University).

Sitter, Nick. 2002. Cleavages, Party Strategy and Party System Change in Europe, East and West. *Perspective on European Politics and Society* 3(3): 425-451.

Szczerbiak, Aleks. 2003. Old and New Divisions in Polish Politics : Polish Parties' Electoral Strategies and Bases of Support. *Europe-Asia Studies* 55(5): 729-746.

Taggart, Paul, and Alex Szczerbiak. 2002. Europeanization, Euroscepticism and Party Systems : Party-based Euroscepticism in the Candidate States of Central and Eastern Europe. *Perspectives on European Politics and Society* 3(1): 23-41.

Taras, Ray. 2004. Poland : Breaking Multiple Barriers. In Ronald Tiersky (ed.). *Europe : National Politics, European Integration, and European Security*. second edition. Lanham : Rownam & Littlefield Publishers, Inc.

Wiarda, Howard J. 2002. Southern Europe, Eastern Europe, and Comparative Politics : "Transitology" and the Need for New Theory. *East European Politics and Society* 15(3): 485-501.

Wiatr, Jerzy J. 1967. Political Parties and Interest Groups : The Hegemonic Party System in Poland. In Jerzy J. Wiatr (ed.). *Studies in Polish Political System*. Warsaw : Ossolineum.

ポーランド語文献

Anioł, Włodzimierz. 2003. *Europejska polityka społeczna : implikacje dla Polski*. Warszawa : Oficyna Wydawnicza ASPRA-JR.

Herbut, Ryszard. 1999. Partie polityczne i system partyjny. W : Andrzej Antoszewski i Ryszard Herbut (pod red.). *Polityka w Polsce w latach 90 : wybrane problemy*. Wrocław : Wydawnictwo Uniwersytetu Wrocławskiego.

Marczewska-Rytko, Maria (red.). 2001. *Polska między zachodem a wschodem w dobie integracji europejskiej*. Lublin. Wydawnictwo Uniwersytetu Marii Curie-Skłodowskiej.

Michałowski, Stanisław (pod red.). 2002. *Samorząd terytorialny III Rzeczpospolitej : dziesięć lat doświadczeń*. Lublin : Wydawnictwo Uniwersytetu Marii Curie-Skłodowskiej.

Mołdawa, Tadeusz (pod red.). 2003. *Zagadnienia konstytucjonalizmu krajów Europy Środkowo-Wschodniej*. Warszawa : Dom Wydawniczy ELIPSA.

ホームページ（いずれも 2004 年 7 月時点で接続を確認）

Poland.pl [http://www.poland.pl/] および Wirtualna Polska [http://www.wp.pl/] いずれもポーランドに関する基本情報のポータルサイト．

Państwowa Komisja Wyborcza [http://pkw.gov.pl/] ポーランド選挙管理委員会のページ．主要な選挙の結果や選挙関連法令などを確認できる．

Polska Agencja Prasowa [http://www.pap.com.pl/] ポーランド通信社のページ．ポーランド関連の基本的なニュースを入手できる．

Rzeczpospolita [http://www.rzeczpospolita.pl/] ポーランドの有力な日刊紙『共和国』のページ．詳細な条件での記事検索が可能だったが，最近データベース利用が一部有料化され，多少使いにくくなった．

Sejm Rzeczypospolitej Polskiej [http://www.sejm.gov.pl/] ポーランド議会下院（セイム）のページ．議員名簿や議事録，第2次大戦後の法律に関する充実したデータベースがある．

ポーランド情報館 [http://www.e.okayama-u.ac.jp/~taguchi/] 岡山大学田口雅弘先生のページ．ポーランドに関する各種の情報を日本語で入手できる．

ロシア・東欧法研究のページ [http://www.iss.u-tokyo.ac.jp./~komorida/] 東京大学小森田秋夫先生のページ．ポーランドの法律／裁判・政治・社会問題などに関する情報が充実している．

＊本稿の草稿に対して平田武（東北大学），若松弘子（バーミンガム大学大学院），勢一智子（西南学院大学）の各氏よりコメントを受けた．記して感謝の意を表したい．

終　章

政治学の一分野としての地域研究

岩　崎　正　洋

1　民主主義の新たな可能性

　本書には,「先進デモクラシーの再構築」というサブタイトルが付けられている．近年，本書で取り扱った国々において，さまざまな潮流が錯綜しているのを目撃することができる．その現実を一言で表現すると，サブタイトルのようになる．

　従来の政治学において,「民主主義」という言葉は，多くの場合に，民主主義＝民主主義国家という意味で用いられてきた．そこで，以下に述べるような本書の問題意識に基づき，サブタイトルでは,「民主主義」という表現を使わずに，あえて「デモクラシー」という表現を採用することにした．

　「先進デモクラシー」という表現は，本書の各章で取り扱われている先進民主主義国の1つ1つを指す場合もあれば，先進民主主義諸国全体を指す場合もある．さらに，グローバル化に伴う地球的な規模での民主主義や，ヨーロッパ統合のような現象を視野に入れた1つのヨーロッパにおける民主主義などは，民主主義の新たな可能性を示唆しているという点で,「先進デモクラシーの再構築」の過程にあるといえよう．

　したがって，本書は，従来のように，1つの国家が自己完結的に民主主義を採用することにより，民主主義国家として存立するという前提に立つのではない．とりわけ先進諸国においては，今や，一国内部で民主主義が独自に

存在するのではなく，多様な新しい潮流が錯綜することで，その国の民主主義が変容を遂げつつあることを，本書は明らかにしようと編集された．変容の具体的な姿について，例えば，序章においては，グローバル化，マルチレベル化，小国化という現象として説明されている．

ここでは，グローバル化に焦点を絞って，民主主義の新しい可能性を考えてみよう．

ヒト・モノ・カネ・情報などの移動によってもたらされる，いわゆるグローバル化によって一国の民主主義が影響を受けつつあることは，とりもなおさず，民主主義のグローバル化を意味する．民主主義のグローバル化には，2つの可能性があるだろう．

1つは，世界中に存在する国々において，民主主義が実現されるという意味である．民主主義が地球的な規模で伝播していくことで，地球上に存在する多くの国々が民主主義国家となる可能性は，民主化の波をめぐる議論とも関連する[1]．歴史的にみると，世界の国々に対して，ときには，民主化の波が押し寄せ，ときには，その波が揺り戻しを経験したが，その繰り返しによって，結果的に，世界に存在する民主主義国家は増加した．

地球上に存在する民主主義国家の増大は，角度を変えてみるならば，民主主義がグローバルなレベルで拡大したことを示している．今後も民主主義国家が誕生する可能性があるとすれば，民主主義のグローバル化は進展すると考えられる．

もう1つの可能性は，地球そのものが1つのシステムを形成し，その中に存在する国々の関係が民主的になることで，地球というグローバルなシステムにおいて，民主主義の実践が試みられることである[2]．グローバルなシステムにおいて，1つ1つの国家は，あくまでも上位に位置する地球というグローバルなシステムを形づくる構成要素に過ぎない．

国家の枠組みを超えるという意味では，グローバルなシステムが民主主義となる方が，新しい可能性を示しているといえるかもしれない．従来から考えられてきたような，一国の民主主義が所与のものとなり，一国を超えた民

主主義(例えば,それがヨーロッパという1つの地域レベルであれ,地球というグローバルなレベルであれ)が現実に人々の目の前に出現する可能性は,今後の民主主義の姿を考える際に,無視することができないだろう.

一方で,民主主義のグローバル化という現象が目撃されたとしても,他方で,一国内部の民主主義という従来からの問題も存在する.つまり,既存の民主主義国家内部における「民主主義のさらなる民主化」をめぐり,さまざまな課題が浮上し,多様な取り組みがなされていることを忘れるわけにはいかない.

具体的には,各国における政治的アクターの相互作用,政治的な対立をもたらす争点,政策などは,一国内部の民主主義をさらに民主化するために,直接的に関連する論点である.本書で取り扱った各国の事例は,(それぞれ重点の置き方は異なっていたとしても)いずれもアクター,争点,政策に注目し,各国における民主主義の変容を説明している.そのときのキーワードの1つは,ガバナンス(governance)である[3].

このように考えてくると,現在,民主主義をめぐる問題は,一国内部のレベルに留まるのではなく,多国間のレベル,地球上に現存する国々のレベルにまで多少なりとも関連していることが明らかになる.これまでのような一国内で完結していた民主主義とは異なり,多様な新しい潮流が錯綜する中で,民主主義は,従来とは異なる方向性を模索しているかのように思われる.

現時点では,先行きが見えないとしても,従来の民主主義の姿が徐々に変貌しつつあり,少なくとも従来型とは異なる方向へと進展していくとするならば,それは,まさに「再構築」の過程にあるといえるだろう.

2 地域研究の課題

既に序章でも説明がなされ,「あとがき」でも言及されているが,本書は,『アクセス比較政治学』という書物の延長線上に位置付けることができる.また,本書は,書名が『アクセス地域研究Ⅱ』となっていることからも明ら

かなように，『アクセス地域研究Ⅰ』の続きとしても位置付けられる．

したがって，『アクセス比較政治学』，『アクセス地域研究Ⅰ』，そして本書『アクセス地域研究Ⅱ』は，相互に関連性をもっており，いわば，3部作として捉えることもできる．

『アクセス比較政治学』では，比較政治学のさまざまな理論をできるだけオーソドックスなかたちで1冊の書物にまとめるという方針の下で編集が行われた．その「あとがき」で，同書は，「現象や地域ごとではなく理論ごとに章立てを組んだ比較政治学」の書物であることが明示されている．

とりわけ同書の第Ⅰ部では，「比較政治学の系譜」というテーマの下に，政治体制論，政治文化論，政治社会論，政治発展論，政治変動論という5つの章を配置したが，『アクセス地域研究』のⅠとⅡは，そこでの議論を現実の事例に応用するかたちで編集した．

つまり，2巻からなる『アクセス地域研究』は，『アクセス比較政治学』とは異なり，理論ごとではなく，むしろ現象や地域ごとに章立てを組んだ書物なのである．その点を強調するために，「地域研究」というタイトルを採用し，第Ⅰ巻では，「民主化の多様な姿」というサブタイトルの下で，政治体制論，政治発展論，政治変動論に関連する内容について，世界各地の事例を取り扱った．

第Ⅱ巻である本書は，「先進デモクラシーの再構築」というサブタイトルとし，政治文化論や政治社会論に関連する内容を主に取り扱っている．それらの中身は，ここで繰り返すまでも無いだろう．

さて，3部作の編集を終えるにあたり，最後に，政治学と地域研究との今後の課題について述べたい．なぜなら，比較政治学の書物と，地域研究の書物の編集を立て続けに行ったことで，両者の建設的な関係をさらに築いていくために必要な視点が明らかになったように思われるからである．

まず，政治的問題意識の重要性を指摘することができる．

政治学の中に位置する1つの分野として，地域研究を捉えるならば，個々の地域で見られる政治現象を読み解くことが主な課題となる．どのような方

法で政治現象を把握するかについては,記述的な方法であれ,仮説実証型の方法であれ,あくまでも,それは地域研究における方法論の問題である[4]。どのような方法を選択するかは,研究にあたり各々の研究者が選択するべき問題である.むしろ重要なのは,いかなる方法を採用しようとも,そこに内包される政治的な問題意識である.

ともすれば,方法論の精緻化や,研究対象となる地域への過度の執着が,政治現象の解明に道を閉ざすことになりかえない.なるほど,方法論をめぐる議論は,研究上,必要不可欠なものだとしても,政治学の第一義的な使命は,政治現象を捉えることにあり,どのような政治現象を捉えるかは,研究者自身の政治的問題意識に多くを負うが,どのように政治現象を捉えるかという問題は,いいかえるなら,どのような道具を使用するかという問題であり,方法論の問題に他ならない.

適切かつ精巧な方法が用いられることで,後者の「どのように政治現象を捉えるか」という問題が解決されようとも,前者の「どのような政治現象を捉えるか」という問題を丁寧に取り扱わない限り,研究成果は,あまりに脆弱な知見に陥る危険があるだろう.

政治学,中でも比較政治学の理論的な蓄積に目を向けると,実際には,「地域性」とでも呼ぶべき,各研究者の背景が如実に研究成果の中に反映されていることがわかる[5].例えば,本書の中でも取り扱われているレイプハルト(Arend Lijphart)の多極共存型民主主義論は,オランダ政治の経験から導き出されたものであり,そこには,オランダ出身の政治学者であるがゆえに抱くことができたレイプハルト自身の政治的問題意識が内包されているといえよう.

同様に,サルトーリ(Giovanni Sartori)の政党システム論は,イタリアの政党政治の状況を念頭に置いているだろうし,ノルウェーの政治学者ロッカン(Stein Rokkan)が中心と周辺との社会的な亀裂を論じたことも,彼自身の問題意識を明確に反映していると考えられる.

従来,政治学においては,地域を研究することで導き出された理論やモデ

ル，分析枠組みが数多く提起されてきた．各研究者の背景が，その人自身の政治学に反映されることで，結果的に，政治学と現実政治との相互作用がもたらされたのだといえよう．

そうだとすれば，本書の序章で小川有美が論じた点とも関連するが，政治学の1つの分野としての地域研究は，「密教」などと表現されることのないように，政治学の土俵において，今よりも積極的に役割を果たす必要があるだろう．

現在の我が国の比較政治学を眺めると，一方で，過度に方法論に傾斜しているきらいも見られなくはないが，他方で，政治的問題意識を内包した地域研究から導き出される知見の積極的な活用こそが必要だと思われる．そうすることで，レイプハルトやサルトーリ，ロッカンらのような，第2次世界大戦後の比較政治学の華々しい展開を担った政治学者たちの貢献に勝るとも劣らない，日本の貢献ができるのではないだろうか．

◆註
1) 民主化については，例えば，以下を参照されたい．岩崎（1999b），岸川・岩崎（2004）．
2) グローバル・デモクラシー（global democracy）については，ヘルド（David Held）の議論を参照．例えば，Held（1987）．
3) ガバナンス（governance）については，以下を参照．岩崎・佐川・田中（2003）．
4) 地域研究における方法論に関しては，以下の書物の序章で，詳しく説明がなされている．岸川・岩崎（2004）．
5) Daalder（1997）は，ヨーロッパ政治学会（European Consortium for Political Research）の50周年記念に刊行されたものであるが，その内容は，著名な政治学者たちが自らの研究遍歴を書き綴ったものであり，この点に関して参考となろう．

◆参考文献
日本語文献
青木一能・野口忠彦・岩崎正洋編．1998．『比較政治学の視座』新評論．
石田徹．1992．『自由民主主義体制分析：多元主義・コーポラティズム・デュアリ

ズム』法律文化社.
猪口孝. 1988.「日本における比較政治学の発展と展望」日本政治学会編『年報政治学 1986　第三世界の政治発展』岩波書店.
猪口孝・E. ニューマン・J. キーン編. 1999.『現代民主主義の変容：政治学のフロンティア』有斐閣.
猪口孝. 2003.『日本政治の特異と普遍』NTT 出版.
猪口孝. 2004.『「国民」意識とグローバリズム：政治文化の国際分析』NTT 出版.
岩崎正洋. 1999a.『政党システムの理論』東海大学出版会.
岩崎正洋. 1999b.「政治発展論から民主化論へ：二〇世紀後半の比較政治学」日本政治学会編『年報政治学　二〇世紀の政治学』岩波書店.
岩崎正洋. 2002a.『議会制民主主義の行方』一藝社.
岩崎正洋編. 2002b.『かわりゆく国家』一藝社.
岩崎正洋・工藤裕子・佐川泰弘・B. サンジャック・J. ラポンス編. 2000.『民主主義の国際比較』一藝社.
岩崎正洋・植村秀樹・宮脇昇編. 2000.『グローバリゼーションの現在』一藝社.
岩崎正洋・佐川泰弘・田中信弘編. 2003.『政策とガバナンス』東海大学出版会.
小川有美編. 1999.『EU 諸国』自由国民社.
蒲島郁夫. 1988.『政治参加』東京大学出版会.
岸川毅・岩崎正洋編. 2004.『アクセス地域研究Ⅰ：民主化の多様な姿』日本経済評論社.
河野武司・岩崎正洋編. 2004.『利益誘導政治：国際比較とメカニズム』芦書房.
河野勝・岩崎正洋編. 2002.『アクセス比較政治学』日本経済評論社.
白鳥令. 1968.『政治発展論』東洋経済新報社.
白鳥令編. 1981.『現代政治学の理論（上）』早稲田大学出版部.
白鳥令編. 1982.『現代政治学の理論（下）』早稲田大学出版部.
白鳥令編. 1985.『現代政治学の理論（続）』早稲田大学出版部.
白鳥令編. 1999.『政治制度論：議院内閣制と大統領制』芦書房.
白鳥令・曽根泰教編. 1984.『現代世界の民主主義理論』新評論.
砂田一郎・藪野祐三編. 1990.『比較政治学の理論』東海大学出版会.
中野実. 1984.『現代国家と集団の理論：政治的プルラリズムの諸相』早稲田大学出版部.
西川知一編. 1986.『比較政治の分析枠組』ミネルヴァ書房.
日本比較政治学会編. 2003.『EU のなかの国民国家：デモクラシーの変容』早稲田大学出版部.
山口定. 1989.『政治体制』東京大学出版会.

英語文献

Almond, Gabriel A. 1956. Comparative Political Systems. *The Journal of Politics*

18 : 391-409.

Almond, Gabriel A., Russell J. Dalton, and G. Bingham Powell, Jr. (eds.). 1999. *European Politics Today*. New York : Longman.

Crozier, Michel, Samuel P. Huntington, and Joji Watanuki. 1975. *The Crisis of Democracy : Report on the Governability of Democracies to the Trilateral Commission*. New York: New York University Press (綿貫譲治監訳. 1976. 『民主主義の統治能力』サイマル出版会).

Daalder, Hans (ed.). 1997. *Comparative European Politics : The Story of a Profession*. London : Pinter.

Dahl, Robert A. 1971. *Polyarchy : Participation and Opposition*. New Haven : Yale University Press (高畠通敏・前田脩訳. 1981. 『ポリアーキー』三一書房).

Dahl, Robert A. 1989. *Democracy and Its Critics*. New Haven : Yale University Press.

Dahl, Robert A. 1998. *On Democracy*. New Haven : Yale University Press (中村孝文訳. 2001. 『デモクラシーとは何か』岩波書店).

Dalton, Russell J. 1996. *Citizen Politics : Public Opinion and Political Parties in Advanced Industrial Democracies*, second edition. New Jersey : Chatham House Publishers.

Easton, David. 1965. *A Systems Analysis of Political Life*. New York : John Wiley & Sons (片岡寛光監訳. 1980. 『政治生活の体系分析(上・下)』早稲田大学出版部).

Easton, David. 1965. *A Framework for Political Analysis*. Englewood Cliffs : Prentice-Hall (岡村忠夫訳. 1968. 『政治分析の基礎』みすず書房).

Easton, David. 1971. *The Political System : An Inquiry into the State of Political Science*, second edition. New York : Alfred A. Knopf (山川雄巳訳. 1976. 『政治体系：政治学の状態への探求(第二版)』ぺりかん社).

Easton, David. 1990. *The Analysis of Political Structure*. New York : Routledge (山川雄巳監訳. 1998. 『政治構造の分析』ミネルヴァ書房).

Flora, Peter, Stein Kuhnle, and Derek W. Urwin (eds.). 1999. *State Formation, Nation-Building, and Mass Politics in Europe : The Theory of Stein Rokkan*. Oxford : Oxford University Press.

Held, David. 1987. *Models of Democracy*. Cambridge : Polity Press (中谷義和訳. 1998. 『民主政の諸類型』御茶の水書房).

Huntington, Samuel P. 1991. *The Third Wave : Democratization in the Late Twentieth Century*. Oklahoma : University of Oklahoma Press (坪郷實・中道寿一・藪野祐三訳. 1995. 『第三の波：20世紀後半の民主化』三嶺書房).

Inglehart, Ronald. 1977. *The Silent Revolution: Changing Values and Political Styles among Western Publics*. Princeton : Princeton University Press (三宅一郎・金丸輝男・富沢克訳．1978．『静かなる革命：政治意識と行動様式の変化』東洋経済新報社).

Inglehart, Ronald. 1990. *Cultural Shift in Advanced Industrial Society*. Princeton : Princeton University Press (村山皓・富沢克・武重雅文訳．1993．『カルチャーシフトと政治変動』東洋経済新報社).

Karvonen, Lauri, and Stein Kuhnle (eds.). 2001. *Party Systems and Voter Alignments Revisited*. London : Routledge.

Lasswell, Harold D. 1951. *Politics : Who gets what, when, how*. New York : Free Press (久保田きぬ子訳．1959．『政治：動態分析』岩波書店).

LeDuc, Lawrence, Richard G. Niemi, and Pippa Norris (eds.). 1996. *Comparing Democracies : Elections and Voting in Global Perspective*. London : Sage.

Lijphart, Arend. 1977. *Democracy in Plural Societies : A Comparative Exploration*. New Haven : Yale University Press (内山秀夫訳．1979．『多元社会のデモクラシー』三一書房).

Lijphart, Arend. 1984. *Democracies : Patterns of Majoritarian and Consensus Government in Twenty-One Countries*. New Haven : Yale University Press.

Lijphart, Arend. 1999. *Patterns of Democracy : Governments Forms and Performance in Thirty-Six Countries*. New Haven : Yale University Press.

Linz, Juan J., and Arturo Valenzuela (eds.). 1994. *The Failure of Presidential Democracy : Comparative Perspectives*. Vol. 1. Baltimore : Johns Hopkins University Press (中道寿一訳．2003．『大統領制民主主義の失敗：その比較研究』南窓社).

Lipset, Seymour M., and Stein Rokkan (eds.). 1967. *Party Systems and Voter Alignments : Cross-National Perspectives*. New York : Free Press.

Duncan, Graeme (ed.). 1983. *Democratic theory and practice*. Cambridge : Cambridge University Press.

O'Donnell, Guillermo, and Philippe C. Schmitter. 1986. *Transitions from Authoritarian Rule : Tentative Conclusions about Uncertain Democracies*. Baltimore : Johns Hopkins University Press (真柄秀子・井戸正伸訳．1986．『民主化の比較政治学：権威主義支配以後の政治世界』未來社).

Pateman, Carole. 1970. *Participation and Democratic Theory*. Cambridge : Cambridge University Press (寄本勝美訳．1977．『参加と民主主義理論』早稲田大学出版部).

Pennings, Paul, and Jan-Erik Lane (eds.). 1998. *Comparing Party System Change*. London : Routledge.

Powell, G. Bingham, Jr. 1982. *Contemporary Democracies : Participation, Stability, and Violence*. Cambridge : Harvard University Press.

Putnam, Robert D. 1993. *Making Democracy Work*. Princeton : Princeton University Press（河田潤一訳．2001．『哲学する民主主義：伝統と改革の市民的構造』NTT 出版）．

Sartori, Giovanni. 1976. *Parties and Party Systems: A framework for analysis*. Vol. 1. Cambridge : Cambridge University Press（岡沢憲芙・川野秀之訳．1980．『現代政党学：政党システム論の分析枠組み（Ⅰ・Ⅱ）』早稲田大学出版部）．

Schumpeter, Joseph A. 1942. *Capitalism, Socialism, and Democracy*. New York : Harper and Row（中山伊知郎・東畑精一訳．1962．『資本主義・社会主義・民主主義（上・中・下）』東洋経済新報社）．

Wiarda, Howard J. (ed.). 1985. *New Directions in Comparative Politics*. Boulder : Westview Press（大木啓介・大石裕・佐治孝夫・桐谷仁訳．1988．『比較政治学の新動向』東信堂）．

Wiarda, Howard J. 1993. *Introduction to Comparative Politics : Concepts and Processes*. Harcourt（大木啓介訳．2000．『入門　比較政治学：民主化の世界的潮流を解読する』東信堂）．

あ と が き

　9・11 とイラク戦争において，むき出しの「力」を見せつけられた今でもなお，「政治学は無力ではない」と，誰が断言できるだろうか．
　現在，我々政治学者には，そのような問いが突きつけられているように思えてならない．政治学は，現実政治に対して何らかの影響力をもっているといえるのだろうか．
　あるいは，そのようなことを自問自答するべきではなく，政治学は，今や現実政治とは全く乖離して存在しており，大学のカリキュラムの中に存在する単なる一学問分野に過ぎないのだと割り切って考えるべきなのだろうか．
　このような思索の最中に思い起こされるのは，ナチズムと第2次世界大戦を経験した世代の研究者たちのことである．当時の彼らは，言葉を失うほどの凄惨さを味わった世代であり，自らの経験をふまえ，果敢に社会科学を学問として建設しようとした彼らの努力を，我々は忘れてはならない．
　半世紀にわたって現代政治学の第一線を歩いているダール (Robert A. Dahl) は，1963年に刊行された『現代政治分析 (*Modern Political Analysis*)』の初版の序文で，「政治分析の技能は，政治の実践の技能とは別物である」と述べている．例えば，マディソン (James Madison) は，すばらしい政治学者であったが，大統領としては凡庸であった．F.ルーズヴェルト (Franklin Roosevelt) 大統領は，その逆に卓越した政治家であったが，理論的な考察を示すことはしなかった．
　「それにもかかわらず」とダールはいう．
　「政治分析の技能を磨くことの一番の理由は，自分が住んでいる世界を理解し，目の前の選択肢をより賢く選び，すべての政治システムに必ず起こる大小の変化に影響を与える助けになること」なのである．
　かつて，ある種の地域研究が優越者の視点で世界を分析しようとしたとい

えるならば，我々が取り組むべき，新しい「地域研究」は，グローバル化の中で国家や市場主体，そして市民社会の一人一人が，経済や科学技術，アイデンティティの変化に応える枠組みを鋳直そうとしている格闘の現場を観察するものとなるだろう．

政治学の斬新な「道具箱」(Nuts and Bolts) を提供しようと『アクセス比較政治学』を刊行したとき以来，その道具を使って生きた政治を捉える書物をつくることが，本書の編者に共通した願いであった．

本書は，『アクセス比較政治学』と『アクセス地域研究Ⅰ：民主化の多様な姿』に続く，いわば3部作の第3番目の書物とも呼べるものである．ここでは，『アクセス比較政治学』第Ⅰ部の中でも特に，政治文化論と政治社会論に関連する内容を念頭に置きつつ，理論ごとではなく，むしろ現象や事例ごとに章立てを組んだ．

当然のことながら，編者だけで書物が出来上がるわけではない．全10章分の事例を担当してくれた執筆者各位の協力はもちろんのこと，日本経済評論社の栗原哲也社長と，編集担当の奥田のぞみさんのご理解とご協力に対して，衷心より謝意を表したい．

   2004年6月3日

編　者

◆事 項 索 引◆

AARP　35
BSE　99
CCOO →労働者委員会連合（スペイン）
CEOE →経営者団体
CGIL →イタリア労働総同盟
CGTP →労働組合会議（ポルトガル）
CISL →イタリア労組同盟
CNPF（仏経団連）　111
DC →キリスト教民主党（イタリア）
EC（欧州共同体）　48, 118
　──法　119
ECOFIN（経済・財務相理事会）　179
EMU（経済通貨同盟）　161, 191, 199, 203, 206
EU（欧州連合）　43, 107, 119, 213, 221-222, 224-225, 228-230
EU 統計局　178
FNSEA（全国農業経営者連盟）　111
LO →労働総同盟（スウェーデン）
MSI →イタリア社会運動
NEDC →国民経済開発審議会
NES　26
ni-ni 政策　113
OECD　113
RPR（共和国連合）　115
SAF →経営者団体連盟（スウェーデン）
UDF（フランス民主連合）　115
UGT-E →労働者総同盟（スペイン）
UGT-P →労働者総同盟（ポルトガル）
UIL →イタリア労働連合

ア 行

アキ・コミュノテール　213
アジェンダ・コントロール　32
アダムスミス研究所　95
新しい社会運動　5

新しい政治　5
アムステルダム条約　54, 117
アメリカとの契約　32, 34
アルジェリア　107
イギリス　109
移行　4, 175, 189, 192, 196, 201, 206, 215-218, 220-221
イシューネットワーク　90-91, 93
イタリア銀行　176
イタリア社会運動（MSI）　169, 171
イタリアのための協約　181
イタリア労組同盟（CISL）　172, 181-182
イタリア労働総同盟（CGIL）　172, 180-182
イタリア労働連合（UIL）　172, 181
イデオロギー　28-32, 33-37, 108-109, 115, 130
ウェストミンスター・モデル　13, 68, 87-89, 93, 109
英国産業同盟（CBI）　92, 94
欧州委員会　45, 54-56, 119
欧州化（ヨーロッパ化）　108, 168, 177-181, 189, 205-206, 215-216, 221
欧州懐疑派　225
欧州議会　45, 54, 170, 225
欧州経済共同体　48
欧州司法裁判所　45, 49-50, 53
欧州社会モデル　229
欧州石炭鉄鋼共同体　48
欧州通貨制度（EMS）　111, 113
欧州統合　44, 46, 48, 57, 107-109, 114, 117, 120, 161
　──史　51
欧州理事会　53, 117, 180
欧州連邦国家　48

オールー諸法　114
オランダ　109, 114
　　——・モデル　13, 127-129, 131-133, 140, 142
オランダ病　131
オリーヴの木　168, 174-175, 177
恩顧主義　170

カ行

会員組織　34-36
改革党（アメリカ）　37
外部集団　89, 101
ガバナンス　1, 45-46, 55-58, 87, 137-142, 239
　EU——　45-46
　健全な——　56-57
　国際的——　46
　国内的——　46
　——白書　54-56
環境党（スウェーデン）　155-156, 158-159, 161
官僚による包摂　91
議院内閣制　87, 189
機会構造　11
　言論の——　11-12
　制度の——　11
議会主権　87
キャッチ・オール政党　6
協議　89, 91, 95, 99, 101-102
共産党（PCE, スペイン）　193-194, 198
共産党（PCI, イタリア）　171-173
共産党（PCP, ポルトガル）　193, 195, 202
共産党（フランス）　116
協調　100, 172, 179, 181, 196
共通外交安全保障政策（CFSP）　48
協定主義　196-197
共同決定の罠　69
共和主義　109, 119
共和党（PRI, イタリア）　171

共和党（アメリカ）　23-24, 27-32, 37
拒否権プレイヤー　13, 69, 71, 75, 80, 129, 138, 142
キリスト教右派　30
キリスト教民主アピール（オランダ）　131, 134, 136
キリスト教民主主義　170, 173
キリスト教民主党（DC, イタリア）　167, 169-173
キリスト教民主党（スウェーデン）　153, 156-158
キリスト教民主同盟／社会同盟（キリ民党, ドイツ）　67, 69, 74, 76, 78
金融市場規制緩和（プチバン）　113, 115
グラスルーツ・ロビイング　35
グランコール（高級官僚団）　107-108
グリーン・デモクラシー　9-10
クリスチャン・コアリション　35
グローバル化　148, 161, 189, 238
経営者協会　94
経営者団体（CEOE）　196-197, 200, 205
経営者団体連盟（SAF, スウェーデン）　154, 156, 190
計画経済　119
経済・社会パートナー　100
警察刑事司法協力（PJCC）　48
ケインズ経済学　28
決定的選挙　24
決定的分岐点　113
権限委譲　97
原子力共同体　48
建設的不信任　66
権力資源動員論　150-152, 160
コアビタシオン　108, 111, 113, 115-116, 203
合意の政治　14, 92, 94
公共サービス（公役務）　117-120
交渉デモクラシー　13, 68-69, 71-75
膠着状態　32
口蹄疫　99
公法産業組織法（1950年）　133

コーポラティズム　14, 68, 72, 88, 92-93, 114, 151, 160-161
　競争的（サプライサイド）——　190-192, 207
　ネオ・——　109, 111-112, 129, 150, 172, 189-191
　マクロ・——　131-132, 138
コーポレート・ガバナンス　118
ゴーリスト　109
ゴーリズム　107, 113
国民経済開発審議会（NEDC）　92, 94
国民国家　45-47, 53-55, 58, 109
　——建設　2-3
　ポスト——　149
国民主権　110
国民政党　67
国民戦線（FN, フランス）　109, 170
国民同盟（イタリア）　169-170
国家主義　114, 119
国家中心アプローチ　89
コペンハーゲン基準　213
雇用のための同盟　72, 76
コンセンサス・ポリティクス　149-152, 155-156, 160

サ　行

再帰的近代化　7
再建共産党（PRC, イタリア）　173, 175
最小限デモクラシー　8-9
宰相デモクラシー　65
財政恩赦　179
差異のデモクラシー　8
サッチャリズム　115
サブ社会　8
左翼党（スウェーデン）　153-156, 158-159, 161
左翼民主主義者（DS, イタリア）　174
左翼民主党（PDS, イタリア）　173-174
産業総同盟　172, 176, 180

三者協調　92-93, 96-97
ジーロトンド　168
シエラ・クラブ　35
『静かなる革命』　4
持続可能な発展　101
自治州国家　189, 205
市民社会　109-110, 217-218
市民的権利に関する運動　28
市民的権利に関する法律　28
社会関係資本　5
社会協約　176, 180-181
社会経済協議会　138
社会契約論　118
社会主義プロジェ　113
社会的協調（共同歩調）　189-207
社会的協調常設委員会（CPCS）　193, 202-203
社会党（PS, ポルトガル）　193, 195, 201-202, 204
社会党（PSI, イタリア）　171-173
社会党（PSOE, スペイン）　193
社会党（フランス）　109, 113, 115-116
社会道徳的ミリュー　67
社会民主主義モデル　148
社会民主中道党（CDS, ポルトガル）　204
社会民主党（PSD, ポルトガル）　195, 201-204
社会民主党（PSDI, イタリア）　171
社会民主党（ドイツ）　67, 69, 74, 76, 78
社会民主労働党（社民党, スウェーデン）　147-148, 150-151, 153-161
社会労働党（PSOE, スペイン）　194, 197-199, 206
ジャコバン主義　110
就学前教育　156-158
自由主義　114
自由主義デモクラシー　8
重商主義　119
自由党（PLI, イタリア）　171, 173
自由党（オーストリア）　170

事項索引——■ 251

自由党（スウェーデン）　153, 156, 158
柔軟性　13, 51-57
　——原則　51, 55-56
自由の家（イタリア）　174
自由民主人民党（オランダ）　134
自由民主党（ドイツ）　73-74, 78
熟議デモクラシー　9-10
小国　127-130, 141-142
　——化　12, 128, 238
小選挙区制　37, 109, 175
女性解放運動　28
審議会　150, 153-156, 158
審議会枠組み法（1997年）　138
新制度論　219
新保守主義　30
新民主党（スウェーデン）　153
人民党（PP，スペイン）　199
人民党（PPI，イタリア）　173
スウェーデン・モデル　148, 160
ステイクホルダー　97
住みよいオランダ　135
清潔な手　167, 173
政綱決定権　66
政策過程　87-102
政策研究センター　95
政策コミュニティ　90
政策ネットワーク　89-91, 95, 102, 108
政治エリート　6
政治階級　6-7
政治責任　36
政治的交換　172
政治的代表　22, 34, 36
政治的無関心　26, 34
政治の錯綜　69
政治の優位　137
政治発展論　2
政体の分散　89
政党帰属意識　24-25, 32-33
政党再編成論　22-27
政党システム　73-74, 78, 108-109, 222-225

政党支配体制　168, 171
政党制　22-26
正統性　46
政党政府　32
政党投票　31
政府・利益集団関係　88-92, 95-96
積極的差別是正措置　28
選挙法（FECA，アメリカ）　35
争点広告　35

タ行

第二共和制（イタリア）　167, 173
第四共和制（フランス）　107, 112
第五共和制（フランス）　107, 112
対決の政治　94
大国　127-129
第三党　37
第三の波　4
第三の道　100
大衆組織政党　6
大統領制　108-109, 189
大統領選挙　23, 27, 37
多極共存型デモクラシー　2, 109, 129-131, 133
多元主義　112
多国間協調主義　30
多数代表制　107
タスクフォース政治　98
脱物質主義　5
　——的価値　102, 109
脱編成　27-28, 33
単一欧州議定書（SEA）　118
単一主権国家　87
タンジェントポリ（賄賂都市）　167, 173
単独行動主義　30
地域協議会　100
地域研究　1-2
地域評議会　54
中央党（スウェーデン）　153-154, 156
強い国家　107-110
ディーニ改革　181

定着　4, 213-214
ディリジズム　107, 113-114
転換　215-216, 219-221
ドイツ　114
統一政府　31
統一労働者党（PZPR，ポーランド）
　　219, 222-223
討議デモクラシー　9-10
同型化　168
同時多発テロ事件　30
統治能力喪失　5
統治の分散傾向　98
投票者の労働組合主義　195
東方拡大　43-44, 52
トラスフォルミズモ（変異主義）　175
トランスナショナル・デモクラシー　9
トレウ改革　180
トレド協定　199-200, 207

ナ 行

内部集団　89, 101
南部（アメリカ）　30-31
ニース条約（2000年）　51
日米欧三極委員会　4
ニュー・ディール　28-30
年金
　国民——　153
　最低保障——　153, 155
　付加——　148, 151, 153, 159
　老齢——　154-155

ハ 行

パートナーシップ　97
柱　130, 134
パトロネージ　116
パリ条約（1952年）　48
パリ政治学院　110
反共主義　30
反抗のデモクラシー　9
半主権国家　68
半（準）大統領制　111

非議員実務家（テクニチ）　14, 167, 175
批判的市民　5
フォルタイン党（オランダ）　135-136
フォルツァ・イタリア　173-174, 179
福祉国家　148, 152, 157-161, 200
福祉レジーム　151
双子の赤字　28
物価スライド制（スカラ・モービレ）
　　172-173, 180
フランス革命　109
ブロック政治　147
分化　53-54, 56-58
分割政府　31-32
分割投票　31
分極的多党制　171
ヘゲモニー政党制　222
ポーランド家族連盟（LPR）　223-224
補完性　13, 51-57
　——原則　51, 53-56, 100
牧畜公害問題　141
北部同盟（イタリア）　167, 169-170, 175
保守主義型福祉国家　139
保守党（イギリス）　91-92, 96
保守党（スウェーデン）　153, 156, 158
保守派　28-29, 37
保守連合　31
ポピュリズム　6, 11
ボランタリー団体　97, 99-100
『ポリアーキー』　4
ポルダー・モデル　132, 136

マ 行

マーストリヒト条約　43, 51-52, 198
マルチレベル化　238
緑の党　37, 73, 78
ミドルクラス　36
民営化　115-117, 120
民主化　4-5, 216-218
民主左派同盟（SLD，ポーランド）
　　223, 227
民主社会党（ドイツ）　78

民主主義の赤字　44, 52, 56
民主主義の再生プログラム　97
民主主義への不信　4-5
民主党（アメリカ）　23, 27-31
無党派　26-27, 36-37
紫連合（オランダ）　133-135, 138, 140
メゾ・コーポラティズム　132-133
モンクロア協定　196, 199, 201
モンロー主義　30

ヤ 行

やわらかい法　13, 55-57
優位政党　171
予備選挙　23, 27, 35

ラ 行

ラ・ポスト　118
リーダーシップ　107, 111
利益集団　88, 91, 93, 95, 100-101, 109, 137-138
利益団体　33-37, 72-74, 79, 189-194, 196-197, 201, 206
リスク社会　8
リベラリズム　28, 113
歴史的制度論　152
歴史的和解　172
レファレンダム運動　167
レミス　150, 154, 156
連帯（NSZZ, ポーランド）　219, 223
連帯選挙行動（AWS, ポーランド）　223
レントシーキング　5, 8
連邦化　44, 46-50, 54-58
連邦参議院（ドイツ）　73-74, 76-79
労働運動　148, 150, 152, 193
労働組合　69, 72, 74, 76, 79, 91-92, 94, 100, 130, 132, 140, 147, 150-151, 158, 193, 195, 206
労働組合会議（CGTP, ポルトガル）　192-193, 195-196, 202, 204-206
労働組合会議（TUC）　92, 94
労働者委員会連合（CCOO, スペイン）　192, 194-198, 200
労働者憲章法　180-181
労働者総同盟（UGT-E, スペイン）　192, 194, 196-198, 200, 206
労働者総同盟（UGT-P, ポルトガル）　192, 195-196, 202-203
労働総同盟（スウェーデン）　150, 154, 156, 190
労働党（イギリス）　91-92, 96-97, 100
労働党（オランダ）　134
ローマ条約　48, 118
ロビー活動　34, 89, 95-96

ワ 行

ワークシェアリング　128, 132
ワセナール合意　128, 132
湾岸戦争　30

◆人名索引◆

ア 行

アイヴァーセン　Torben Iversen　69
アスナール　José María Aznar　199-200, 207
アデナウアー　Konrad Adenauer　65-66
アトリー　Clement Attlee　91
アマート　Giuliano Amato　176
アンダーソン　Christopher J. Anderson　78
イッリ　Riccardo Illy　173
イングルハート　Ronald Inglehart　4
インネス　Abby Innes　224
ヴァルター　Franz Walter　75
ヴィアトル　Jerzy J. Wiatr　222
ウィルソン　Harold Wilson　92
ヴェンチュラ　Jesse Ventura　37
エキェルト　Grzegorz Ekiert　220
エスピン-アンデルセン　Gøsta Esping-Andersen　139, 151
岡沢憲芙　150

カ 行

カーター　Jimmy Carter　31
カヴァコ・シルヴァ　Aníbal Cavaco Silva　202
カッチャーリ　Massimo Cacciari　173
カッツェンシュタイン　Peter J. Katzenstein　68, 90
ガッリ　Giorgio Galli　171
ガンホフ　Steffen Ganghof　77
キッチェルト　Herbert Kitschelt　73
ギデンズ　Anthony Giddens　7
キャラハン　James Callaghan　92
ギングリッチ　Newt Gingrich　32
グテーレシュ　António Guterres　203-204, 207
クファシニィエフスキ　Alexander Kwaśniewski　227
クラクシ　Bettino Craxi　171, 173
グラッベ　Heather Grabbe　221
グラント　Wyn Grant　89-90
グリュゲル　Jean Grugel　220
クリントン　Bill Clinton　31-32
クレッソン　Edith Cresson　113
コーイマン　Jan Kooiman　11
コーエン　Elie Cohen　119
コール　Helmut Kohl　66, 71
コック　Wim Kok　134
コックス　Terry Cox　219
コッフェラーティ　Sergio Cofferati　180-181
コペツキ　Petr. Kopecky　225
コルピ　Walter Korpi　150
コロマー　Josep M. Colomer　226
ゴンサーレス　Felipe Gonzalez　197-199

サ 行

サッチャー　Margaret Thatcher　13, 93-94, 96-101, 113
サパテーロ　José Luis Rodríguez Zapatero　206
サルトーリ　Giovanni Sartori　170, 223, 241-242
サンドクィスト　James L. Sundquist　24
サンフォード　George Sanford　227
ジスカール＝デスタン　Valéry Giscard d'Estaing　111
シッター　Nick Sitter　224

人名索引━━■　255

シャバン=デルマス　Jacques Chaban-Delmas　111
シャルプ　Fritz W. Scharpf　69, 75
シュチェルビャク　Alex Szczerbiak　225
ジュペ　Alain Juppé　113, 117
シュミッター　Philippe Schmitter　192, 205
シュミット　Carl Schmitt　67
シュミット　Manfred G. Schmidt　69
シュレーダー　Gerhard Schröder　66, 71-73, 76-77, 79
シュンペーター　Joseph A. Shumpeter　7
ジョーダン　A. Grant Jordan　90-91
ジョスパン　Lionel Jospin　113, 116-118
シラク　Jacques Chirac　111, 113, 115, 117
スアレス　Adolfo Suárez　194, 196
スコッチポル　Theda Skocpol　89
ステパン　Alfred Stepan　217
スパドリーニ　Giovanni Spadolini　171
スミス　Martin Smith　89
セーニ　Mario Segni　167
セーレン　Kathleen Thelen　69
ソアレシュ　Mário Soares　202

タ 行

ダール　Robert A. Dahl　4
タッガルト　Paul Taggart　225
チャンピ　Carlo Azeglio Ciampi　169, 176, 178
ツェベリス　George Tsebelis　69, 74-75, 77
ディ=ピエトロ　Antonio Di Pietro　167
ディーニ　Lamberto Dini　176
ディミトロヴァ　Atoaneta Dimitrova　221

ティミンスキ　Stanislaw Timinski　6
デュヴェルジェ　Maurice Duverger　110, 112
デュギ　Léon Duguit　118
ド・ゴール　Charles de Gaulle　107, 111
ドゥラン・バローゾ　José Manuel Durão Barroso　206
ドブレ　Michael Debré　107
ドライゼック　John S. Dryzek　8
トレモンティ　Giulio Tremonti　177-179

ナ 行

ノイマン　Sigmund Neumann　66
ノリス　Pippa Norris　5

ハ 行

パーソンズ　Talcott Parsons　2
バーン　Michael Baun　228-229
パイ　Lucian W. Pye　2
パットナム　Robert D. Putnam　5
バラデュール　Edouard Balladur　113, 115-116
バルケネンデ　Jan Peter Balkenende　136-137
ハルツ　Peter Hartz　76
パレート　Vilfredo Pareto　7
ビアージ　Marco Biagi　180
ヒース　Edward Heath　92
ピータース　B. Guy Peters　10
ヒューズ　James Hughes　225
ヒル　Michael Hill　89
ビルンボーム　Pierre Birnbaum　112
ファツィオ　Antonio Fazio　182
フィーニ　Gianfranco Fini　169
フィセル　Jelle Visser　131-132
フォルタイン　Pim Fortuyn　135-137, 141
フジモリ　Alberto Fujimori　6

ブッシュ　George H. W. Bush　30
ブッシュ　George W. Bush　30, 37
フランコ　Francisco Franco Bahmonde　187, 196, 198
ブラント　Willy Brandt　66, 69, 75
ブルシス　Michael Brusis　228
ブレア　Tony Blair　13, 96-101
ブロイニンガー　Thomas Bräuninger　77
ブローディ　Romano Prodi　174-177, 182
ヘイワード　Jack Hayward　111-112
ヘクロ　Hugh Heclo　90-91
ベック　Ulrich Bech　7-8
ヘメレイク　Anton Hemerijck　128, 131-132
ヘルド　David Held　9
ベルリングェル　Enrico Berlinguer　172-173
ベルルスコーニ　Silvio Berlusconi　14, 168, 173, 175, 178-182
ベルンハード　Michael Bernhard　227
ベレゴボワ　Pierre Bérégovoy　113
ペロー　Ross Perot　6, 37
ボス　Wouter Bos　137
ボッシ　Umberto Bossi　167-168
ホフマン　Stanley Hoffman　114
ポンピドゥ　Georges Pompidou　111
宮本太郎　148

マ 行

ミッテラン　François Mitterrand　111-113
ミドルマス　Keith Middlemas　88
ミヘルス　Robert Michels　66
宮本太郎　148

ミュラー　Katharina Müller　230
ミル　John Stuart Mill　8
ムッド　Cas Mudd　225
メイソン　Bob Mason　219
メイヒュー　David R. Mayhew　25
メージャー　John Major　13, 88, 96-98, 100
モスカ　Gaetano Mosca　7

ヤ 行

ヤシェヴィッツ　Krzysztof Jasiewicz　227
ヤブロンスキ　Andrzej Jablonski　228
ヨハネ・パウロ2世　169

ラ・ワ行

ラーネ　Jan-Erik Lane　148
ライト　Vincent Wright　111
ラストウ　Dankwart Rustow　149
リチャードソン　Jeremy J. Richardson　90-91
リンカン　Abraham Lincoln　24
リンス　Juan J. Linz　6-7, 217
ルスコーニ　Enrico Rusconi　170
ルテッリ　Francesco Rurelli　173-174
ルベルス　Ruud Lubbers　131-132
レイプハルト　Arend Lijphart　2, 129-131, 134, 241-242
レーガン　Ronald Reagan　27, 31, 178
レームブルッフ　Gerhard Lehmbruch　68
ローズ　R. A. W. Rhodes　90-91
ロートステイン　Bo Rothstein　152
ロカール　Michel Rocard　113
ロッカン　Stein Rokkan　241-242
ワェンサ　Lech Wałęsa　227

人名索引——■ 257

執筆者略歴 （執筆順）

岡山　裕（おかやま・ひろし）
1972年生まれ．東京大学法学部卒業．博士（法学）．
東京大学大学院総合文化研究科助教授（アメリカ政治外交史）．
主な業績：「アメリカ二大政党制の確立：再建期における戦後体制の形成と共和党」『国家学会雑誌』114巻5・6号，2001年（以降116巻1・2号，2003年，まで5回連載），「アメリカ合衆国大統領選挙危機にみる法と政治の交錯：1876-1877年の事例を中心に」『アメリカ法』2001-2号，2001年．

臼井陽一郎（うすい・よういちろう）
1965年生まれ．MA by research (the Law Department, the University of Leeds)．
新潟国際情報大学情報文化学部助教授（EU論）．
主な業績："Evolving Environmental Norms in the European Union," *European Law Journal*, Vol. 9(1), 2003,「EUの特異性と規範の進化」『社会科学研究』第54巻・第1号，2003年．

網谷龍介（あみや・りょうすけ）
1968年生まれ．東京大学大学院修士課程修了．
神戸大学大学院法学研究科教授（ヨーロッパ政治史）．
主な業績：「比較政治学における『理論』間の対話と接合」『レヴァイアサン』第32号，2003年．「EUにおける『市民社会』とガヴァナンス」『神戸法学雑誌』第53巻第1号，2003年．

若松邦弘（わかまつ・くにひろ）
1966年生まれ．ウォーリック大学大学院博士課程修了．Ph. D.(政治学)
東京外国語大学外国語学部助教授（西欧現代政治・政策過程論）．
主な業績：『EU諸国』（共著）自由国民社，1999年，『EUのなかの国民国家：デモクラシーの変容』（共著）早稲田大学出版部，2003年．

吉田　徹（よしだ・とおる）
1975年生まれ．東京大学大学院総合文化研究科在籍（比較政治学・ヨーロッパ政治）．
主な業績：「フランス政党政治の『ヨーロッパ化』．J. Pシュヴェンメマンを中心に」『国際関係論研究』第20号，2004年，「現代フランス政治における主権主義政党の生成と展開」『ヨーロッパ研究』第2号，2002年．

水島治郎（みずしま・じろう）
1967年生まれ．東京大学大学院博士課程修了．博士（法学）．
千葉大学法経学部助教授（ヨーロッパ政治史）．
主な業績：『戦後オランダの政治構造：ネオ・コーポラティズムと所得政策』東京大学出版会，2001年，「オランダにおけるワークフェア改革：『給付所得から就労へ』」『海外社会保障研究』第144号，2003年．

渡辺博明（わたなべ・ひろあき）
1967年生まれ．名古屋大学大学院博士課程単位取得退学．
大阪府立大学総合科学部講師（政治学・政治過程論）．
主な業績：『ニュー・ポリティクスの政治学』（共著）ミネルヴァ書房，2000年，『スウェーデンの福祉制度改革と政治戦略：付加年金論争における社民党の選択』法律文化社，2002年．

八十田博人（やそだ・ひろひと）
1965年生まれ．東京大学大学院博士課程単位取得満期退学．
県立広島女子大学非常勤講師（国際関係論・欧州統合論）．
主な業績：「50年代イタリアの欧州政策：『例外的』なミドル・パワーの統合への対応」日本EU学会編『欧州統合の理論と歴史（日本EU学会年報第21号）』，2001年，「イタリアの欧州統合への対応：1992-2001：移行期におけるテクノクラート，政党，社会アクター」『ヨーロッパ研究』第1号，2002年．

横田正顕（よこた・まさあき）
1964年生まれ．東京大学大学院博士課程単位取得退学．
立教大学法学部非常勤講師（ヨーロッパ政治史・比較政治）．
主な業績：「ヨーロッパの『ペリフェリー』における寡頭的議会政：19世紀ポルトガル政治の考察」『思想』第873号，1997年，『EUのなかの国民国家：デモクラシーの変容』（共著）早稲田大学出版部，2003年．

仙石　学（せんごく・まなぶ）
1964年生まれ．東京大学大学院総合文化研究科博士課程単位取得退学．
西南学院大学法学部教授（比較政治学・現代東欧政治）．
主な業績：『開発と政治』（共著）岩波書店，1998年，『新興民主主義国の経済・社会政策』（共著）アジア経済研究所，2001年．

編者略歴（執筆順）

小川 有美（おがわ・ありよし）
1964年生まれ．東京大学大学院博士課程単位取得退学．
立教大学法学部教授（ヨーロッパ政治論）．
主な業績：『福祉国家再編の政治：講座・福祉国家のゆくえ第1巻』（共著）ミネルヴァ書房，2002年，『EUのなかの国民国家：デモクラシーの変容』（共著），早稲田大学出版部，2003年．

岩崎 正洋（いわさき・まさひろ）
1965年生まれ．東海大学大学院博士課程後期修了．博士（政治学）．
杏林大学総合政策学部助教授（政治学・比較政治学）．
主な業績：『政党システムの理論』東海大学出版会，1999年，『政策とガバナンス』（共編）東海大学出版会，2003年．

アクセス 地域研究 II　先進デモクラシーの再構築

2004年8月15日　第1刷発行

定価（本体2800円＋税）

編　者　　小　川　有　美
　　　　　岩　崎　正　洋

発行者　　栗　原　哲　也

発行所　　株式会社 日本経済評論社

〒101-0051 東京都千代田区神田神保町 3-2
　　電話 03-3230-1661　FAX 03-3265-2993
　　　　http://www.nikkeihyo.co.jp
　　　　　振替 00130-3-157198
　　　　　　シナノ印刷・根本製本

落丁本・乱丁本はお取替えいたします　Printed in Japan
© A. Ogawa, M. Iwasaki, et al., 2004
ISBN4-8188-1590-X

R〈日本複写権センター委託出版物〉
本書の全部または一部を無断で複写複製（コピー）することは，著作権法上での例外を除き，禁じられています．本書からの複写を希望される場合は，日本複写権センター（03-3401-2382）にご連絡ください．

アクセス・シリーズ

天児・押村・河野編	国際関係論	本体 2500 円
河野勝・岩崎正洋編	比較政治学	本体 2500 円
河野勝・竹中治堅編	国際政治経済論	本体 2800 円
押村高・添谷育志編	政治哲学	本体 2500 円
平野浩・河野勝編	日本政治論	本体 2800 円
岸川毅・岩崎正洋編	地域研究 I	本体 2800 円
小川有美・岩崎正洋編	地域研究 II	本体 2800 円
山本吉宣・河野勝編	安全保障論	
河野勝著	政治過程論	
河野勝著	政治学	

A 5 判並製・各巻平均 250 頁

日本経済評論社